Study On the Relationship Between Telecom Market
and Regional Economy

电信市场与
区域经济关系研究

窦文章　著

经济科学出版社
Economic Science Press

责任编辑：吕　萍　王　瑶
责任校对：杨晓莹
版式设计：代小卫
技术编辑：邱　天

图书在版编目（CIP）数据

电信市场与区域经济关系研究／窦文章著. —北京：
经济科学出版社，2008.1
ISBN 978 - 7 - 5058 - 7205 - 9

Ⅰ. 电… Ⅱ. 窦… Ⅲ. 电信 - 邮电经济：市场经济 - 关系 -
地区经济 - 经济发展 - 研究 - 中国 Ⅳ. F632.3 F127

中国版本图书馆 CIP 数据核字（2008）第 124880 号

电信市场与区域经济关系研究
窦文章　著
经济科学出版社出版、发行　新华书店经销
社址：北京市海淀区阜成路甲 28 号　邮编：100142
总编室电话：88191217　发行部电话：88191540
网址：www. esp. com. cn
电子邮件：esp@ esp. com. cn
北京汉德鼎印刷厂印刷
永胜装订厂装订
690×990　16 开　13.75 印张　230000 字
2008 年 1 月第 1 版　2008 年 1 月第 1 次印刷
印数：0001—4000 册
ISBN 978 - 7 - 5058 - 7205 - 9/F · 6456　定价：30.00 元
（图书出现印装问题，本社负责调换）
（版权所有　翻印必究）

前　言

　　20 世纪是人类科技发展最为辉煌的世纪，以技术创新为显著特征的技术进步不断发展，引发了一场信息革命。在这场信息革命中，出现了两条不同的发展主线：

　　一条是以信息产业化为主题的发展道路，导源于信息技术的新产业群，诸如微电子、计算机、新材料、通信网络等，在数字技术的基础上高度融合，以其高度增值性、高度创新性、高度战略性的特点，成为经济增长的主要来源；另一条是所谓的产业信息化，因为计算机、网络与通信技术的高度融合，既体现在变革社会协作方式的推动力中，也体现在生产单元、生产线和整个工厂的自动化中，还以管理系统变革的形式，体现在提高资金利用率的金融管理中，体现在物流管理中。所以，人们认为，因信息革命引发的信息技术创新与扩散、发展、融合，为人类提供了社会和经济发展的新的途径与技术范式，而这种示范最终将建立于电象空间（Cyberspace）上的新技术—经济范式。

　　按照新熊彼特创新学派观点，这场发源于 20 世纪中叶的信息革命处于经济发展过程中的第四个长波，其间又可划分为两个阶段，第一阶段是新技术—经济范式形成期（1948 ~ 1992 年），通过信息技术创新形成信息产业的基础分为—微电子、计算机、程控交换机、空间通信、移动通信、外部设备、多媒体、信息服务等，现在这些技术大多处于成熟阶段，这一阶段主要以信息产业化为主；从 1993 年起，互联网技术出现，引发了战后最大的技术创新浪潮，推动信息革命进入第二阶段（1993 ~ 2043 年），即新技术—经济范式演替期，这就是所谓的"新经济"时代。在这一阶段，以数字化信息技术和互联网为标志的技术变革在全球扩展，知识创新的商业模式趋于成熟，互联网迅速普及，其开发性、可扩展性和互动性成为客户的新平台和交易的新标准，服务业代替制造业主宰产业的发展，地域的分割和民族国家的限制开始打破，全球化的规则开始建立，降低了要素流动的障碍和摩擦,全球经济呈无重(Weightless)状态。

在经济学家看来,这种"新经济范式"的基本特征是"由新技术革命所推动的经济发展与增长",就美国而言,新经济"新"在以下几个地方:一是大批中小高科技企业涌现,并迅速崛起,经济发展处于一个创新的"峰聚"时期;二是市场竞争空前加剧;三是基于电信的快速传递功能,"融资"方式出现创新;四是在政府层面,政策与制度的创新;五是新经济使经济周期波动微波化。

笔者认为,当前出现的新技术—经济范式应该有两大基本特征,一是基于现代通信网的经济网络化(或"数字经济"),二是网络经济的知识化。这里,网络不仅包括了互联网、软件或开发、硬件制造这些新兴的信息产业,而且也蕴含了电力、航空、电讯技术、广播电视、铁路等稍显传统的生产部门。首先,信息化离不开电信网络,电信网络是网络经济中最重要的基础设施。因此,人们在讨论网络经济时,不得不考虑电信技术及其相关发展的影响。如1999年3月在荷兰鹿特丹大学召开的"网络经济学"的国际研讨会上,列入的议题就包括了"网络理论"、"电信"、"互联网(Internet)"与"航空运输线"。在中国近年来的理论与政策对象讨论中,上述议题事实上也是联系在一起的。如2000年6月5日至7日在上海召开的"亚太地区城市信息化高级论坛(CIAPR)"中,所列的几个专题包括了电信业发展、城市信息港建设、网络经济与新经济等。其次,以知识为基础的经济发展离不开电信。根据经济合作与发展组织(OECD)定义,知识的内涵要比信息更为宽广。一般地,知识可分成四种类型:有关事实方面的知识(Know-What)、有关原理规律方面的知识(Know-why)、有关实施某些事情的技艺和能力的知识(Know-how)、涉及谁知道和谁知道如何做某些事的信息(Know-who)。按照此定义,20世纪90年代的十年中,该组织的成员国知识密集型服务部门,如教育、通信、信息等成为经济核心部门,其主要成员国国内生产总值(GDP)的50%以上现在已是以知识为基础的。因为信息首先需要传递、流通、交互渗透,然后才能实现由"信息"向"知识"的升华,进而内生地促进经济增长。而知识本身也需要基于电信网络的交流平台,"只有通过这种电信连通,知识的潜力才能得到充分的发挥",正因为如此,以知识为基础的经济发展趋势,以及通过正式或非正式(电信)网络扩散,使得知识和技术成为经济运行的基础要素,并引导修正着经济学理论和模型,导致理论的再突破和再发现。

　　电信业已成为当今世界经济中举足轻重的新兴产业。据统计，世界电信业的资本规模超过8000亿美元，在所有产业中居第三位。电信服务业的收入急剧增长。据有关专家预计，在21世纪，国际服务贸易业将成为世界经济发展的最重要的动力，而世界电信业则是国际服务贸易中主要的支柱之一。

　　在我国，改革开放以来特别是20世纪90年代以来，电信业规模迅速增长。从电信业各项统计指标来看，90年代以后的电信业的业务量和收入、服务项目和普及率、网络规模和技术水平等都比80年代翻了10多倍。90年代电信业的高速增长，究其原因，有以下几点：90年代国民经济稳定持续发展，居民收入大幅度增长；通信服务的商品化和价费政策调整使通信业从长期亏损变为高收益行业，刺激和支持了电信业的发展；技术进步使通信服务更快地发展；国家制定各种政策支持电信业的发展；电信业引入竞争是近年来电信业迅速发展的重要原因。

　　"竞争"与"管制"是一对孪生兄弟，当前，中国消费者一面享受电信发展带来的实惠，一面大谈电信"垄断"的种种弊端，并由此导致中国电信市场效率低下，服务品质低劣、价格居高不下。当前，中国已经加入WTO，在国内诸多电信企业尚未炼好内功的时候，必然受到多方面的冲击。这种冲击的大小取决于两个方面，一是国内电信对外开放程度；二是主要电信服务企业的开放程度。根据WTO协议，为使各成员国之间的贸易提供充分的竞争机会，制定两条基本原则，即最惠国待遇和国民待遇原则，前者保证不同的成员国享有平等的竞争机会，意味着各成员国之间实施非歧视待遇，后者保证出口国的产品和进口国的产品享有平等竞争的机会，意味着在出口成员国和进口成员国之间的非歧视待遇。与电信服务业对外开放程度有关的主要有三个国际协议，一是1994年关贸总协定各成员国达成的《服务贸易总协定》；二是《服务贸易总协定》之《电信服务附录》；三是1997年2月部分WTO成员国达成并签署的WTO《基础电信协议》。这三个协议确定了电信服务贸易必须遵循的一般原则，除上述最惠国待遇和国民待遇之外，还有市场准入、政策透明性等，在《基础电信协议》附属的减让表中，对各成员国国内电信市场开放的业务、时间进度和程度作了明确规定。

　　中国加入WTO后电信开放有几个特点：一是外资不得以独资形式开展任何业务，外资比例有严格的限制，对外必须合资和比例没有最后期限，这意味着限制不可能在短期内消除。二是垄断并非是长期的，世界电信自由化浪潮席卷全球，要融入全球化进程，必须打破垄断局面，开放市场。最后一点也是最重要的一点，电信市场开放是渐次的、外资进入要受时间、地域的安排。外资选择什么时间、在何地进入中国市场，成为关注的焦点，同时，也给中国的电信企业寻找对外合作伙伴、争取发展资本带来机遇。

总之，21 世纪全球进入知识经济时代，电信业作为附加值最高的知识密集型服务业，成为区域经济发展的基础产业。联合国贸发组织电子商务司司长布鲁诺·拉文博士指出，电信是新贸易范例的关键中间环节。英国社会经济学家莱斯利则认为："全球化是以经济全球化为核心，包括通信、旅游及生态的全球化为基本内容，而以文化及社会、政治影响为直接后果的一种社会变化趋势"。世界经济全球化、市场化、一体化、网络化的形成需要先进的高速度、高容量的通信及设备与网络等发达的信息基础结构。电信是信息产业的有机组成部分，在正在变化着的全球信息战略、区域发展战略中起着核心的作用。

电信无疑对经济发展起着十分重要的作用，同时，新经济条件下电信发展及其企业将更加依赖于电信发展的环境条件，特别是区域环境条件。本书是在作者博士论文《电信与区域经济发展相互关系研究》的基础上进一步研究而成，是一部从区域经济角度研究电信经济发展的专著，作者主要针对电信理论研究的不足，从以下几个方面进行突破。

（1）通过电信经济与区域经济互动理论的系统总结，能够初步构建电信市场与区域经济关系研究的体系框架。

（2）将电信发展纳入到区域发展框架下研究，构建电信发展与区域创新、区域竞争及区域经济格局的关系范式。

（3）系统分析电信市场结构及其演进规律，并对电信的区域成长进行理论分析，对电信地方性市场进行实证分析；探求电信的区域成长规律，并为电信发展提出政策意见。

（4）丰富区域经济研究和电信经济研究的内容。

全书的逻辑思路是沿着这样一条研究基本路径展开的，即理论评述——模式构建——数据检验——相互作用机制——战略管理。本书共分九章，可以分为四个部分，主要内容如下：

第一部分包括第一、二章。第一章是理论综述，侧重电信研究背景、基本概念及电信经济、电信理论研究及其评述等方面。第二章，笔者认为，在世界经济全球化和地方化的发展进程中，保持持续的区域竞争力和核心能力是最为关键的，故在本书中将电信发展纳入到区域竞争优势的分析框架之中，分析电信与区域经济格局互动关系，从电信与区域创新系统、区域竞争优势等层面，构建电信发展与区域经济的关系范式。同时，以某省移动通信市场为例（以下简称 S 省），进行电信收入与区域经济因素单因子相关分析和综合分析，得到 S 省移动通信市场的区域增长潜力分级结果。

第二部分包括第三、四、五章。第三章基于电信区域发展的基本前提，即信息产品的不对称性与公共性、信息转移需要成本、信息市场的规模递增性、信息市场的"非线性"动态演化等，笔者构建了技术、规制、区域条件共同作用下的电信市场增长模式和计量模型。以某省为例，通过地方性电信市场增长的计量分析，检验所建立的通信市场区域成长理论。第四章基于消费者行为理论，探讨区域消费者的电信消费行为及其区域差异；第五章描述了电信市场区域成长过程中呈现出不均衡增长态势。从一般市场区的形成规律出发，探讨电信市场区形成的规律，分析电信市场增长的区域差异及其成因，最终推演出电信市场区域的四种不同类型。

第三部分即第六章和第七章，基于产业信息化角度，首先指出经济增长理论中电信技术及其扩散的重要性，随后分析了电信对区域要素条件、相关产业、企业绩效的作用；从电信影响强度、影响方式等角度，探讨电信对空间结构的影响作用，分析电信对区域经济相互作用的循环累积效应。第七章首先从制度与产业组织角度，对电信市场结构及其类型进行系统的研究，指出电信市场开放度与区域发展的关系，电信发展的制度选择与该国家（区域）的制度、文化、历史背景有密切关系，也与技术进步引致电信成本函数变化和市场需求多样化有关。

第四部分包括第八章和第九章，第八章是一个应用研究，重点讨论我国发展第三代移动通信系统（3G）的策略。首先分析了 3G 的市场及频率需求分析，然后分析了发展 3G 对国民经济的带动作用。在上述研究的基础上，第九章提出了电信市场的区域发展战略。

总之，面对迅猛发展的电信技术，"垄断与竞争"伯仲之争的电信市场结构、加入 WTO 的地域安排限制等新形势，研究电信市场与区域发展的互动关系，既可丰富区域发展理论，又为正在走向世界的中国电信发展提供战略指导。特别需要指出的是，出于保密的考虑，本书的出版是在本书写成的 5 年之后，书中的数据也许有些滞后；但站在说明问题和构建模型的角度，电信市场现实发生的故事正与本书的预测结果相映成趣，理论预测与现实是惊人的一致！

　　拙著修改期间，得到我的导师、北京大学杨开忠教授以及杨吾扬教授、胡兆量教授、吕斌教授、王仰麟教授、王辑慈教授、邬翊光教授、胡建颖教授、冯长春教授、李国平教授等的指导，他们是城市和区域经济和人文地理方面的专家；拙著的选题和写作还得到中国信息产业研究院王育明博士、山西移动通信公司董事长高步文先生的启发和帮助。经济科学出版社的编辑吕萍主任等对本书的出版给予了大力支持并进行了认真审阅。作者本人曾在北京大学城市与环境学系、北京大学首都发展研究院、北京大学应用经济学博士后流动站、中国移动集团公司工作期间的同事、学友们也协助我付出了不少的辛苦；作者现在工作单位北京大学软件与微电子学院管理与技术系的同事们及指导的研究生们也为本书的出版付出了汗水。在此我表示衷心的感谢。

　　书中不足之处，敬请方家给予批评指正。

窦文章

2007 年 12 月 10 日于北京大学燕东园

目　录

第一章

电信经济研究进展及述评

第一节　电信定义及其产业地位

一、电信的定义

在本书讨论之前，有必要对电信的定义给予阐明。何谓电信，迄今为止，业界和学术界对此尚无统一的认识，更没有明确规范的定义，比较有代表性的说法（或分类）有以下几个。

（1）国际电信联盟（ITU）的定义：电信是指有线电、无线电、光或其他电子系统，对符号、信号、文字、图像、声音或任何性质的信息传输、发射或接收。[①]

（2）美国商务部经济分析局的定义：在美国商务部发布的《新兴的数字经济®》中，将电信分为电信设备制造和电信服务业两部分，其中，前者包括家庭声频和视频设备，电话和电报设备，无线电、电视和通信设备，后者包括电话和电报通信，无线电和电视广播，有线和其他付费电视服务[②]。

（3）美国摩根—斯坦利资本国际公司的定义：该公司曾对全球的行业进行分类，与通信设备和通信服务业行业有关的分属两大部门：资本设备部门和服务业，包括：电子与电子业、电子零部件与仪器业、广播与出版业、商业和公共服务、电信业。根据这一分类，《商业周刊》评选全球

---

① 与电信相关的另一个概念是通信（Communication），指用各种方式进行的信息传播，除电信外还包括邮政。邮电管理部门就是（PTT，Post，Telephone and Telegraph）对负责通信的政府部门的通称，现在世界上大多数国家已将电信与邮政业务分开，故本文所指电信业不包括邮政业务。

② 指美国商务部经济分析局制定的国民经济核算体系，参见《世界经济》1999年第8期，第79页。

1000 家跨国企业，可见，电信业是既包括了通信设备制造，也包括了电信服务业①。

（4）英国经济学家情报社的定义：电信是指由电话公司提供给公众的网络设施服务，它包括现在许多国家可以得到的、通过竞争提供的各种各样的网络。根据这一定义，电信业是一种提供给公众的电信网络服务，其功能已成为信息技术（IT）或信息系统部门的一部分②。

（5）中国信息产业部的定义：据 2000 年 9 月颁布的《中华人民共和国信息管理暂行条例》第一章第二条关于电信的定义：电信是指利用有线、无线的电磁系统或者光电系统，传送、发射；或者接收语音、文字、数据、图像以及其他任何形式信息的活动。其中基础电信业务包括：固定网络国内长途及本地电话业务；移动网络电话和数据业务；卫星通信及卫星移动通信业务；互联网及其他公共数据传送业务；带宽、波长、光纤、光缆、管道及其他网络元素出租、出售业务；网络承载、接入及网络外包等业务；国际通信基础设施、国际电信业务；无线寻呼业务；转售的基础电信业务。增值电信业务包括：电子邮件；语音信箱；在线信息库存储和检索；电子数据交换；在线数据处理与交易处理；增值传真；互联网接入服务；互联网信息服务；可视电话会议服务。

（6）《三网合一——对中国电讯产业发展战略研究》课题组的定义③：该课题组认为，由于各种信息手段特别是计算机和电信（通信）的融合，使得传统的电信产业正向更广泛的领域渗透，如电子出版物、电子商务等，因此，要想严格划出电信产业与其他行业的界限，已越来越困难。鉴于此，该课题组将电信业的外延划定在公共电信、邮政和广播三个行业，为区别起见，将传统的公共电信称为电信业，而将包括三个行业的电信业称为电讯业④。

---

① 参见《商业周刊》中文版，1997 年第 11 期，第 43 页。
② ［英］经济学情报社、安达信咨询公司等，《全球信息战略》（中译本），新华出版社，2000 年 6 月，第 106 页。
③ 中国社会科学院经济文化研究中心主编：《三网合一——中国电信产业发展战略研究》，中国审计出版社，2000 年 1 月。
④ 作者注：该课题由王小强主持，于 1997 年初开始研究，其成果最初以《中国电讯产业的发展战略》发表在《产业论坛》1998 年 3 月，由于该课题组的资助人是中国国际金融有限公司和高盛公司，而两家公司正是中国电信（中国香港）公司的全球融资协调人，所以，该课题的结论被称为"电信本位"。时隔 3 月，由国家广播电影电视总局广播影视信息网络中心网络工程部主任方宏一主笔的《再论中国信息产业的发展战略》发表在同一刊物上，对王等的"电信本位"的论调展开反击，方代表了"广电本位"，从而引发了关于中国电信产业发展方向的争论，北京大学中国经济研究中心周其仁教授以《三网复合 数网竞争》以第三者的身份参与讨论。分析三文，有关电信、电讯定义的外延基本一致。

该课题组根据日本科学技术与经济协会的信息产业分类①，认为公共电信包括电报、电话、传真、移动通信与无线寻呼和数据通信等，邮政包括直邮报刊和广告、个人邮件、小包邮件、电子邮件等，广播包括广播电视、有线电视、多路广播和图文电视等（见表1－2）。显然这是一个宽泛的关于电信业的定义。

从上述定义可以看出，电信业有广义电信（电讯）和狭义电信之分，前者包括有线电、无线电、光或其他电子系统，及其对所有信息的传输、发射或接收，后者只包括传统意义上的固定、电话、寻呼、数据交换及其外围设备等。进一步，对于传统意义上的电信业，其价值链条又大致包括三个环节，电信设备制造、电信网络运营和电信业务发展（包括基本业务与增值业务）。实际上，电信业是由这三个环节的厂商组成的产业链条，对这一链条的不同划分和组合，形成了对电信业的不同理解，归纳起来，大致有两种理解：一种是电信产业包括了全部三个环节，既包括电信设备制造业又包括电信服务业②；另一种仅指后两个环节，即只包括电信业务发展与电信网络服务③。两种看法只是外延大小的不同，并无实质上的差别。本书一般将电信业限定在电信网络服务和电信业务发展，除非根据论述需要，加入电信设备制造。由于数据方面的原因，集中研究传统电信业中的固定电话服务（市话与长话）和移动电信服务，而对于无线寻呼、互联网、数据传输等服务和业务发展暂不涉及。

二、电信的产业地位

产业的划分是产业结构研究的基础，明确电信业的产业部门归属对于研究电信发展是必要的。因为产业意味着分工，一种产业就是社会经济活动中的一种分工。对于一个产业在产业部门分类中地位的认识，就是对该产业在社会经济活动中与其他产业相互作用的分工地位的理解。根据文献，在以往的产业分类中，从费希尔、克拉克的三次产业分类到联合国颁布的标准产业分类，大约有几种理论和方法，其中，按照经济活动性质的划分方法在世界各国得到普遍的认可。

---

① 日本科学技术与经济协会编：《信息产业的前景》，上海人民出版社1988年版。
② 张维迎、盛洪：《从电信业看中国的反垄断》，载《改革》1998年第2期；余晓芒等：《融合：电信产业的大趋势》，载《电信科学》1999年第3期。
③ 陈小洪：《中国电信业，政策、产业组织的变化及若干建议》，载《管理世界》，1999年第1期，第126～138页。

对于电信部门的性质，长期以来国内外经济学界都存在着不同的看法，按照马克思在《资本论》中提出的定义，邮电通信部门与交通运输部门同属社会生产过程的一般条件，因而是社会物质部门。但是欧美定义，邮电电信部门被看作是社会的"基础结构"列入所谓的"第三产业"。因此，本书所讨论的电信业不仅是一个部门，还是一个基础部门。表1-1给出了电信业在各种划分方法中的产业地位。本书倾向于将电信业作为第三产业中的一个流通部门，与交通运输、邮电业、商业饮食业、物质供销和仓储业一体，位于第三产业的第一层次。

表 1-1   电信业在产业部门中的地位

划分标准与方法	分类结果	电信业的地位
社会再生产过程中各部门的相互依存关系	生产资料生产部类、消费资料生产部类（又可分为农轻重，或可分为五大物质生产部门：农业、工业、建筑业、交通运输业、商业服务业）	属于生产资料生产部类；邮电归于交通运输业
生产活动在区域发展中作用	主导产业（支柱产业）、辅助产业、基础性产业	属于基础性产业
按经济活动中各部门的资源密集程度	自然资源密集型、资金密集型、劳动密集型、技术密集型	从业务发展环节来看，属于资金密集型；从电信技术上看，属于技术密集型
社会部门性质	10 大项，16 个行业①	第 7 大项或行业
按经济活动性质	一、二、三次产业②	第三产业的流通部门，第一层次

但是，仅有这些是不足以认识到电信业日益重要的分工地位的。20世纪60年代以来，随着世界范围的信息工作所吸收的资源在整个商品和劳务的生产中所占比重的不断增长，信息业已形成一种产业，于是人们提出了四次产业：信息产业。1962 年，美国经济学家弗里茨·马克卢普通

---

① 根据联合国颁布的《全部经济活动的国际标准产业分类索引》（1971），全部经济活动可分为10个大项：（1）农业、狩猎业、林业和渔业；（2）矿业和采矿业；（3）制造业；（4）电力、煤气、供水业；（5）建筑业；（6）批发与零售业、餐馆与旅店业；（7）运输、仓储业和邮电业；（8）金融业、不动产业、保险业和商业性服务业；（9）社会团体、社会及个人的服务业；（10）其他。在我国现行的国经济统计中，将国民经济各部门分为16个行业，参见《中国统计年鉴》相关统计说明。

② 按经济活动性质来分类，即将区域全部经济可分第一产业、第二产业、第三产业，除去统计意义的差别，大体上，第一产业定义为以自然资源对劳动对象的产业，主要是农业、矿业及采矿业，第二产业是以第一产业的产品为劳动对象的加工和再加工，主要是农副、土畜产加工、矿产品原料加工、工农业半成品再加工以及建筑业；第三产业被定义为第一、第二产业生产服务和为人民生活服务的产业。其中，第三产业所涉及的行业门类广、行业繁杂，故而又分为流通部门和服务部门两个部门、四个层次。

过研究美国社会生产发展和产业结构变化的背景，首次提出了知识产业和信息服务的概念。他将美国国民经济核算体系中的 30 个产业部门的知识生产、加工处理和传播分为五大类：教育、研究及开发、通信及媒介、信息设备和信息服务。1977 年，马克·波拉特以马克卢普的理论为基础，发展了克拉克的三次产业分类法，明确提出四次产业分类法，整个国民经济可分为农业、工业、服务业和信息业。他认为，信息产业的生产、处理、流通和服务是一种活动，这种活动不能简单地归并为几个部门，而是渗透于国民经济的各个领域。所以，进一步，他将从事信息活动的部门划分为一级信息部门和二级信息部门，其中，第一信息部门指直接向市场提供信息产品和信息服务的部门，包括电子部门、邮电通信业、软件业、新闻出版等；第二信息部门包括把信息劳务和资本提供给内部消耗，但不进入市场的信息服务部门，如企业管理、政府机关等。根据上述划分，他对四次产业部门的就业结构以及信息技术与产业之间的关联性进行了分析。波拉特的成果于 1977 年以九卷本研究报告《信息经济：定义与测度》为题出版，引起了西方学术界和政府的普遍关注，被认为是信息经济学发展过程中的一块里程碑。随后，又有日本的霍尔维茨、增田永二、美国的鲁宾做了大量的工作，形成了不同的信息产业的划分体系（表 1 - 2）。

表 1 - 2　　　　　　　　　电信业在信息产业中的地位

分类体系	马克·波拉特	日本科学技术与经济协会	美国信息产业协会
内容	知识生产和发明活动； 信息交流和通信产业； 风险经营产业； 调查和协作性产业； 信息处理和传递服务产业； 信息产品制造业； 与信息市场有关的部分政府活动； 信息基础设施产业。	信息技术产业，包括设备产业、软件产业、提供信息媒介（或服务）产业（包括公共电信—电报、电话、传真和数据通信；邮政） 信息商品化产业，包括报道产业（包括报纸和广播）、出版产业、数据库产业、咨询产业、教育产业等。	广播网 通信网 通信技术 集成技术 信息服务 信息包 软件服务 信息技术
电信业的位置	信息交流与通信产业	提供信息媒介产业	通信网 通信技术

从电信业在产业分类体系中的地位可以看到，不管哪一种理论或哪一种划分方法，都突出强调了电信业的信息交流和传输功能，电信的流通服务的职能地位是显而易见的，因而电信研究一直为学者所关注。

第二节 电信经济研究进展

如果说把 19 世纪中叶美国西方联盟公司开始经营电报业务作为电信发展的起点，那么电信与经济学研究也即从那时开始。根据研究内容的广度和深度，我们可以把电信经济研究分为三个阶段①。

一、工程经济阶段

工程经济研究阶段始于 19 世纪中叶，止于 20 世纪 60 年代初。电信经济早期的研究大多着眼于电信部门的工程技术问题，将电信部门作为一个企业，从电信生产函数本身出发，研究电信业内部问题，称之为工程经济阶段②。

电信经济方面最早的著作，可以追溯到 1913 年李（Lee）所著的《电报和电话经济学》③ 一书。随后，一些著名的电话工程师，如爱尔兰（Erlang）、莫尔（Moe）等，就有关设备的提供方案、交换局的设计、设备的更新、话务路由、总体规划方案等方面的不同工程设计方案进行经济比较（Syski，1960）④。其中，金斯伯雷（Kingsbury）是早期电话系统经济、管理、技术方面研究较为突出的专家之一，他的著作《电话及其交换系统》详细介绍了 20 世纪 20 年代之前美国、欧洲各国电话系统的管理、所有制体制、技术等情况，并对之给予一定的分析，当然，参评的标准是自由竞争下的价格水平，该书反映了当时技术、管理等水平。上述工作有一个共同的特点，即都是针对一些特定的性能要求，确定一个总成本为最低的工程设计方案。这种有关成本的研究，加上预测需求的方法及具体的计算方法，一般称为工程经济学（Grand，1938）⑤，即如何评价不同工程设计方案的经济效果，使企业成本最小化、利润最大化。

---

① 笔者注，该阶段划分系根据笔者的理解划定的，是否准确尚待进一步检验。
② 利特尔·蔡尔德：《电信经济学原理》（中译版），人民邮电出版社 1983 年版，第 2~4 页。
③ Lee：Economics of telegraphs and telephones，Pitman，London，1913.
④ Syski，R.：Introduction to congestion theory in telephone systems，Oliver & boyd，Edinburgh and London，1960，P. 649.
⑤ Grant E. L.：Principles of engineering economics，Ronald Press，New York，3 rd，1950.

1958年，摩根（T. J. Morgan）的《电信经济学》①一书出版，可谓50年代有关电信方面的工程经济学最出色、最系统的集成者。该书系统地介绍了电信部门的计费定价、电信需求、电信企业的成本函数及电信投资评价等。直至现在，在充斥电信杂志的有关电信企业经济学的研究论文中，这些电信企业及技术经济等方面的作者们，都会提到或参照摩根的电信经济研究方法。

基于电信企业生产函数的规模经济性，早期的电信研究者发现，电信具有"自然垄断"的特性。"自然垄断"首先是作为一种垄断形式而区别于其他垄断形式，即在一定条件下，生产一种商品或服务，当市场上只有一个供应商比多个供给商更有效率时，则称这种情况为自然垄断。经济学的这一定义包含三层意义：（1）在自然垄断的情况下，一个公司生产任何特定的产品，比两个或两个以上的公司生产这一产品价格更低；（2）自然垄断特点是规模的经济性；（3）一个自然垄断公司，可按能够回收它的总成本的价格收费，而这种价格又使任何想与之竞争的对手都没有兴趣进入市场。从上述三个方面，我们可以看出，形成自然垄断的必要条件：一家厂商必须在满足市场全部需求时，其生产仍处于规模收益递增期内，即其平均成本趋于下降。相反，形成自然垄断的充分条件是，垄断厂商必须以足够低的价格满足该市场的全部需求，即他必须把自身产品或服务的价格降低到使任何厂商的成本均在其之上的程度。另外，还有一个投资结构准约束条件，即在投资上，新竞争者若进入该市场需要一次性投入巨额固定资本，而老的自然垄断商长期经营形成巨大的沉淀资本对新厂商造成竞争压力，这些会构成对潜在竞争者的进入障碍，形成自然垄断。

根据上述自然垄断的经济学定义，电信研究者们都把电信与供水、电力、煤气等公共部门相提并论，称之为自然垄断行业，并成为政府早期制定电信政策的理论依据，相应地，形成了美国早期的西方电信联盟（Western Union）电报业垄断市场、AT&T的前身贝尔公司（Bell Company）电话垄断市场。

总之，20世纪五六十年代之前，经济学家几乎没有写出什么有关电信系统的经济学方面的著作，所有的研究大都源自电信部门本身专业的思考，或是企业规模经济的问题（生产函数、成本函数、需求函数），或是

---

① Morgan T. J.：Telecommunication economics，Macdonald，1 st，edn，1958；Technicopy Lth.，Stonehouse，Glos，2nd edn. 1976.

管理体制方面的问题（工程经济效果的评价、电话计费与价格系统等）。究其原因，大概有两个方面：一是电信系统发展较快，电信系统的复杂性使得电信部门专家们的专业背景不能所及，所以，研究只专注微观层面的研究，而忽视宏观方面的研究；二是在此之前经济学本身正沉醉于自由竞争与垄断研究的理论框架中，不完全竞争理论尚在进一步完善之中，因而对于电信业这样一个具有潜在"自然垄断"特性的部门所发生的一系列现象，经济学家们认为是有效率的，因而不作更多的讨论。

二、福利经济和不完全竞争阶段

20 世纪 50 年代中期至 80 年代初期，电信经济的研究达到一个新的水平，尤其是在计量经济和基于社会福利定价两个方面，研究工作和著作猛增。其中，最具代表的是英国伯明翰大学教授、工业经济专家利特尔蔡尔德（S. C. Littlechild）于 1979 年写成的《电信经济学原理》[1]，作者认为，电信部门不仅是一个经济部门，它的作用还表现在社会、政治、文化等需求的服务方面。所以，作者引进福利经济学的一些基本概念，并结合电信的社会效益等对制定电信资费政策的原则和电信的服务等级等问题进行了讨论。这表明在此阶段，电信经济已将研究视野扩展到电信部门的外部因素如福利、产权等宏观层面的问题，并涉及到电信业的规章制度、管理等问题。

1. 计量经济理论的应用

计量经济学广泛地应用于电信需求量的预测。电信需求量是电信部门发展必须的基础数据，电信需求量决定了电信业的战略重点和组织安排。所以，电信需求量研究历来是电信经济的研究重点。这一阶段出现了许多实证研究成果。如罗伯茨（Roberts）和沃德（Ward）[2] 曾以 1962/1963 年至 1972/1973 年度期间澳大利亚新电话需求量为例进行研究，发现澳大利亚电话需求随时间呈线性关系：$y = 141261 + 16078t$（$R2 = 0.82$）。由于线性模型一些致命的缺点，不能适应新的数据，因此，有人对上述公式进

---

① littlechild S. C.：Elements of Telecommunications economics，Peter Peregrinus Lth. 11，1979。此书有中译本，参见周树基译：《电信经济学原理》，人民邮电出版社 1983 年版。

② Roberts, J. H. and Ward, G. B.："A comparative study of short term forecasting techniques used in planning a telephone network". Paper presented to the international conference on telecommunications Economics, University of Aston, Birmingham, May, 1974.

行修正，如有的学者利用指数平滑和自回归移动平均法，即不是对所有以前的观察都同样加权，而是对近期观察的加权要大于对过去较远期的观察加权。这暗含一个假设，即电信市场是呈加速增长的。显然，当市场饱和时，电信市场增长速度必然会慢下来，所以，这种方法亦存在问题。

电信市场的需求量不可能以一个恒定的增长率增长，因此，有人提出用"S"型曲线，即 Logistic Curve。但在计量经济学出现以前，"由于确定这种曲线常需要复杂的数学计量，因而很难用它来计算电话的需求量"[1]。计量经济学方法的出现，使上述问题迎刃而解。罗伯茨（Roberts）等人利用它给出了一个基于个人消费（Ct）、电信价格（Rt）的电话需求预测（Yt）的回归模型：$LogYt = -5.00 - 0.25logRt + 2.03logCt$（R2 = 0.97），进而求出澳大利亚的电话的价格需求弹性为 -0.25，消费者收入弹性为 2.03。该模型最大的贡献是提出了价格和收入需求弹性的量化概念，这一点与朗斯特姆（Lonnstrom）等的研究相类似。

朗斯特姆等对瑞典的研究结果认为，以下因素与电话需求量有关：人均国民收入、工业从业人口占总人口的比重、人均新闻纸的消费量[2]。这样，收入弹性概念和计量经济学的研究方法，为人们分析电信需求函数和将不同国家的（以及不同产品的）需求函数加以比较提供了一种方法和手段（表 1 - 3）。因为在 50 年代，许多电信公司只注重到电信服务价格的因素，而对居民收入的关注似乎不够，以至于当 70 年代初期为了克服通货膨胀和过高的利用率而提高价格，结果是公司出现亏损。实际上，不

表 1 - 3 　　　　　　　　　　70 年代西方国家的电信的需求弹性

国家	电话类别	相对于租费的弹性	相对于收入的弹性
加拿大	住宅	- 0.07	0.18
加拿大	办公	- 0.19	未估算
英国	办公	- 0.20	0.65
瑞典	全部	未估算	1.91
瑞典	全部	- 0.06	0.56
澳大利亚	所有（新的）需求	- 0.25	2.03
美国	所有专线	- 0.02	0.08

资料来源：S. C. 利特尔·蔡尔德：《电信经济学原理（中译版）》，人民邮电出版社 1983 年版。

① Morgan, T. J.: Telecommunications Economics MacDonald 1st edn., No. 1, 1958. P. 183.
② Lonnstrom, S., Marklund, F., and Moor, I.: A telephone development project（telefonaktuebolaget, Stockholm, L. M. 3rd edn, june 1967）.

同的商品具有不同的收入弹性，一般商品具有正的收入弹性，而当该商品的收入为负或很低时，表明该商品的属性是低档商品（Inferor）。通过比较各国（地区）的电信的需求收入弹性，即可看出电信在各个国家的发展程度和经济发展水平，进而为制定电信发展战略提供坚实可靠的依据。

总之，电信经济利用计量经济模型进行分析，第一，有助于更好地了解所研究的电信现象和问题，因计量经济模型要依据一些十分明确的假设。第二，它可提供一种手段来验证这些假设和评价预测对假设变化的敏感程度。但是，即使是最精细的模型也是出于对复杂社会系统的数学表述，正如哈耶克（Hayek）等人所证明的那样，"社会科学和自然科学的根本差别就在于前者不像后者那样存在着一成不变的实验常数"[1]，不能奢望像对生物学和物理学那样，能够发现各种行为的定量的法则。

2. 工程经济研究的深化和扩展

电信经济在成本函数（经济学家更多的称为生产函数）、投资评价等所谓电信"工程经济学"基本内容方面的进展，主要是利用微观经济学理论及进展进行了广泛的经验研究，表现在以下几个方面：

第一，在生产函数方面，对有关规模经济与不经济性的收益率的探讨，如曼特尔（Mantell）等人曾指出[2]美国整个贝尔系统（地方电话公司）的规模系数分别是 1.16 和 0.13，但分开来看，AT&T（长话公司）和各电信业务公司的规模系数分别为 1.26 和 1.10。是什么原因导致这种分开的差别，一个解释就是不同电信系统的规模收益率的递增率不同；另一个解释就是不同的电信系统的技术装备程度不同，因而产出规模经济不同，所以，要区别由于产业规模经济增大引起的经济性和由于技术进步引起的经济性。多贝尔（Dobell）[3] 等曾对加拿大贝尔公司的生产函数的研究中，增加了技术进步的变量，区分出因为机动交换系统代替人工接续系统而引起的产出增加。当然，由于"边学边干"，即积累的经验提

① Hayek, F. A.: The couner-revolution of Science, The free press of Glencoe, New York, 1952.

② Mantell, Leroy H.: A econometric study of returns of scale and specialization in communications, in TREBING, H. m, (Ed) New dimensions in public utility pricing, Michigan State University Public Utilities Studies, East Lansing, 1976, pp. 324 – 388.

③ Dobell, A. R., Taylor L. d., Waverman L., Liv, T. H., and Copeland, M. D. G.: Telephone communications in Canada, demand, production and investment decisions, Bell Journal of Economics and Management Science, 3, No. 1, Spring, 1972, pp. 175 – 219.

高了管理给定的资源的效率，也可能导致不同地区电信系统的产出率亦有所不同[①]。

第二，在成本函数中引入机会成本的概念，扩展了成本的内涵，也正是存在机会成本并对这一问题的讨论，引发经济学家对福利经济学的重新思考。由于存在机会成本，而机会成本主要在于对未来的预期，未来又具有不确定性，所以，在电信定价方面使人们不得不修正边际成本定价的法则，进而涉及到价格政策和企业投资决策等。如上一章所言，按照经济学关于自然垄断的定义，电信业可能是一个垄断性行业，其定价必然是垄断定价。但是，由于存在价格歧视（Price Discrimination），并不是每个垄断价格都是高于自由竞争条件下的边际成本价格，而是根据不同的用户类型设计不同的价格，如罗斯（Roos）等人考察 50 多个国家办公用户和住宅用户的装机费和月租费时，发现这些国家的价格歧视政策是不一样的：装机费，按用户类型来区分的有 10 个国家，按市话网大小来区别的有 8 个国家，其他方法区别的有 9 个国家；月租费，有 20 个国家按用户类型来区别，17 个国家按市话网大小来区别，其他方法的有 18 个[②]。同时，利特尔（Littlechild）[③] 等通过对由两部分构成的资费的定量模型研究，揭示出一个新的规律，即如果电信部门将租费定得低于边际成本比较有利，或者使"通话"亏损并收较高的租费也可能有利。这些发现为政府或企业制定竞争战略特别是价格策略无疑提供了一个新的视角。

3. 电信服务等级及其外部性

进入 20 世纪 70 年代，随着经济学学科中诸如"福利经济学"发展及向其他学科的渗透，使得人们不得不考虑，依据工程经济学所得出的资费和投资政策，是否就能从整个社会的角度，保证对各种资源有效而合理的使用？

基于这样的思考，人们提出电信的服务等级的概念。所谓电信的服

---

① Davis, B. E., Caccappolo, G. J., and Chaudry M. A.: An econometric Planning model for American Telephone and Telephone Company, Bell Journal of Economics and Management Science, 4, No. 1, Spring, 1973, pp. 29 – 56.

② Roos, I., Norrby, D., and Leijon I.: Telephone rates in various countries, Tele. 27, special issue, 1976.

③ Littlechild, S. C. Two-part tariffs and consumption externalities, Bell Journal of Economics 6, No. 2, Autumn 1975b, pp. 661 – 670.

务等级是指"……按最忙的一小时所产生的话务峰值来提供交换设备是不经济的……，因而可以进行这样的安排，即允许一定数量的因接线器不足而产生的呼损，这种允许的呼损称之为服务等级"，这相当于公路上的交通拥挤、飞机场繁忙等问题，如何确定最佳的电信容量或公路最大可通过量？经济学家已就相关问题作了许多精辟的分析，如庇古、怀特、瓦尔特等。在电信系统服务方面，莫尔（Moe）于1923年提出一种合理的确定最佳服务等级的方法，这种方法被称之为"莫尔原理"，该原理假设企业的利润最大化，则最佳的中继线是这样的，即每增加一条中继线的收入，等于提供这条中继线的成本，显然这是边际收入等于边际成本的工程经济学原理的一个应用。从福利经济学的考虑，确定最佳服务等级的方法：（1）不仅应当考虑到电话部门的成本和效益，而且也应考虑到用户的成本和效益；（2）不仅应当选择容量而且应当选择价格；（3）应该考虑到价格和服务等级对所提供话务量的反馈作用。假设需求将现在的电信系统的净社会价值最大化，这样最佳的服务等级便被确定为一个低于（即优于）不考虑用户拥塞损失时的那样一个水平①。

前述的讨论中，电信部门及其所提供的服务被假定提供给一个单体的个人，但是社会是一个网络系统，一个人使用电话，必定有另一个人呼应，入网用户越多，电信系统的价值就越大，这就是电信网络外部性。实际上，美国电信部门在19世纪90年代发生的一场关于是否应该用计次资费来代替当时的固定租费制的争论中，这种电信网络外部性问题已被人提出②。但是，对电话系统中的外部性问题给予第一次明确阐述的是海兹伍德（Hazlewood），在50年代，他指出，"电话每增加一个新的用户，都会增加可能的连接数，因而也就提高了电话业务的价值，……这就是为什么必须对'推销'性资费的建立予以特别的重视。同时，外在效益的考虑的确令人感到，在某些情况下，偏离严格计算的成本是有利的，对于某些用户的收费可以低于用户全部成本水平。"③ 然而海兹伍德

---

① 详细的论述见利特尔·蔡尔德：《电信经济学原理》，人民邮电出版社1983年版，第180~202页。
② 笔者注：当时，美国电信系统对于资费问题的争论，在于固定租费制度与计次制资费，是哪个更重要，谁取代谁？实践的结果是后者取代了前者。无独有偶，在我国移动电信市场目前正在实行的"神州行"免费入网制，是否正是美国19世纪末期电信价格策略的翻版？
③ Hazlewood, A："Optimum pricing as applied to telephone service", review of Economics Studies, 18, 1950–51, pp. 67–68。

的看法不完全正确。因为电话系统作为一种公共用品，所有潜在用户都将以同等的程度使用，不可能完全将他们分割开。所以，70 年代以来，利特尔蔡尔德（1970，1975）、[1] 格雷夫里（Gravelle，1972）[2]、斯奎尔（Squire，1973）[3] 以及特威（Turvey，1974）[4] 曾分别提出一些有关电话系统的消费的外在因素的分析模型。利特尔蔡尔德（1970）、阿特尔和阿弗罗斯（Artle，Aarverous，1973）[5] 以及罗福斯（Rohlfs，1974）[6] 还曾按照对策论精神，提出过一些分析方法。

斯奎尔还对外部性问题的另一方面进行了论述，他指出，在所有公共事业中，电信"是具有外在经济最好的例子之一，事实上每通一次电话都会产生外在效益，因为接电话的人无需付费就得到了好处"，因此，斯奎尔认为，而且仅当通话人的价值与受话人的价值之和大于边际成本时才进行通话，这样就能使资源配置有效。

综上所述，这一时期，电信经济研究的经济理论基础是以萨缪尔森为首的新古典综合派的理论体系。该理论体系几个基本的假定是：（1）信息的完备性；（2）决策者决策的最大化；（3）市场竞争或垄断竞争的静态均衡。但是，任何学科或概念都不可能是保持不变的，经济学如此，电信经济学也是如此。如果说上一阶段，电信经济更多地研究电信企业本身利润最大化的问题，那么这一阶段的电信经济最大程度地强调了电信主管部门最佳的价格和投资政策，以使社会福利最大化。下面的讨论我们还将看到，随着经济学的更新发展，如信息完备假设的取消（信息经济学的完善）、最大化理论的瓦解（如产权制度、公共选择理论）等理论的进一步扩展，将电信经济的研究视角引向电信决策的组织体制和产业组织、制度上来。

① Littlechild, S. C.：A note on telephone rentals, Applied Economics, 2 No. 2 May 1970, pp. 73 – 74；Littlechild, S. C.：two-part tariffs and consumption externalities, Bell Journal of economics 6, No. 2 Autumn 1975, pp. 661 – 670.

② Gravelle, H. S. E.："A note on telephone rentals：comment", Applied Economics, 4 No. 2, 1972, pp. 235 – 238.

③ Squire L.：Some aspects of optimal pricing for telecommunications, Bell Journal of economics and management science, 4, No. 2, Autumn 1973, pp. 515 – 525.

④ Turvey R.：Externality problems in telephone pricing, Paper presented at the international Conference in telecomunication Economics, University of Aston in Birmingham, May 1974.

⑤ Artle, R, & Aarverous, C.：The telephone system as a publlic good：static and dynamic aspects, Bell Journal of economics and management science, 4, No. 1, spring 1974, pp. 89 – 100.

⑥ Rohlfs, J.：A theory of interdependent demand for a communications service, Bell Journal of economics and management science, 5, No. 1, Spring 1974, pp. 16 – 37.

三、信息时代的电信经济研究

20 世纪 80 年代以来，电信技术飞速发展并与计算机网络高度融合，电信市场规模迅速膨胀，电信需求多样化，出现了移动手机、互联网以及电子邮件等新的传输信息的手段。这短短十多年间快速发展的一系列现象，要求电信的理论家们运用最新的研究成果给予解释。80 年代以来，经济学出现了几个层面的进展：一是出现了基于信息不完美前提下的博弈论和信息经济学；二是基于规模报酬递增的新兴古典经济学的兴起；三是基于交易费用概念的新制度经济学；四是基于分工集聚、规模报酬递增和不完美竞争的新经济地理学。这一阶段的电信经济很好地吸收了上述经济学理论和方法的最新成果，交易费用、规模报酬递增、不完美信息等概念进入电信经济的研究文献中，电信经济理论有了一个大的发展，其中，最大的特征就是电信市场中垄断理论的破碎，也就是说电信自由竞争理论的回归。电信经济研究的最新进展主要表现在以下几个方面。

1. 电信市场竞争性研究

20 世纪 80 年代以来，电信技术快速发展，通信业务出现了多样化趋势，电信市场呈自由竞争的态势。其间，移动通信的出现并快速增长，占据了电信市场最大的份额，这样，有关移动通信市场发展问题，移动手机同类电信服务厂商之间、移动电话与固定电话不同电信服务厂商之间竞争是互补抑或互替，竞争者之间如何划定界线，如何在竞争中取得优势并战胜对手，成为电信经济的一个热门研究领域，1999 年世界电信发展报告专设蜂窝移动通信专辑（该专辑对国际移动通信发展、市场管理、技术走势、市场定价及其与固定电话相互关系等方面给予了全面分析和介绍），以及电信经济比较权威的学术性杂志《电信政策》1999 年（总第 23 卷）第 7、8 期亦设专辑，讨论移动电信市场发展问题，都说明了这一点。总体来看，电信经济对移动通信市场的研究主要集中于以下几个方面：

（1）影响移动通信市场发展因素的研究，以格鲁勃（Gruber）和范博文（Verboven）的研究最为经典[1][2]。格鲁勃等人于 1999 年对欧洲国家

---

[1] Harald Gruber and Frank Verboven, The diffusion of mobile telecommunications services in the european union, CEPR discussion paper, No. 2054, 1999, January.

[2] Harald Gruber and Frank Verboven, The evolution of markets under entry and standard regulation-the case of global mobile telecommunications, CEPR discussion paper, No. 2440, 2000, April.

的移动手机市场扩散进行研究，其基本出发点是，移动手机市场扩散是技术创新驱动式还是制度（许可证制度）驱动式。通过欧洲的案例，笔者认为有三个相对重要的因子：技术（从模拟到数字）、政府管制、其他竞争者的进入时间（垄断对寡头），其他的影响如固定电话网络的影响（替代与互补）、经济变量的影响如 GDP 等因素，其中，90 年代初出现的数字技术革命是影响手机消费市场扩散的主要因子。在研究欧洲移动手机扩散的基础上，格鲁勃与范博文运用同样的方法，构造了世界移动手机扩散模型，得到的结论与欧洲的研究结果大致相同。所不同的是，由于各国移动电信技术的标准不同，不同标准下的电信容量不同，技术进步产生的效果不同。对于不同地区，因为网络存在锁定效应（Locked-in），欧洲技术已被锁定在 GSM 上，而美国将直接由第一代模拟转向第三代 CDMA，所以，数字技术的引入对欧洲等国的移动手机扩散影响不显著，对美国影响更为大一些。

（2）移动通信市场与固定电话服务之间竞争的研究。移动电信最初的出现是作为固定电信业务的一种补充和延伸，但其很快以人性化、自由接入、基站建设简单等优点占领电信市场，成为电信业务中一支新兴的力量，并与固定电话展开竞争，基于移动电信的技术特点和发展趋势，人们普遍认为，2002～2004 年之间，移动手机用户将超过固定电话，移动电话与固定电话（PSTN）的竞争性问题成为电信经济家关注的焦点。1995年，经济合作与发展组织（OECD）曾对这一问题的讨论给予了总结，OECD 首先对移动手机的重要性给予了充分肯定，认为移动通信服务业对电信业所起的作用，如同 20 世纪 80 年代私人电脑对电脑业所起的作用，在产品、服务的销售与使用方式上将带来革命性的改变。接着，OECD 运用计算机建模，计算北欧国家的移动与固定服务在用户增长率方面的相互取代水平。研究认为，90 年代中期，在拥有高度发达移动电信服务网络的地区（如斯堪的纳维亚国家），移动电信与 PSTN 服务之间已经有了一定程度的竞争与相互取代的关系。但是，对大部分地方而言，移动手机服务仍将是固定联接服务的辅助。基于这种认识，P. P. 巴罗斯（Barros）和加蒂摩（Cadimo）以葡萄牙为例，研究了移动手机的扩散对固定电话网络的影响[1]，认为，随着各个国家移动手机市场的发展，移动电信服务很快将由与 PSTN 公司互补关系转向互替的关系，无论是在市场价格上还是在提供的服务水平上。尤其需特别指出的是，随着技术由第一代模拟网向数

---

① Barros, P. P. and Cadimo N.: The impact of mobile phone diffusion on the fixed-link network. CEPR, discussion paper series, 2000, No. 2598, from http://www.cepr.org/.

字网系统转化，最终走向"个人通讯"时代，以及这些服务市场的增长，由于总需求弹性和规模经济的作用，可以预计，资费水平将不断下降，移动手机使用率将不断提高，移动电信在电信总市场中将占据更大的份额①。

（3）移动通信运营商之间的竞争研究。大多移动公司一开始运营于竞争性较强的环境，这与固定电话的发展有很大的不同。如何在竞争中取得优势，有的学者提出通过价格竞争，不断降低入网价格来提高竞争力②，也有的学者强调运营商之间可采用一种共谋战略（价格联盟），达到共谋双方双赢的目的③。这些思想大都从垄断理论中引申出来，可谓垄断经济学在电信领域中的应用。与他们不同的是，瓦莱提（Valletti）从产业组织角度提出了另一种思路，他认为，在存在两个以上竞争者的移动市场中，通过增加网络覆盖度，来提高运营商之间的竞争，最终提出一个基于网络规模大小的移动通信公司之间的竞争互动关系模型④。总之，移动通信激烈的市场竞争，一方面通过提供低价占领市场份额；另一方面通过提供高质量的服务——通话质量、便捷的付费方式、较高的接通率（接通率与网络覆盖大小有关）等，与竞争对手争夺市场。

2. 对电信规制的研究

所谓规制是指政府规制（Government Rugulation，又称为政府管制），特指政府（行政部门）对企业经济部门的活动所进行的某种限制或规定，如价格限制、数量限制或经营许可等⑤。规制有两个目的，一是发展有效竞争；二是保证经济效率。关于电信业的管制问题，在"电信经济的不完全竞争阶段"就已有大量的文献论述，那么为什么在进入20世纪80年代之后，又重新燃起电信行业"自然垄断"特征的争论：是政府管制有利于促进电信市场的发展，还是自由竞争利于电信市场繁荣，从各国电信市场发展现实来看，二者都有一定的道理。为此，有必要回顾经济管制理论的发展历史，正本清源，以利于更深层次的理论探讨。

① OECD: Mobile and PSTN communication services: competition or complementarity, General distribution, OECD/GD (95) 96, pp. 8 – 9.

② Ruiz, L. K.: Pricing strategies and regulatory effects in the U. S. cellular telecommunications duopolies, in: Brock, G. W. (ED), Towards a Competitive Telecommunication Industry, Lawrence Erlbaum Associated, Mahwah, NJ. 1995.

③ Parker, P. M., Roller, L. H.: Collusive conduct in duopolies: multimarket contact and cross-ownership in the mobile telephone industry, RAND Journal of Economics 1997, 28 (2), pp. 304 – 322.

④ Valletti T. M.: A model of competition in mobile communications, Information Economics and Policy, 1999, No. 11, pp. 61 – 72.

⑤ 张培刚：《微观经济学的产生和发展》，湖南人民出版社1997年版，第454页。

从经济发展史分析，政府规制重新讨论来源于两个方面的理论进展，一个是因电信市场结构缺陷而导致的有关"市场失效"的讨论；另一个是对自然垄断行业的经济特点的讨论。所谓"市场失效"是指由于价格机制在某些领域不能起作用或不能起有效作用的现象。为什么存在"市场失效"，经济学家们大致将其归为四点：第一，卖方垄断权力的存在；第二，外部性（尤其是外部不经济性）的存在；第三，信息不充分或信息成本过高；第四，降低其他各种社会成本（如过度竞争）及存在许多价格的需求弹性甚小（如药品和农产品）的商品。正是由于这些方面的原因，许多经济学家认为，市场缺陷和不足是可以通过政府采取某些经济行为来纠正的。

在 20 世纪 60 年代之前，大多经济学家将政府管制力量看作是外生变量，例如，科思曾认为，当产权无法界定时需要政府实施某些规则等。G. J. 施蒂格勒（Stigler）继 1962 年发表《管制者能管制什么》①一文后，于 1971 年提出了《经济管制论》，从而开创了管制经济学，他认为，一个产业内的各个厂商，一般会从效用最大化目标出发，进行成本、收益比较，来选择自己从事经济活动的环境。如果放任竞争，只能获得竞争性报酬；如果通过一个垄断组织，可以获得较高的收入，但各个厂商成员必须为这类组织的发起和顺利运行付费，同时，如果由政府管制，各个厂商亦必须为此付费，这样，在一个经济系统中，不同集团因得到政府的保护不同而付费不同，从而将政府管制内生于经济系统中，它就像一个特殊的商品，也是供求相互作用的结果，是一个内生的经济变量②。1976 年，S. 佩尔兹曼（Pelzman）进一步完善了政府管制的理论，他认为，受管制的商品的价格是低于垄断价格，高于竞争价格，所以，垄断产业的消费者会由管制获得低价，而竞争产业的生产者也能借助管理高价出售商品③。因此，政府管制是以"社会公共利益"为基础的。相反，在施蒂格勒研究的基础上，以布坎南（Buchanan）为代表的公共选择理论却认为，现实中的政府并不像传统经济学理论中所设想的那样，是以社会福利最大化为目标的机构，实际上，政府官员、议员等都代表一定的特殊利益集团服

---

① 参见 G. J. 施蒂格勒：《产业组织与政府管制（中译本）》，上海人民出版社、上海三联书店，1996 年 4 月。

② Stigler, G. J.：The theory of economic regulation，Bell Journal of Economics and management science，1971，Spring.

③ Sam Pelzman：Towards a more general theory of regulation，Journal of law and Economics 1976，No. 8.

务，因而，管制机构为私人利益而抑制市场活动，而那些受益的私人则愿为管制机构的服务提供补偿，这样的管制政府被称为"俘获的政府"。二者孰是孰非，由此引发了管制与放松管制的争论。

经济理论界的这些争论，映射到电信经济中，就是对电信行业自然垄断特征及其合法性的争论。如前所言，20世纪70年代以前，传统的经济理论认为，因为电信业是自然垄断的，存在规模效益，所以，政府必须进行管制。但是，80年代以来，鲍莫尔（Baumal）、潘哲（Panzar）、威格利（Willig）等人对自然垄断的成本函数进行研究，认为即使规模经济不存在，即使平均成本上升，只要单一企业供应整个市场的成本小于多个企业分别生产的成本之和，由单一企业垄断市场的社会成本就仍然最小。因而，对于自然垄断的企业，有时要规制，有时不要规制，要根据平均成本的升降、企业承受力的有无，采取不同的对策，其中，企业的承受力保证垄断企业不被潜在竞争挤出市场，从而潜在的竞争可以代替规制，这就是所谓可竞争市场的作用①。鲍莫尔等人对公司生产成本函数的次叠加性的研究成果，从理论上动摇了电信业的垄断地位。随后，人们围绕两类问题进行讨论，第一类问题与所有权、规制、市场结构及行为有联系：在整个电信服务业的范围内，竞争对于提高生产率及降低价格是很有益的吗？是潜在竞争带来自由化，还是因为技术变化而引致市场结构变化？私有化是不是普遍带来效率的提高和消费者权益的增加？第二类问题与规制的制定有关（以竞争有利为假定前提）：能导致竞争更加快速的发展的规制框架是什么样的？以网络基础设备为基础的竞争（即鼓励新进入者建设自己的电信网络）是否比以服务为基础的竞争更高级？对于互联互通和进入定价来说，什么是最好的规制框架？在电信业中，垂直和水平竞争相互综合的理想程度是什么样的？

对于上述问题，SBP理论从产业组织角度给出了一个答案。SBP理论即经济结构决定企业表现，经济表现决定经济绩效，三者之间存在互动关系，所以，政府应从市场结构来考察和治理市场的失效问题。根据SBP理论，可以提出两种可替代规制的办法，一个替代的方式是特许制的投标竞争，另一个是激励过程的规划，即利用企业对自身利益的追求，设计某种程序，经过一个过程，最终达到社会福利最大化的目标。

理论是实践经验的总结和升华。在电信市场的发展中，由于企业与政

① Boumol W. J.：Contestable Markets：an uprising in the theory of industrial structure，American economic rewieve，1982，No. 72，pp. 1 – 15.

府从"共同"的理论出发所在实现的目标是不一致的，公司目标是利润的最大化，政府目标是社会福利的最大化，因而，"自然垄断的管理部门与调节部门，便遇到了一个根本的进退两难的窘境。一方面，自由进入市场可以鼓励成本管理和促进革新，但另一方面，自由进入又可能容许既无新产品又无新技术的公司进入这一产业，从而造成该产业的成本提高，价格提高和净福利损失"①。最终，政府的社会福利目标最大化占了上峰，1974～1982 年美国司法部与 AT&T 进行了长达 8 年的诉讼，最终以司法部的胜利告终，AT&T 公司被肢解，其 22 个地区被从总公司中分离出来，重组成 7 个独立的地区贝尔公司（RBOCs）经营本地电话业务并禁止进入长话、信息服务和通信设备制造市场，原公司保留长话服务、电话设备制造等业务。美国电信市场引入竞争机制的效果是明显的：美国电信成本日益降低，业务量猛涨，并成为世界电信最大的市场。对美国电信市场的历史考察，可以看出，自然垄断不是保证某一厂商得以垄断经营的捷径，如果垄断商依托政府管制"庇护"的市场空间，没有竞争的意识和创新的动力，终将在新一轮的市场竞争中丧失其垄断地位，丢掉市场。同时，如果没有面向市场经济的法制和政府管制为公正有效的市场竞争提供坚实的制度保证，就不可能有技术创新和制度创新活动的动力和空间，也就失去了创新活动持久的激励②。

在此，有必要提及两点。其一，就电信而言，经济学家最常用的分析工具之一是"阿弗奇—约翰逊效应"（Averch-Johnson Effect），亦即政府通过规定电信企业的收益率来进行管制，很可能使厂商过分地选择资本密集型技术，从而不是以最低社会成本下创造它的产出。其二，放松管制与技术进步密切相关。换言之，任何行业的自然垄断均有特定的、决定其进入障碍大小的、影响平均及边际成本的技术基础；这样一来，技术进步或技术革新所扮演的，往往就是冲破既定自然垄断格局的重要角色。在经济学上，J. 斯蒂格利茨曾就这一现象给出了很好的解释。他在经典的《经济学》教科书中写道，某种技术虽然可以导致自然垄断，但是，"由于技术和运输成本可能会随着时间而发生改变，一个市场上的厂商数目可能会改变。长途电话业务曾经是自然垄断的。电话信息是通过电线传送的，重复架设电

① Panzar J. C. and Willig R. D. : Free entry and the sustainability of natural monopoly, Bell Journal of Economics and Management Science, 8. No, 1, Spring 1977, pp. 1 – 20.
② 肖立武：《电信产业并非"自然垄断"——对美国电信业发展的历史考察及与中国的现实比照》，载《中国工业经济》，1999 年第 5 期，第 36～39 页。

话显然缺乏效率。随着电话服务需求的增加和诸如卫星传输之类技术的发展，长话业务不再是自然垄断"[1]。的确，电信技术的飞速进步，新技术的应用突破了原来的技术基础，形成对原有技术的替代，使基于原技术基础之上而形成的规模经济水平发生变化，从而为新的厂商进入提供了可能。这就意味着，随着技术的变化，电信行业的市场规模、成本价格发生变化，厂商提供的产品多样化，从而引致行业的竞争出现，厂商提供的服务产品质量提高，相对降低了价格门槛，用户随之增加（图 1－1、图 1－2）[2]。

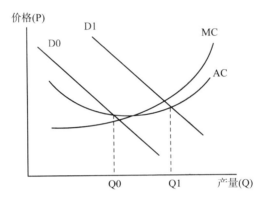

图 1－1 技术进步与需求变化

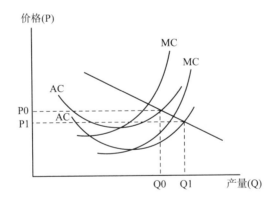

图 1－2 技术进步与成本/价格变化

① J. 斯蒂格利茨：《经济学》，中国人民大学出版社 2000 年版，第 327 页。
② 图 1－1 和图 1－2 分别讲述了技术进步与需求变化、成本/价格变化的经济学原理，该图也可说明技术进步与自然垄断的关系，更多的论述参见：汪向东，深化电信改革必须彻底破除"自然垄断教条"，数量经济技术经济研究，1999 年第 7 期，第 17～20 页。

综上所述，20 世纪 80 年代以来，经济学家一贯推崇的"鼓励竞争、限制垄断"亚当·斯密式思维定式，在电信发展中重新占据了主流地位。电信技术的迅速进步，进一步促进了这一趋势的发展。如果说电信经济在"不完全竞争阶段"普遍将电信行业视为一个垄断行业，以垄断的经济特征来研究电信经济的话，那么，这一阶段电信经济研究的基本前提是市场自由竞争，我们可以称之为电信经济自由竞争思潮的复兴，即对电信产业的垄断地位给予质疑，要求开放市场。1996 年 11 月 8 日美国"新电信法"的颁布，可以说是这种争论的一个终结。

第三节　电信经济研究述评

美国电信业的颁布及其实施，标志着电信发展将进入一个新的阶段，即由行业垄断或不完全竞争阶段，进入一个自由竞争的阶段。总结电信经济研究的理论进展，可以看出：

（1）相关学科（特别是经济学）研究成果在电信经济研究领域中的应用成果不断涌现。例如，在电信经济的微观层面，由于产业组织理论及企业经济的研究，使得电信企业规模经济及技术经济研究走向成熟，趋于复杂化，并最终使电信的自然垄断地位受到怀疑直至破灭。从分析手段与研究方法上，计量经济学成果的应用，使电信发展研究得到定量化、模式化，从而使研究深度进一步加深。可以预见，越来越多的经济学理论应用到电信发展中，因而将有更多的关注技术革命对电信发展的研究文献涌现。

（2）从将电信作为一个企业，到将其作为一个产业部门，再到对区域发展、社会经济影响研究，电信与区域发展研究视角不断扩大。说明电信技术的快速发展给人们的生产、生活方式带来根本性的变化，电信服务越来越成为人们生活中的一个不可或缺的部分，因而要从更广泛的角度探讨电信问题是发展的必然。

总之，电信不仅具有流通功能，更深层次地电信业的发展与其他信息产业一样，渗透到区域经济、社会活动的各个领域，并正在成为地区发展的新条件。21 世纪是知识经济时代、信息社会，因为技术、服务和市场趋于复杂化，电信研究的视角必须涉及更广泛的框架和更广的研究议程，电信发展研究将更加注重电信技术与社会科学之间越来越深刻的联系。从政策的角度看，发展中的信息社会同样要求与以前独立的政策领域互相协调。全球化和不断增强的国际间相互依赖也要求更广泛的处理方法，甚至包括了出于安全分析和地缘政治学考虑的关于信息社会的一些"冰山之角"的视角。

与此同时，电信经济研究存在几个不足：

（1）电信市场结构研究缺乏系统性。从笔者选题开始收集素材那一刻起即有强烈的感受。最明显的一点，就是对电信研究阶段划分的混乱，大多依据电信技术的发展来划分，而忽视电信市场开放程度及电信经济研究重大理论突破。20 世纪 80 年代以来电信技术快速发展，电信制度变迁速度加快，电信市场出现一系列新的变化趋势。一方面，要求破除垄断的自由之声日渐高涨，要求加大改革开放的力度，彻底开放电信市场；另一方面，电信企业特别是跨国企业之间的收购、兼并浪潮飙升。如何解释这种现象，出现了大量的研究文献。但是分析这些文献，大多是单一地研究一个国家或地区的制度变化，最多是几个国家的定性比较，既没有定量研究成果，更缺乏一个基于电信技术、制度、经济水平、社会文化、消费者偏好于一体的系统研究。

（2）电信市场研究中的区域背景缺失。从电信发展历程分析，技术与制度互动作用促成了电信市场的飞速增长，这是毫无疑问的。但是，相应地产生了一个研究误区，即忽视了电信业最终是一个产业部门这一基本命题。电信市场研究的区域背景缺失主要表现在：只注意电信及其技术对区域发展的的影响，而忽视了区域经济发展水平、社会文化及与之相关的消费者偏好等对电信市场发展的影响，因为电信市场的发展归根到底是消费需求决定的。实际上，对一个地方性市场而言，当区域间技术变量与制度变量变得一致时，地方性区域条件成为一个主要的因子。

（3）电信发展研究缺乏新的理论指导。意思是说，信息经济或"新经济"的一些最新的应用成果没有引入电信发展研究之中。随着知识经济的来临，信息市场出现了一些新的变化，市场交易规则、企业规模经济、消费者心理预期亦发生了变化，经济学的基本规律有了新的解释，这些都需纳入电信发展研究之中，比如，信息产品的正反馈原理，电信的技术、号码锁定，入网与退网之间的转移成本等。可以认为，未来电信经济将是一个技术、制度、区域与新概念交织的研究领域。

（4）我国电信发展实证研究特别是地方性市场的研究不足。我国电信经济研究起步较晚，大约在 20 世纪 80 年代中期至 90 年代初开始出现一些探讨电信投资与经济发展、电信企业经济绩效等方面的文献，主要集中在电信技术层面上的研究。90 年代中期，随着我国电信管制的逐步放松，开始在电信权威杂志上出现了一些介绍国外电信发展、电信规制的文献，并于 1998 年出现了所谓的"王小强与方宏健"之争，源于电信管制的电信部门利益冲突公开化，由此引发了我国"放松电信管制"的讨论高潮，比较有名的是北京大学周其仁以"三网复合、数网竞争"加入论战，林毅夫以"电信要发挥比较优势"给予策应等。

从研究内容来年看，中国电信经济研究仍以电信制度为主。从研究人员来看，大多来源于电信行业本身的工作者，目前为止仅有少数的几位经济学者涉足电信领域的研究。随着中国改革开放的不断深化，中国电信市场将以"中国特色"态势稳步成长，成为世界电信市场一个潜力最大的市场，可以肯定的是，研究中国电信市场发展规律将成为一个热点。同时，中国已加入 WTO，近期中国电信部门的纵向拆解，使得原垄断企业在各个地方性市场"自下而上"展开争夺，关注地方性电信市场结构的发展，将成为中国电信经济学一个重要的、迫切需要解决的课题。

第二章　电信市场与区域经济相关分析

第一节　电信市场与区域经济互动机制

任何企业、产业部门都不是游离于环境之外的，而是置身于形成它们的战略和结构、也受到它们的战略和结构影响的社会和体系的背景中。电信亦然，电信作为信息产业群中一个重要的组成部门，既是高附加值知识密集型服务业，也是区域经济发展的基础产业，在不断变化着的区域信息战略中起核心作用。反过来，经济发展水平的提高进一步改善了区域条件，居民消费水平的需求扩大，拓展了电信市场的发展空间。因此，电信市场与区域经济之间有着必然的内在联系。

随着市场化和全球化发展，一个城市或区域的生存和发展越来越决定于该城市或区域在全球竞争中吸引投资者、旅游者（外来者）、定居者的能力，即区域竞争优势。为了获取和提高某城市或地区的全球竞争优势，把信息技术、电信网络和城市运行结合起来，为投资者、旅游者和居民提供快速、价廉质优的公共产品与服务，成为政府推动城市或区域信息化、现代化的基本战略，这就是所谓的"敏捷化战略"（图2－1）[①]。在这一个战略中，通过电信网络的快速传输，提高政府管理效率，改善社区公共产品和服务生产，努力向投资者、旅游者和居民提供大量的信息服务，可见，电信在提升区域竞争力具有重要作用。

美国著名区域经济学家胡佛（E. M. Hoover）在其《区域经济学导论》中指出，任何活动需要空间这是公认的观点。空间（或距离，即简单的一维空间）在活动的区域中起着双重作用。第一，在空间移动中需

---

① 杨开忠等：《首都信息化"十五"规划研究》（北京市科委委托项目），2000年9月，第25页。

要便捷时，距离意味着成本和不便，快捷的通信网络使人们能够克服距离摩擦，节约成本。第二，人类活动本身又都需要自己的空间。在经济活动密集度很高的发达地区，纯粹的自由空间以及幽静舒适的环境空间是稀缺而又昂贵的。此时，发达的电信网络使空间和距离成为资产，电信在空间经济发展中具有双重意义。

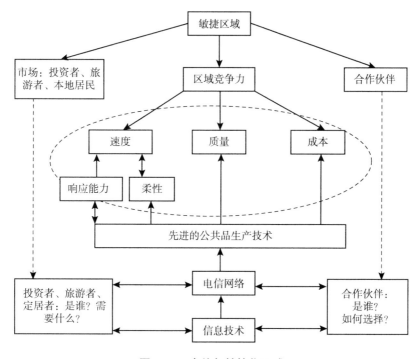

图 2 - 1 电信与敏捷化区域

正如美国著名学者 A. 萨克森宁所指出的①，当（企业）生产根植于区域社会结构和区域制度时，企业间的竞争是把对本地的了解和在当地的关系用到新产品及服务上的竞争。因此，任何一个地区的产业体系都包括三个层面：区域组织机构、产业结构、公司组织。其中，区域组织机构包括地方政府、专业协会、大学、公私组织等，这些机构与区域文化及整合一个地区、界定从劳动市场行为到对待创新态度等各种活动规范的共识和

———————

① A. 萨克森宁：《地区优势——硅谷和 128 公路地区的文化与竞争》，上海远东出版社1999 年版，第 8 页、第 181 页。

惯例互相发生影响，地区文化不是静态的，而是通过社会交往活动的相互影响，持续不断地改变的。产业结构是指社会分工—垂直一体化的程度，以及某个部门或一系列相关部门中的客户、供应商和竞争者之间联系的范围和性质，第三层面即公司组织包括等级的或横向的协调程度，集权或分权、责任的分配以及公司内部专业化程度等。这三个层面相互作用，相互补充，共同构成了一个完整的区域创新系统和创新网络，通过区域竞争优势传导，进而影响区域经济发展格局。

笔者认为，只有将电信发展研究放在区域创新网络系统和区域竞争优势分析框架中，才有可能深入了解电信与区域经济相互作用的内在机制，从而对电信实施战略管理，实现电信的可持续发展。据此，笔者构建电信与区域经济发展的相互作用机制模式（图 2 - 2）。该模式应该包括三个层次，第一层次是电信与区域创新系统的互动关系，其中电信是区域创新系统的主要组成成分之一。第二层次是建立在区域创新系统的电信与区域竞争优势互动关系，通过产业价值链，传导电信与区域竞争优势之间的相互作用。第三层次，基于区域竞争优势，电信与区域经济发展形成互动关系。下面首先分析电信与区域创新系统互动、电信与区域竞争优势互动，然后以 S 省移动通信市场为例，分析电信与区域经济相关关系。

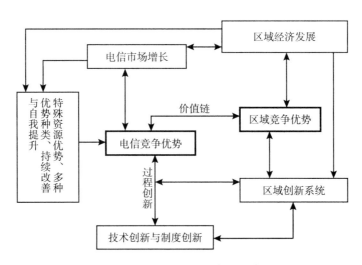

图 2 - 2　电信与区域经济发展互动机制

第二节　电信与区域创新系统

创新系统的基础是创新理论，"创新"一词最初由奥地利籍美国经济学家熊彼特提出的，他认为，创新就是建立一种新的函数，是企业家实行对生产要素的"新的组合"，这种新组合包括五种情况①：（1）采用一种新的产品，也就是消费者还不熟悉的产品或一种产品的一种新的特性；（2）采用一种新的生产方式；（3）开辟新的市场；（4）采用新的原材料或控制原材料的供应来源；（5）实现任何一种工业的新的组织，比如，造成一种垄断地位，或打破一种垄断地位。熊彼特的创新理论其最大的特点就是强调生产技术革新和生产方法变革的作用，而这些革新和变化的组织者和推动者是"企业家"。随后，创新理论围绕创新内涵的扩展而展开，并在两个方面获得了新的发展：一是以技术变革和技术推广为对象的"技术创新"理论的发展；二是以制度变革和制度形成为对象的"制度创新"理论的发展，并涌现出了一些代表人物和观点（表2-1）。

表2-1　　　　　创新理论发展与国家（区域）创新系统

创新理论发展		国家（区域）创新系统	
代表人物	观　点	代表人物	观　点
A. 曼斯菲尔德	关于新技术的推广提出"模仿"、"守成"、"模仿率"、"守成比率"等概念	C. 费里曼	创新系统是国家或区域内部系统组织及其子系统间的相互作用
M. 卡曼与 N. 施瓦次	技术创新与市场结构之间的关系最有利于创新活动开展的乃是垄断竞争的市场结构	A. 伦德尔	创新系统是由在新的、有经济价值的知识的生产、扩散和使用上互相作用的要素的关系构成，国家创新的子系统是：企业内部组织、企业间的关系（产业结构）、公共部门的作用、金融部门及其他部门的作用、研究开发部门
R. 列文	技术创新与企业规模的"起始点"	R. 纳尔逊	通过进化经济研究，比较不同国家创新系统，认为一系列的制度，它们相互作用决定了一国企业的创新能力
R. 罗斯韦尔	技术创新的政策研究，如何实施科技计划，引导企业创新，实施国家的产业目标，包括税收政策、金融政策、政府采购政策等	K. 帕维蒂	国家或区域创新系统是一个国家或区域内技术学习的方向和速度的国家制度、激励结构和竞争力

① 熊彼特：《经济发展理论（中译本）》，商务印书馆1983年版，第35~43页。

　　创新系统概念的提出是创新理论发展的一个新的阶段，20 世纪 70
年代末期，冯·希伯尔、伦德尔提出，在技术创新中用户、供应商等
都对技术创新起着重要作用，认为技术创新是一个系统概念。1987
年，英国著名学者费里曼在研究日本时发现，日本的技术创新主要不
是来自正式的研究开发，其创新以渐进创新为主，创新者主要来自生
产部门的工程师，车间里的技术工人，他们形成了以技术创新为主导，
辅以组织创新和制度创新的创新系统，在对日本考察的基础上，提出
了国家（区域）创新系统的概念①，他认为，在人类历史上，技术领
先国家从英国，到德国美国，再到日本，这种追赶、跨越，不仅是技
术创新的结果，而且还有许多制度、组织的创新，进而是一种国家创
新系统演变的结果。随后，纳尔逊②、伦德尔③进一步发展了国家（区
域）创新系统的概念。

　　比较他们关于创新系统的概念和认识，并无根本差别，只不过是强调
的重点有所不同，费里曼强调的是创新系统之间、子系统之间的相互作
用，认为区域的经济发展和追赶，仅靠自由竞争是不够的，需要相关部门
如政府政策、教育培训、独特的产业结构、企业的研发等共同作用。伦德
尔强调的是生产系统互相作用中是学习的重要性，纳尔逊强调的是制度的
作用，这种制度不只是包括企业、政府和大学等研究开发部门在内的制
度，更多地是侧重于像法律等正式制度的作用。与纳尔逊强调制度解决知
识产权问题不同，帕维蒂更加注重激励机制的运用，以纠正创新系统失效
和对基础教育的市场失灵等（图 2-3）。

　　总之，分析上述关于创新系统的概念，可以认为，任何一个国家或区
域创新系统都是由不同主体和机构组成的，这些不同主体和机构相互作用
（学习、知识流动、激励）和反馈的结果，促进了技术创新和制度创新能
力，使一个国家或区域的创新能力和竞争能力得以提升。在这一体系中，
企业始终是核心，因此，电信本身作为区域创新系统的一个有机组成部
分，将通过过程创新和技术创新改善和提升自我竞争力，从而增强区域竞
争优势。

　　①　Freeman, C.: Technology Policy and Economic Performance: Lessons from Japan, London:
Printer, 1987.
　　②　Nelson, R.: National Innovation System, New York: Oxford university Press, 1993.
　　③　Lundavall, A,: National System of Innovation, London: Printer, 1992.

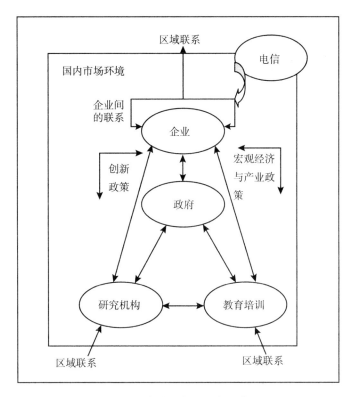

图 2 – 3　电信业与区域创新体系

第三节　电信与区域竞争优势

　　竞争既是生产效率和创新的推动力，又是区域或企业综合实力增长的内在动力，当一个企业或区域在市场竞争中处于不利的地位时，最重要的行动就是创新。因此，区域创新系统是区域竞争优势的发动机和根本动力，这是创新环境的本质所在（图 2 – 3）。实际上，区域创新系统是企业组织生产和创新、获取外部知识的有效方式，在区域创新系统中，企业是区域创新体系的主体。

　　基于这样的思考，20 世纪 90 年代初，美国著名学者迈克尔·波特提出了竞争战略理论。他认为，形成竞争战略的实质就是将一个公司与其环境建立起联系。从国内市场到国际市场，任何产业竞争都包含下列五种竞争因素：新加入者威胁，替代品或替代服务的威胁，供应商议价力量，客户议价力量，与现有竞争对手竞争①。这五种力量可以说是支撑企业经济与技术发展的重要力量。

那么，这五种力量如何使企业获得竞争优势，波特提出了产业价值链的分析框架，他认为，企业内部是一个有机整体，其竞争活动可以分为基本活动、支援性活动两大类，"为了发展竞争优势，企业更需要将价值链看成是一个系统而非个别活动的整合"（图2－4），这就是所谓的价值链管理。实际上，对于一个区域而言，存在许多价值链，这诸多价值链相互交织，通过先进的基础设施如电信网络、通畅的融资渠道，有效地组织区域资源，取得区域竞争优势，实际上，电信本身就是一个庞大的价值链系统。

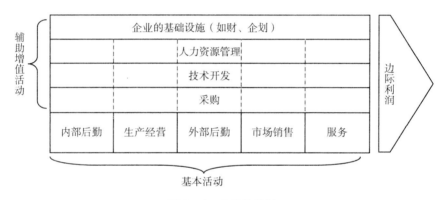

图 2－4　产业价值链

实际上，早在资本主义原始积累时期，以海尔斯（John Hales）和托马斯·孟（Thomas Mun）为代表的重商主义就认为，国家（地区）之间进行贸易的前提是贸易顺差。按照上述波特的竞争优势理论，追求贸易顺差，获取产品优势是关键，而且优势产品在产业价值链上增值越大，表明其竞争力越强，对国家越有利。那么，决定产品优势的因素有哪些？亚当·斯密、大卫·李嘉图将之归结为生产要素的绝对和相对比较优势，俄林认为生产要素禀赋的差异决定产品优势。吸收上述观点，波特提出了四要素的竞争框架，国家或区域的竞争优势在于四个要素的整合，它们分别是生产因素、需求条件、相关与支援产业、企业策略（企业结构及同业

① 迈克尔·波特：《国家竞争优势（中译本）》，台湾天下文化出版公司1996年版，第54页。

竞争），如果把政府行为和机遇因素，特别是政府的贸易政策和产业政策等也纳入到国家（区域）比较优势框架，则构成了国家或区域竞争的"钻石体系"模型。

笔者曾以迈克尔·波特区域竞争体系为理论指导，以全国 220 多个地级以上城市为研究对象，分析了 20 世纪 90 年代以来我国区域竞争格局与经济格局变动的内在机制①，研究结果表明，90 年代以来，区域综合竞争力变动与我国宏观格局变动趋势②基本一致。为什么会一致？笔者认为，这是因为作用于二者的因素和机制是相似的。

第一，20 世纪 90 年代以来，影响我国区域综合竞争力的主导因素正逐渐由初级性生产要素向高级生产要素如资本资源和知识资源等转变。随着市场经济的发展，市场机制日益发挥重要的作用，南北自然、人文条件之差异透过市场机制日益明显地影响到区域竞争能力的变化，进而影响到我国区域经济发展。第二，90 年代以来，随着我国国内市场的成长与逐步开放，东南地区吸引资金、技术能力远远大于东北地区，资金的大量投入和技术不断创新，提高了区域竞争力；同时，这种创新源源不断地向周围及沿江省区扩散，加深了沿海与周围及沿江地区的经济一体化，促进了东南地区经济实力的整体抬升。第三，90 年代以来，政府投资意愿、市场开放度和对外交流等开始对区域竞争力发生作用，我国南方地区优惠的区域政策在一定程度上促进了东南地区经济的良性运转。

从上面的分析可以看到，区域创新系统及其能力是产生区域竞争优势和经济格局发生变动的内在推力，区域创新能力的强弱直接影响到区域的竞争优势和潜力。由于不同地区创新体系和创新网络的投入和产出能力、知识产生与扩散能力各不相同，加之创新活动是一种地方化的活动，具有集聚性，且都与经济、文化区域密切相关，所以，区域创新能力表现出地区差异性，由此决定区域竞争优势的地区差异。与此同时，区域竞争力的变化，在一定程度上决定一个城市所处发展阶段，也反映了该区域在市场经济中获取资源的能力和讨价还价的能力，进而影响到区域经济的格局变动。

在此基础上，笔者认为，营建城市区域创新网络，是实现中国在全球

① 参见：

（1）Dou Wenzhang, etc.：Urban competitive pattern and its changes in china. Chinese Geographical Science，2000，Vol. 10，No. 2，pp. 105 – 112.

（2）窦文章等：《中国城市竞争格局变动的进一步研究》，载《世界地理研究》，1999 年第 4 期，第 103～110 页。

② 杨开忠等：《中国宏观经济格局的变动》，载《中国软科学》，1999 年第 4 期。

硅网（Silicon-Network）中等级地位的整体提升的必要条件。为此，必须加强城市基础设施建设，调整城市内部产业结构，建立吸引人才的良性机制，改善投资环境，扩大对外交流，积极参与全球水平分工。其中，电信作为高级基础设施，良好的电信设施改善区域投资环境，扩宽对外交流的渠道，使区域有可能作为全球硅网中一个重要的节点，参与全球水平分工，从中我们不难看出电信在这三者之间的互动模式中的作用（图2-5）。

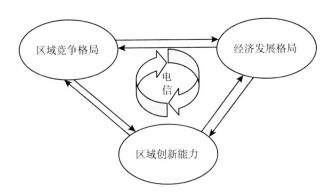

图2-5　电信在区域创新、竞争能力与经济格局互动模式的作用

为了进一步说明电信与区域竞争优势之间的关系，笔者列举出某（S）省一些主要城市的竞争力及其在全国位次的变化（表2-2）。

表2-2　　　　　　　　　S省主要城市（区域）竞争力变动

某省主要城市	相对竞争力综合指数（CI）		相对位次（R）	
	1997年	1990年	1997年	1990年
A市	684.58	799.0	35	16
B市	500.16	765.8	107	28
C市	607.14	625.5	61	66
D市	373.54	486.5	164	108
E市	448.21	262.3	128	174
F市	438.8	499.8	132	105

注：城市相对竞争力的计算公式是：$CI_i = (1/n) \sum R_j$

其中：

CI_i 为第 i 城市的相对竞争力指数；

R_j 为第 i 城市第 j 项指标在所有城市第 j 项指标的大小排队位序值（j=1，2，…，12）；

n 为第 i 城市所有的指标数。

例如，某一个城市的12项指标齐备，则n=12，如缺一项，则n=11；如果第1项指标在所有城市最大，取 $R_1=100$，如果第10项指标与所有城市同样的指标相比最小，则 $R_{10}=1$，以次类推；因是各个城市之间的相对比较得到的结果，故称之为相对竞争力指数。

从表2-2中可以看出，该省主要城市的竞争力整体下降，既反映该省区域经济整体实力的下降，又表明该省地区竞争优势的丧失，在地区表现中，D市与B市下降最为突出，而E市、C市在保持相对稳定的情况下略有升高。无独有偶，分析该省电信的区域发展轨迹，我们可以看到，D市、H地区电信市场呈下降趋势，而E市、H地区近年来快速发展，表明电信发展与区域（城市）竞争力格局变动有一定的关系。

第四节　电信市场与区域经济发展因子相关分析

区域经济发展条件包括区域的自然、经济、人口、社会条件等，其中，人口、经济指标是主要参变量。人口规模是电信市场消费者的基数，人口密度越大，消费市场空间越大，电信需求趋于多层次、多样化，因而电信发展越发达。同样，区域经济条件包括经济发展水平、居民收入与消费水平、区域产业结构、城市化水平、区域政策等，这些因素都与电信发展有一定的相关关系。下面以某（S）省移动通信市场为例进行实证分析。

该省地处中国经济发展的中部地带，是中华民族发祥地之一，历史上曾是人口稠密、经济发达的地区。2006年底，全省有11个地级市，23个市辖区、11个县级市、85个县，人口3374.55万人，人口密度每平方公里211人；GDP达4674.5亿元，人均13852元；产业结构12.9∶53.5∶33.7，全省国民经济以第二产业为主体，已形成以能源工业为主，冶金、机械、化工、建材工业并举的五大支柱产业。在地域结构上，该省已初步形成以A市为核心，以B、C、D、E、G等城市为中心，辐射城乡的区域经济体系，以南、北线为主轴，M、N、Q市为副轴线的点轴布局框架。1992年，该省移动通信开始运营服务，经过近13年的发展，移动通信市场已规模庞大，市场区域不断扩大。

表2-3、表2-4分别反映了该省经济发展格局、人口分布和移动通信市场规模的关系。基于区域经济格局，该省移动通信市场初步形成了以A市为中心，B、C、D、E等城市为副中心的空间格局。

表 2-3　　　　S 省各地市经济水平（GDP）与经济增长对应表

平均增速 (1995~1998年) ＼ 人均收入 (1998年)	＞10000元	8000~6000元	6000~4000元	＜4000元
15%以上	—	F	D、J	—
13%~15%	A	E	—	G 地区
11%~13%	—	B、C	H 地区	K 地区
11%以下	—	—	—	I 地区

表 2-4　　　　　　S 省移动通信手机用户与人口参量关系

项目 ＼ 地市		S 省	A	B	C	D	E	F	G	I	H	J	K
手机 用户	万户	65.90	23.69	8.78	2.39	3.06	3.05	1.36	3.02	4.64	2.30	6.17	7.44
	%	100.0	35.9	13.3	3.6	4.6	4.6	2.1	4.6	7.1	3.5	9.4	11.3
人口 参量 (万 人)	总人口	3172.2	295.7	272.2	122.0	307.6	208.4	133.6	284.2	330.4	297.7	387.3	473.3
	在业 人口	1398.3	170.1	135.5	60.0	131.8	102.7	49.8	116.4	136.3	136.9	185.3	239.7
	非农 人口	822.6	193.5	113.0	52.2	66.4	35.5	27.8	51.6	48.1	68.4	79.3	69.0
每百 人拥 有手 机用 户	按总人 口计	2.1	8.0	3.2	1.9	1.0	1.5	1.0	1.1	1.4	0.8	1.6	1.6
	按在业 人口计	4.7	13.9	6.5	4.0	2.3	3.0	2.7	2.6	3.4	1.7	3.4	3.1
	按非农 人口计	8.0	12.2	7.8	4.6	4.6	8.5	4.9	5.8	9.6	3.4	7.8	10.8
人均 GDP （元/年）		5047	10971	5979	7655	4975	6742	6209	2976	2711	4810	4365	3281
职工平均工 资（元/年）		5087	6838	5146	4263	5097	5770	5600	3801	4518	4770	5484	4503

注：手机用户为 1999 年数字（不含联通）；人口参量与经济指标为 1998 年数字。

　　区域经济格局是影响移动通信市场增长的根本因素。根据笔者所掌握的统计资料，主要选取人口总数、非农业人口、非农业人口比重（表征城市化水平）、GDP、人均 GDP、城镇居民可支配收入、农村居民纯收入、财政收入等指标，来描述移动通信市场与区域经济关系。移动通信市场规模用入网用户数量、业务量及手机用户密度（百人拥有手机量）三个指标表示。

　　首先选取 1998 年全国及该省统计数据进行分析（表 2-5），结果如下：

（1）移动通信用户与移动通信业务量高度相关，相关系数达 0.996，这两个指标与各个区域参量的相关系数都很接近，因此，这两个表示移动通信规模的指标可以用一个指标表示。

（2）与移动通信用户（移动规模）高度相关的区域指标是非农业人口比重、财政收入、人均 GDP 等。

（3）与总人口、农民人均纯收入等相关系数较小。

表 2 – 5　　　　移动通信市场与区域人口、经济参量相关系数

相关系数 R	移动通信用户	移动通信业务量	每百人移动用户	样本来源
城镇居民可支配收入	0.664	0.663	0.854	全国各省市
GDP	0.851	0.296	0.296	同上
人均 GDP	0.898	0.406	0.916	同上
总人口	0.489	0.527	– 0.225	同上
财政收入	0.909	0.911	0.533	同上
农民人均纯收入	0.587	0.589	0.884	同上
非农业人口	0.930	—	0.779	S 省 G、Y、K 市各区县
非农业人口比重	0.602	—	0.702	同上
职工平均工资	0.699	—	0.709	同上

资料来源：《移动统计资料（1999.10）》，S 省移动通信公司计划建设部，1999 年 11 月。

一、单因子研究

区域经济单因子指标与移动通信市场之间的相关研究，目的是明确重点分析的经济参量，构建 S 省移动通信市场可观察的区域参量指标体系（W_i）。根据上述分析结论，我们选取 S 省人均 GDP、城镇居民可支配收入、农民人均纯收入、城市化水平、财政收入作单项回归分析。

1. 移动通信市场与人均 GDP

人均 GDP（X）反映区域总体发展水平，移动通信用户密度（Y_m）与人均 GDP 有紧密的相关，其相关关系在不同的阶段存在差异（图 2 – 6）。

人均GDP（万元）	百人拥有的手机用户（部）	移动通信用户增长特征
<0.6	<5	手机用户增长率很小
0.6～1.0	5～10	具备了较快增长的条件；在这一区间，其他因素（如市场促销等）对移动通信市场的影响更大
>1.0	>10	手机用户迅速增加

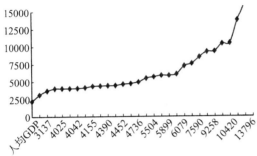

回归方程描述	
X	Y_m
<0.6	$Y_m=0.000426\cong X_1-0.11053$（F=17.1）
0.6～1.0	$Y_m=0.000655\cong X_1-1.383$（F=8.9）
>1.0	$YD=0.0009* X_1-3.6355$（F=9.7）

图2－6　S省移动通信市场与人均GDP关系

2. S省移动通信市场与城镇居民可支配收入

城镇居民可支配收入反映了居民购买力的大小。手机用户密度（Y_m）与城镇居民可支配收入（CZ）呈高度相关（图2－7）。

城镇居民可支配收入（万元）	百人拥有的手机用户（部）	移动通信用户增长特征
<0.55	1～4	手机用户增长波动较大
>0.55	>4	手机用户增长迅速

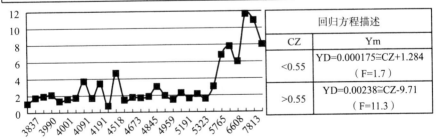

回归方程描述	
CZ	Ym
<0.55	$YD=0.000175\cong CZ+1.284$（F=1.7）
>0.55	$YD=0.00238\cong CZ-9.71$（F=11.3）

图2－7　S省移动通信市场与城镇居民可支配收入之关系

3. S省移动通信市场与农村居民纯收入

农村居民纯收入反映了农村居民购买力大小，S省移动通信用户密度（Y_m）与农村居民纯收入（NC）相关关系见图2-8。

农村居民纯收入（万元）	百人拥有的手机用户（部）	移动通信用户增长特征
≤0.21	1~2	手机用户增长缓慢上升
>0.21	>3	手机用户增长波动上升

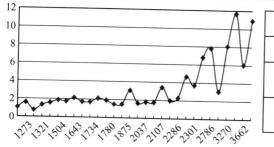

回归方程描述	
NZ	Y_m
≤0.21	$Y_m=0.0011\cong NZ-0.0653$（F=6.7）
>0.21	$Y_m=0.0031\cong NZ-9.71$（F=29.8）

图2-8 S省移动通信市场与农村居民纯收入之关系

4. 非农业人口

非农业人口是移动通信市场大小的参量之一。移动通信用户密度（Y_m）与非农业人口（NC）高度相关，从二者的拟合曲线看，基本呈线性相关（图2-9）。

移动通信用户密度（Y_m）	非农业人口（NC）	移动通信用户增长特征
$Y_m=0.084\cong NC-0.708$ （F=18.1）（注：数据来自S省部分地市）		随非农业人口的增加，移动手机用户增加

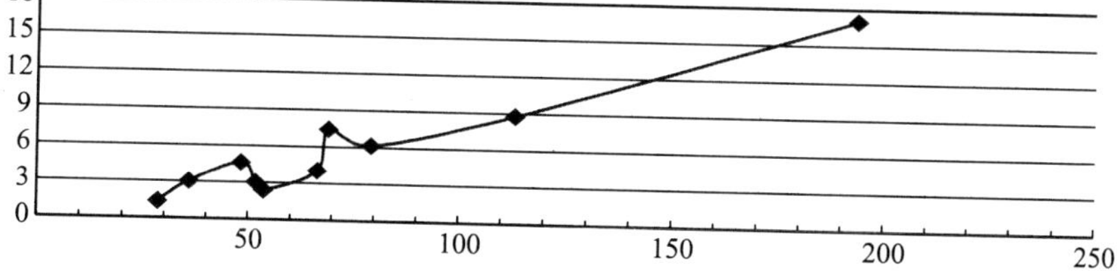

图2-9 S省移动通信市场与非农业人口之关系

5. 城市化水平（U）

城市化水平以非农业人口在总人口中的比重表示，与非农业人口总量相比，该指标是一个相对指标，更能真切地反映区域发展水平。S省移动通信市场需求与城市化水平二者的相关曲线表明，城市化水平变化对移动通信市场需求具累进效果（图2－10）。

城市化水平（%）	百人拥有的手机用户（部）	移动通信用户增长特征
≤40	3.9	每百人移动通信用户增长缓慢
>40	>4	手机用户增长迅速

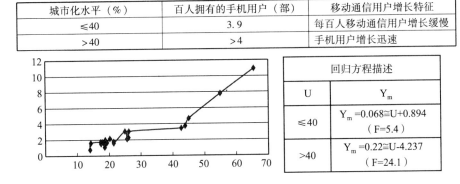

回归方程描述	
U	Y_m
≤40	$Y_m = 0.068 \cong U + 0.894$ （F=5.4）
>40	$Y_m = 0.22 \cong U - 4.237$ （F=24.1）

图2－10　S省移动通信市场与城市化水平之关系

6. 财政收入（F）

财政收入表示了政府需求的规模。移动通信用户与财政收入高度相关，从二者的拟合曲线看，基本呈线性相关，这一点与非农业人口相似（图2－11）。

7. 人均社会商品零售总额

人均社会商品零售总额（RS）反映大众购买的实际水平，移动通信用户密度（Y_m）与人均社会商品零售总额相关，从二者的拟合曲线看，可分为二段，人均社会商品零售总额在2000元以下时，每百人移动通信用户增长缓慢；人均社会商品零售总额超过2000元时，每百人移动通信用户迅速增长（图2－12）。

移动通信用户密度（Y_m）	财政收入（F）	移动通信用户增长特征
$Y_m = 0.61 \approx F - 204.3$ （注：数据来自 S 省部分地市）	（F = 5.8）	随着财政收入的增加，移动手机用户也跟着增加

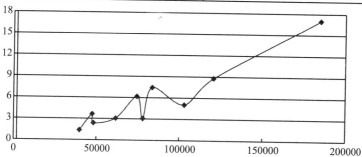

图 2 – 11　S 省移动通信市场与财政收入之关系

人均社会商品零售总额（元）	百人拥有的手机用户（部）	移动通信用户增长特征
≤2000	1～2	手机用户增长缓慢
>2000	>3	手机用户增长迅速

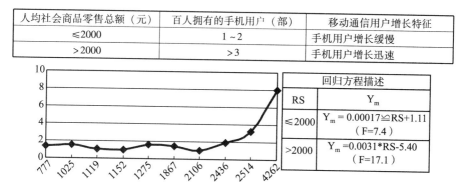

	回归方程描述	
RS	Y_m	
≤2000	$Y_m = 0.00017 \cong RS + 1.11$ （F=7.4）	
>2000	$Y_m = 0.0031*RS - 5.40$ （F=17.1）	

图 2 – 12　S 省移动通信市场与人均社会商品零售总额

二、综合因子分析

主要通过专家与实际工作者的经验分析来确定。具体指标体系包括三个层次：第一层为目标层 A，即各市县移动通信市场潜力的综合指数。第二层 B 分两个因素，旨在从不同侧面说明移动通信市场的内在潜力。第三层 C 包括 11 个定量化指标，旨在从不同侧面分别说明和评价第二层的两个因子。具体指标体系如下：

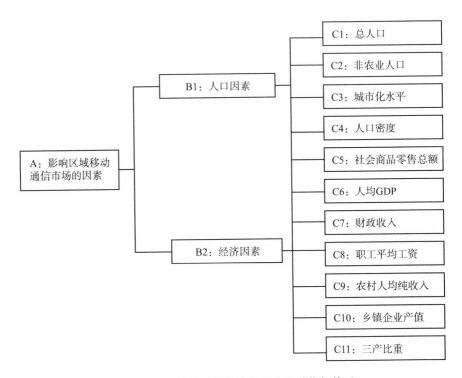

图 2-13 S 省移动通信市场综合区域指标体系

根据上述指标体系，我们选择 S 省 101 个县级市和县进行评价。采用主成分分析方法加以分析和评价。主成分分析方法是从众多的因素中，按其贡献率大小客观地给出各因素对目标层的作用大小，它可以避免人为加权的主观性。

通过主成分分析，我们得到各指标对各因子的贡献值，第一、第二主成分累计贡献率达到 83.1%，满足分析的要求。其中，各指标对第一主成分贡献值较大的有 GDP、财政收入、非农业人口、总人口，故解释为经济、人口总量因子；对第二主成分贡献值较大的有职工平均工资、人均 GDP、农村居民纯收入，故解释为个人收入因子。评价结果如表 2-6 所示。

表 2 - 6　　　　S 省移动通信市场区域条件综合评价结果及排序

县市名称	第一主成分得分	第二主成分得分	总得分	排序	第一主成分得分	第二主成分得分	总得分	排序
A 市区	8.54619	- 1.61699	6.9292	1	8.69649	- 0.35945	8.33704	1
B 市区	3.80716	- 0.05047	3.75669	2	3.78118	0.4934	4.27458	2
C 市区	1.95505	1.67618	3.63123	3	1.66854	1.96823	3.63677	3
D 市区	1.89178	0.645	2.53678	4	1.77102	0.92104	2.69206	4
J 市	1.0346	1.47205	2.50665	5	0.48027	1.55388	2.03415	6
GJ 市	- 0.20527	2.6986	2.49333	6	- 0.59325	2.62689	2.03364	7
ZZ 县	0.24895	1.96763	2.21658	7	- 0.03846	1.97295	1.93449	8
F 市区	0.96893	1.24437	2.2133	8	0.3857	1.30306	1.68876	13
HM 市	0.0276	2.09171	2.11931	9	- 0.28905	2.08211	1.79306	11
HJ 市	- 0.12678	2.2101	2.08332	10	- 0.45277	2.16647	1.7137	12
QX 县	0.03616	2.03937	2.07553	11	- 0.27945	2.1196	1.84015	10
E 城区	0.1121	1.92948	2.04158	12	- 0.28201	2.96219	2.68018	5
JX 市	0.24127	1.45875	1.70002	13	0.02302	1.47693	1.49995	14
HZ 市	- 0.27909	1.9019	1.62281	14	- 0.55452	1.83506	1.28054	16
LC 市	- 0.55619	2.03234	1.47615	15	- 0.99257	2.90809	1.91552	9
YC 市	0.7279	0.70914	1.43704	16	0.61644	0.80531	1.42175	15
ZY 县	- 0.51338	1.82761	1.31423	17	- 0.77182	1.72324	0.95142	19
YC 市	0.60847	0.40186	1.01033	18	0.54113	0.48714	1.02827	17
HT 县	0.41158	0.59335	1.00493	19	0.31873	0.64638	0.96511	18
YC 县	0.11508	0.79218	0.90726	20	- 0.0004	0.79562	0.79522	20
YJ 市	0.11325	0.67329	0.78654	21	0.01222	0.68164	0.69386	23
GP 市	0.29339	0.48991	0.7833	22	0.21472	0.53092	0.74564	21
G 市	0.33049	0.4112	0.74169	23	0.26715	0.45259	0.71974	22
D 县	0.18678	0.52992	0.7167	24	0.09979	0.56005	0.65984	24
LY 县	0.26747	0.40995	0.67742	25	0.20257	0.44548	0.64805	25
XY 市	0.25626	0.37099	0.62725	26	0.19695	0.40574	0.60269	26
TG 县	- 0.12152	0.68497	0.56345	27	- 0.2208	0.65807	0.43727	27
LS 县	- 0.09278	0.64363	0.55085	28	- 0.1851	0.62009	0.43499	28
QW 县	- 0.11226	0.65999	0.54773	29	- 0.21285	0.64184	0.42899	29
Y 县	- 0.19025	0.69154	0.50129	30	- 0.28707	0.65057	0.3635	30
DT 县	- 0.53209	1.01919	0.4871	31	- 0.67352	0.92428	0.25076	33
FY 市	0.04154	0.30396	0.3455	32	- 0.00467	0.30678	0.30211	31
X 县	- 0.34323	0.62581	0.28258	33	- 0.43125	0.56596	0.13471	36
YP 市	0.16638	0.09732	0.2637	34	0.1521	0.11677	0.26887	32
Q 县	- 0.1368	0.34691	0.21011	35	- 0.18763	0.32397	0.13634	35
HR 县	- 0.061	0.26481	0.20381	36	- 0.09881	0.25162	0.15281	34
Y 县	- 0.29054	0.45464	0.1641	37	- 0.35313	0.40418	0.05105	40
YC 县	- 0.06507	0.19905	0.13398	38	- 0.09391	0.1867	0.09279	37
WX 县	0.06647	- 0.00104	0.06543	39	0.06418	0.0102	0.07438	38

县市名称	第一主成分得分	第二主成分得分	总得分	排序	第一主成分得分	第二主成分得分	总得分	排序
QY 县	- 0.51682	0.55331	0.03649	40	- 0.58972	0.46599	- 0.12373	46
PY 县	0.24406	- 0.26098	- 0.01692	41	0.27692	- 0.21908	0.05784	39
XF 县	0.28311	- 0.3271	- 0.04399	42	0.32342	- 0.27599	0.04743	41
LL 县	- 0.3091	0.24863	- 0.06047	43	- 0.34157	0.19769	- 0.14388	47
XH 县	- 0.09534	0.03376	- 0.06158	44	- 0.09939	0.01893	- 0.08046	45
PD 县	0.1237	- 0.18735	- 0.06365	45	0.14896	- 0.1659	- 0.01694	42
XJ 县	0.05909	- 0.13004	- 0.07095	46	0.07171	- 0.11223	- 0.04052	44
WS 县	0.11216	- 0.18607	- 0.07391	47	0.13498	- 0.16357	- 0.02859	43
LC 县	- 0.37583	0.29271	- 0.08312	48	- 0.41382	0.23207	- 0.18175	50
SY 县	- 0.26735	0.14734	- 0.12001	49	- 0.28418	0.10287	- 0.18131	49
P 县	- 0.50858	0.35147	- 0.15711	50	- 0.55246	0.26894	- 0.28352	56
SY 县	- 0.19136	0.02514	- 0.16622	51	- 0.19201	- 0.00493	- 0.19694	51
XN 县	- 0.31412	0.13961	- 0.17451	52	- 0.32956	0.0888	- 0.24076	53
HQ 县	- 0.35398	0.16811	- 0.18587	53	- 0.37314	0.11044	- 0.2627	55
NC 县	0.01069	- 0.21037	- 0.19968	54	0.039	- 0.20359	- 0.16459	48
DX 县	- 0.14215	- 0.06676	- 0.20891	55	- 0.13229	- 0.08516	- 0.21745	52
JK 县	- 0.48555	0.24009	- 0.24546	56	- 0.51359	0.1625	- 0.35109	58
JS 县	- 0.01393	- 0.26947	- 0.2834	57	0.02012	- 0.26112	- 0.241	54
QS 县	- 0.25316	- 0.08508	- 0.33824	58	- 0.23638	- 0.12382	- 0.3602	60
LC 县	- 0.218	- 0.13199	- 0.34999	59	- 0.1959	- 0.1635	- 0.3594	59
WR 县	0.08854	- 0.49334	- 0.4048	60	0.15607	- 0.46976	- 0.31369	57
LS 市	- 0.29284	- 0.14424	- 0.43708	61	- 0.26762	- 0.1879	- 0.45552	63
QY 县	- 0.40193	- 0.06434	- 0.46627	62	- 0.38643	- 0.1255	- 0.51193	64
CZ 县	- 0.03894	- 0.42854	- 0.46748	63	0.0211	- 0.42519	- 0.40409	61
G 县	- 0.49598	0.00503	- 0.49095	64	- 0.48999	- 0.0701	- 0.56009	66
J 县	- 0.09762	- 0.40859	- 0.50621	65	- 0.03881	- 0.41546	- 0.45427	62
JC 县	- 0.27804	- 0.27012	- 0.54816	66	- 0.23481	- 0.30901	- 0.54382	65
YS 县	- 0.49507	- 0.06332	- 0.55839	67	- 0.47875	- 0.13851	- 0.61726	69
TL 县	- 0.20973	- 0.39669	- 0.60642	68	- 0.15051	- 0.42143	- 0.57194	67
YG 县	- 0.19337	- 0.44274	- 0.63611	69	- 0.12656	- 0.4661	- 0.59266	68
LQ 县	- 0.42482	- 0.24555	- 0.67037	70	- 0.38287	- 0.30778	- 0.69065	72
AZ 县	- 0.56301	- 0.13468	- 0.69769	71	- 0.53547	- 0.21862	- 0.75409	73
HY 县	- 0.13995	- 0.56145	- 0.7014	72	- 0.05621	- 0.57593	- 0.63214	70
XY 县	- 0.2169	- 0.51212	- 0.72902	73	- 0.13918	- 0.53857	- 0.67775	71
GL 县	- 0.36419	- 0.46584	- 0.83003	74	- 0.29221	- 0.51374	- 0.80595	74

续表

县市名称	第一主成分得分	第二主成分得分	总得分	排序	第一主成分得分	第二主成分得分	总得分	排序
HG 县	- 0.10646	- 0.82091	- 0.92737	75	0.01229	- 0.82313	- 0.81084	75
ZY 县	- 0.41515	- 0.52602	- 0.94117	76	- 0.3326	- 0.58248	- 0.91508	76
YY 县	- 0.41149	- 0.56785	- 0.97934	77	- 0.32278	- 0.62279	- 0.94557	78
D 县	- 0.26704	- 0.73287	- 0.99991	78	- 0.15663	- 0.76371	- 0.92034	77
TZ 县	- 0.34761	- 0.66679	- 1.0144	79	- 0.24603	- 0.71043	- 0.95646	79
ZQ 县	- 0.36025	- 0.65572	- 1.01597	80	- 0.25937	- 0.70228	- 0.96165	80
FS 县	- 0.34065	- 0.74274	- 1.08339	81	- 0.22873	- 0.78293	- 1.01166	82
WX 县	- 0.21407	- 0.88292	- 1.09699	82	- 0.08268	- 0.90341	- 0.98609	81
LF 县	- 0.49392	- 0.61123	- 1.10515	83	- 0.39812	- 0.67815	- 1.07627	84
HS 县	- 0.39008	- 0.78671	- 1.17679	84	- 0.26961	- 0.83606	- 1.10567	85
Q 县	- 0.18766	- 1.00252	- 1.19018	85	- 0.03953	- 1.01648	- 1.05601	83
YH 县	- 0.5828	- 0.6377	- 1.2205	86	- 0.48198	- 0.71751	- 1.19949	90
Y 县	- 0.41648	- 0.82754	- 1.24402	87	- 0.29024	- 0.87934	- 1.16958	89
NW 县	- 0.28818	- 0.97077	- 1.25895	88	- 0.14204	- 1.00257	- 1.14461	87
L 县	- 0.14474	- 1.13548	- 1.28022	89	0.02165	- 1.14098	- 1.11933	86
SC 县	- 0.39321	- 0.90995	- 1.30316	90	- 0.25512	- 0.95739	- 1.21251	92
HQ 县	- 0.37907	- 0.97399	- 1.35306	91	- 0.23193	- 1.01864	- 1.25057	95
FC 县	- 0.22009	- 1.15091	- 1.371	92	- 0.04886	- 1.16972	- 1.21858	93
FX 县	- 0.28327	- 1.101	- 1.38427	93	- 0.12021	- 1.12726	- 1.24747	94
WT 县	- 0.12637	- 1.25839	- 1.38476	94	0.05964	- 1.26237	- 1.20273	91
KL 县	- 0.50029	- 0.90206	- 1.40235	95	- 0.36165	- 0.96623	- 1.32788	98
PS 县	- 0.35119	- 1.05811	- 1.4093	96	- 0.19247	- 1.09695	- 1.28942	96
L 县	0.10651	- 1.53233	- 1.42582	97	0.32927	- 1.49789	- 1.16862	88
FS 县	- 0.43358	- 1.0055	- 1.43908	98	- 0.28143	- 1.05749	- 1.33892	99
J 县	- 0.43984	- 1.02166	- 1.4615	99	- 0.28474	- 1.07484	- 1.35958	100
BD 县	- 0.29226	- 1.18164	- 1.4739	100	- 0.11655	- 1.20957	- 1.32612	97
X 县	- 0.32039	- 1.20273	- 1.52312	101	- 0.13993	- 1.23688	- 1.37681	101
PG 县	- 0.32654	- 1.27623	- 1.60277	102	- 0.13582	- 1.30875	- 1.44457	102
L 县	- 0.34571	- 1.29682	- 1.64253	103	- 0.15235	- 1.33146	- 1.48381	103
WZ 县	- 0.346	- 1.32516	- 1.67116	104	- 0.1482	- 1.35951	- 1.50771	104
JL 县	- 0.32864	- 1.3488	- 1.67744	105	- 0.12736	- 1.38081	- 1.50817	105
DN 县	- 0.41319	- 1.28602	- 1.69921	106	- 0.22045	- 1.33056	- 1.55101	106
SL 县	- 0.40145	- 1.31958	- 1.72103	107	- 0.20344	- 1.3628	- 1.56624	107

综合分析评价结果，得出 S 省近五年内移动通信发展条件及潜力分级（表 2 – 7）。

表 2 – 7　　　　　　S 省各县（市）移动通信市场潜力评价

等级	综合指数	市县个数	市县名称
好	>1.00	18	A、B、D、C、E、J、GJ、ZZ、LC、QX、HM、HJ、F、JX、YC、HZ、K、J
较好	0.00～1.00	25	HT、ZY、YC、GP、YJ、CYX、LQ、XY、TG、LS、QW、MX、FY、YP、DTX、HR、QX、XX、YC、WX、PY、YX、XF、PD、LS
一般	−0.40～0	22	WS、XJ、XH、YQ、LL、NC、SY、LC、SY、DX、XN、JS、HQ、PX、WR、JK、LC、QS、WT、NW、HY、JC
较差	−1.00～−0.40	18	WX、ZQ、TZ、YY、DX、ZY、HG、GL、AZ、LQ、XY、YD、YG、TL、GX、QY、JX、CZ
差	<−1.00	24	SL、DN、JL、WZ、LX、PG、XX、JX、FS、KL、BD、PS、HQ、FX、FC、SC、YH、YX、LX、PL、HS、LF、QX、FS

第三章　电信成长的区域决定模型

第一节　基本前提假设

一、信息产品的不对称性与公共性

电信的基本功能是用来传输信息的，电信成长的基本要素是信息产品需求量和消费信息产品人数的增加。1961年，斯蒂格勒（Stigler）在《政治经济学杂志》上发表了《信息经济学》一文，探讨了信息成本和价值以及信息对价格、工资和其他生产要素的影响，标志着信息经济学的诞生。马克普鲁1962年出版《美国的知识生产和分配》一书，首次提出知识产业即后来的信息产业的概念。信息产品是经验产品，由此决定了信息产品的不对称性和公共性。

所谓经验产品，是指消费者必须对信息产品尝试或使用，才能对之进行评价。不对称性是指在一个高度专业化和组织化的经济社会中，每个人和组织所掌握的信息是不同的，或者说某一人（集团）拥有另一人（集团）不拥有的信息。由于信息的不对称性，因而信息需要转移，信息转移需要相应的媒介，构成了电信网络与服务存在的内在规定。

其次，信息具有公共性，一旦某些信息向社会发布，该信息就为公共物品，纯粹的公共物品是既无竞争性也不排他的。无竞争性是指一个人的使用不会影响别人的使用，不排他性是指一个人不能阻止别人使用该物品。信息商品固有的低边际成本属性决定了其无竞争性，但是，它们是否排他则依赖于特定的市场结构与法律制度。西蒙（Herbert Simon）曾经说过，信息的丰富导致注意力的缺乏。正因为信息经济时代信息产品价格趋于低价，可得性大大提高，信息超载成为信息产品最大的问题，导源于信息超载的"公众注意力"成为一种稀缺的资源。或者说，信息时代"产品标识（品牌）"非常重要，它可以规避信息的免费流失，在信息产业中图像代表一切，因为是它承载着品牌和商誉。

信息产品的不对称性和公共性，决定了电信市场的定价差别化，即所谓的"价格歧视"。由于信息产品特殊的成本结构，实施差别化定价，可以实现收益最大化。根据夏皮尔与范里安等的意见①，信息产品可分为三种类型的定价，一是个人化定价，即以不同的价格向每位消费者出售，当然这种方法的前提是准确了解把握该消费者的需求。二是信息分类（版本划分），即提供一产品系列，让消费者自己选择，这要求在产品质量差别化，产品互补与捆绑等方面进行设计。三是群体定价，对不同群体的消费者设定不同的价格，因为不同群体对产品价格的敏感程度不一，所以，产品定价要针对不同的群体，或打折、或出租、或提价（最新版），当然，还要考虑不同消费者获取信息的交易成本高低而定价。信息产品的差别化定价，给电信服务业市场定价提供了一个参考的框架，如移动通信增值业务中设定的一揽子服务，在用户进入时由其选择。

二、信息转移需要成本

一般来说，信息是"无重量"的，电信的快速发展使得远距离传输成本几乎为零，但这并不意味着信息的空间转移不需要成本。信息的转移成本既与人的信息加工系统的能力有关，也与诸如信息的种类、信息技术、信息组织等因素有关。由于信息转移需要媒介，因而信息转移成本应包括租用媒介费用和因"锁定效应"而产生的转移成本。对于前者是可以预见和容易理解的，我们重点讨论后者。

所谓锁定效应（Lock-in），是指消费者一旦选择某种信息技术或格式存储信息，转移成本将会非常高。在信息经济中，因为信息是在一个由多种硬件或软件组成的"系统"中存储、控制和流通的，或因为使用特定的系统需要专门的训练，因而消费者锁定是信息产品市场的基本特征之一。根据转移成本的潜在来源，可以将锁定分为7类，如表3－1所示。

① 参见夏波尔和范里安著《信息规则——网络经济的策略指导》（中译本），中国人民大学出版社 2000 年版。

表 3 – 1   锁定类型和相关的转移成本的类型

锁定类型	转移成本
合同义务	补偿或毁约损失。
耐用品的购买	设备更换，随着耐用品的老化而降低。
针对特定品牌的培训	学习新系统，既包括直接成本，也包括生产率的损失；随着时间而上升。
信息和数据库	把数据转换为新的格式，随着数据的积累而上升。
专门供应商	支持新供应商的资金；如果功能很难得到维持，会随时间而上升。
搜索成本	购买者和销售者共同的成本，包括对替代品质量的认知。
忠诚顾客计划	在现有供应商处推动的任何利益，再加上可能的重新积累作用的需要。

从表 3 – 1 可以看出，任何的锁定都需要转移成本，设市场总转移成本为 C_t，则：

$$C_t = C_S + C_p$$

其中，C_S 表示消费者为转移供应商而承担的转移成本；

C_p 表示供应商为服务新消费者而承担的成本。

对于一名消费者而言，其选择产品服务的效用（价值）用 V_S 表示，则有：

$$V_S = C_t + V_q$$

其中，V_q 表示该消费者所选择的供应商提供更高的产品质量或更低的成本而享受的其他竞争优势的价值，该指标反映了一个厂商对该行业的控制优势。

由于信息生产系统需要不断更新升级，老的系统锁定是经常性的。同一个信息产品供应商，其新产品换代往往要考虑系统兼容性和用户转移成本规模。一般而言，新产品对旧产品是包容的。在移动通信技术中，这种现象随处可见，如某供应商投资于某种电话信号压缩和解密技术之后，他们就被锁定在该技术之中，某一地区的手机用户一旦选择某一网络服务商，其相应的硬件及移动号码就有被锁定的可能。

信息产品"锁定效应"的存在说明，虽然因为电信的快速发展，传统的摩擦成本——如空间距离、搜索成本、分销成本——逐渐减少。但是减少这些摩擦的同样的计算机力量（网络张力）产生了新的"人工摩擦"——消费者的产品认同、忠诚度。所以，空间相互作用的摩擦力并没有消失，只是换了一种形式，称之为"距离替代"成本或转移成本。电信市场的增长充分反映了这种摩擦的力量，我们在以后的案例中将分析，因为居民消费观念、收入水平等区域条件的锁定效应，使得电信市场呈现出不同的类型区。

三、信息市场的规模递增性

信息产品具有特殊的生产成本结构，即高额的固定生产成本，低额的边际再生产成本，生产第一份信息产品的成本很高，但是生产（或复制）成本很低，甚至可以忽略不计。同时，信息产品的固定成本大部分成为沉淀成本，如果生产停止就无法挽回投入的资本，而且沉淀成本必须在生产之前预付，除此之外，为了营造信息品牌，提高信息注意力，必须预付很高的促销成本。

信息产品这种特殊的生产成本结构，产生了巨大的规模效应，即规模报酬递增。因为，多份拷贝可以以大致不变的单位成本生产，而且生产拷贝的数量不受自然能力的限制，所以，信息产品价格将趋于零，零价格竞争成为信息产品的一个特点和趋向。电信网络与此类似，进行电信基础设施要先期投入大量的资金，但是建成之后，一旦第一信号发射出去之后，通过光纤传输多个信号也是低成本的。由于规模报酬递增，引发需求方规模经济和正反馈，所以，新经济时代的网络外部性及其正反馈作用更加强大。如现代电信市场中，网络运营商往往通过扩张网络，增加市场网络覆盖度进行竞争，网络可以通过与其他网络的互联大幅度增加价值。

信息产品的特殊成本结构、网络经济的外部性以及需求方的规模经济，产生了具有强大作用正反馈的信息市场。正反馈原是一个物理学概念，指两个相反加速运动的物体，其距离或差距越来越扩大。这一概念被经济学用来描述一种经济现象，如 1957 年缪尔达尔提出的循环累积因果原理，认为在市场力量的推动下，发达地区表现为一种上升的正反馈运动，不发达地区表现为下降的正反馈运动，结果是，市场力量的作用是倾向增加而不是减少区域间的差异。与现在新经济相比，缪氏所描述的主要是工业经济，其驱动力量主要是规模经济。

需求方规模经济是正反馈的一个表现，当一个信息产品被大规模应用或普及时，该产品就具有了较高的价值和转移成本。与需求规模经济对应的是该信息产品的标准。谁控制了信息产品的标准，谁就控制了市场的制高点，因此可以认为信息时代是一个（技术）标准竞争的时代。图 3 - 1

表示出普及率与信息产品价值的关系。

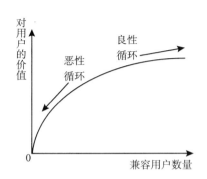

图 3 – 1　普及率与网络经济增加价值

四、信息市场的"非线性"动态演化

在知识经济和信息时代，技术进步无疑是最为重要的。谁要想在技术快速变化的市场竞争中取得优势，必须取得技术领先。技术领先既可以增加锁定用户的规模，又可以提高转移成本，进一步增加市场份额。如果技术落后，正反馈作用使得产品很快被淘汰，现状的高市场份额不一定意味着锁定。

根据信息技术领先引致的正反馈增长模式，呈"S"形增长，一般经过三个阶段：平坦的启动阶段；快速的起飞阶段；以及平坦的饱和阶段（图 3 – 2）。

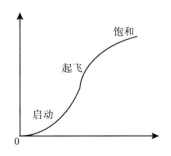

图 3 – 2　正反馈作用下的市场增长

总之，电信传输的信息产品的不对称性和公共性，信息产品的转移成本、规模报酬递增性及其增长的"非线性"动态演化等特点，构成电信市场增长的方式和内在规定。电信市场既可以认为是信息生产、组织、服务的生产体系，也可以看作是一个信息流动、循环、再生的区域网络体系。了解电信市场的区域增长规律，是电信发展研究的基础工作。

第二节　电信增长的区域决定因素

决定电信增长的因素有许多，其中主要的有技术导向、制度规制、区域经济条件、消费者行为偏好及相关替代品的市场发育程度。技术、规制、区域条件、消费者行为偏好、电信服务替代者等因素共同作用，决定了一个地区电信市场的发展程度。但是，各个因素并不是均等地对电信市场起作用，而是在不同时间、不同程度起作用。其中，消费人口、消费偏好及居民收入等区域经济因素是电信发展的本底条件，技术、规制、替代品是供给面的影响因素。电信供给面因素与需求面（包括居民需求、企业需求、政府需求）在区域经济条件上交互作用，形成不同类型的电信区域市场区。

第一，电信技术的发展使电信市场运营成本降低，入网门槛下降，从而拓展了电信的发展空间，电信市场容量不断扩大。与此同时，电信技术的大幅度进步，使得电信市场需求多样化，从而对电信规制制度产生了影响，规制的放松或严厉，通过改变市场组织结构进而影响到电信市场发展。

第二，电信市场的最终归宿是电信消费。受技术进步、区域条件的影响，消费者的行为受到收入、习惯、技术偏爱、供给者促销等各种约束条件的限制，消费预期函数发生改变，最终影响到电信的消费需求变化。

第三，电信业务的替代品，或互补，或互替，对某项电信服务市场产生或正或负的影响。图3-3表示出诸因素对电信市场作用的内在机制。

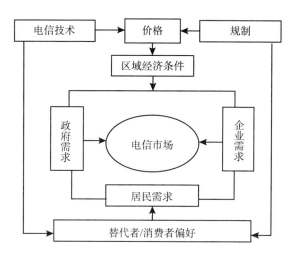

图 3 - 3 电信市场增长的决定

一、技术推动

技术进步是电信增长的主要推动力。从技术的角度，通信网络的两项技术指标是传输容量（Tranmission Capacity）和交换频率（Switching）。由于技术进步，这两项的成本都大大下降。1844 年，莫尔斯（Morse）发明电报，开始了电报业的运营，这可以说是电信业的开始。之后，电信业成长的每一次飞跃。都与技术进步密切相关，或者说电信技术的每一次创新和进步，都极大地推动了电信市场的发展。1876 年贝尔发明电话，是电信业的一次飞跃。之后，在传输材料、中继转换上又有许多革命性的改进，如 1954 年的硅晶体管；1959 年的集成电路；70 年代以来的光纤通信技术、无线技术和计算机技术等；80 年代以来，数字技术出现，光纤通信技术、无线技术以及计算机的高度融合，给电信网带来了根本性的革命。

目前，电信传输网络技术变化呈现如下的特点：一是传输容量几乎达到了取之不尽、用之不竭的地步。它不但已经远远超过了目前任何一个部门、企业或业务对传输容量的需求和使用能力，而且能够在很长时期内满足各种宽带业务的需求。二是传输成本的距离因素已经基本消失。决定传输成本的关键已经不是距离，而是网络使用率，这是网络规模经济的技术支撑。三是传输的数字化导致了电信业务的多元化。过去单一的电话业务以模拟方式传输，而今天的话音、数据、图像、多媒体等各种信息在传输网上以统一的数字方式出现。

下面以移动通信市场为例作进一步的说明。移动通信最初是固定电话的一种补充和延伸，是 20 世纪 50 年代最早在美国出现，到 1980 年，全世界用户不到 50 万个。究其原因主要是通信容量小，大区单基台制式，以及语音传输失真等。80 年代，数字技术引入移动通信系统，出现了所谓的第一代、第二代、第三代移动通信系统的演进（图 3 - 4）。显然，更进一步的技术发展（技术成熟）影响到手机用户的增长，第一代模拟技术向数字技术的转变，使得频率承载力大大提高。同时，技术进步促使垄断经营者降低手机入网价格和入网后付费价格，从而吸引了更多的用户，移动通信市场快速扩大（表 3 - 2）。

从欧洲移动手机发展来看，1995 年、1996 年、1997 年三年移动手机业务收入以超过 30% 的速度增长，1997 年达 210 亿欧洲货币单位。1997 年新增用户增长约 57%，欧盟中每 100 人居民中平均有 14 个手机拥有者。在芬兰，潜在用户增长率达 50%。在我国，移动通信在 90 年代中后期营建第二代移动通信系统，运营之后移动通信用户快速增长，说明了电信市场的发展呈现出技术推动型的发展特点。

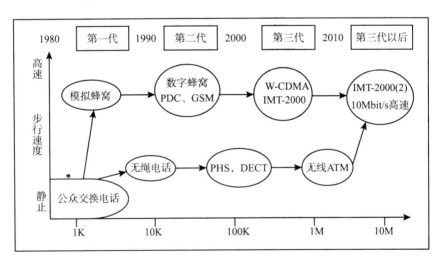

图 3 - 4　移动通信系统的技术演进

注：ATM（异步传送模式）、CDMA（码分多址）、DECT（增强型数字无绳技术）、GSM（全球移动系统）、PDC（个人数字蜂窝）、PHS（个人手持电话系统）、W - CDMA（宽带码分多址）。

表 3 - 2　　　　　　　　　　　　移动市场的演进

第一代	第二代	第三代
模拟蜂窝（单频）	数字（双模式、双频）	多模式、多频
仅限话音通信	话音和数据通信	当前通信业务（话音、中速数据）之外的新业务
仅为宏小区	宏/微小区	卫星/宏/微/微微小区
主要用于户外覆盖	户内/户外覆盖	无缝全球漫游。供户内外使用
与固定 PSTN 完全不同	固定 PSTN 的补充	与 PSTN 的综合，作为信息技术业务（数据网、因特网、VPN）的补充
以企业用户为中心	企事业和消费者	通信用户
主要接入技术：FDMA	主要接入技术：TDMA	主要接入技术：CDMA

　　转引自：国际电信联盟（ITU），《世界电信发展报告》，蜂窝移动通信专辑，1999 年，第 17 页表 2.1，略有删改。

　　以 S 省移动通信市场为例，从图 3 - 5 中可以看出电信技术对 S 省移动通信市场增长的影响。1992 年 S 省电信开通了模拟网络服务业务，客户有一定的增长。1996 年始，S 省移动通信公司在全省范围内大规模运营第二代 GSM 网络，入网用户迅速增加，至 1999 年，全省各地区第二代 GSM 用户均占总用户的 80% 以上，个别地区已达 90%。

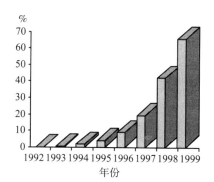

分公司名称	模拟开通时间	数字开通时间
A	1992/1	1996/1
B	1992/12	1996/2
C	1993/9	1996/12
D	1993/12	1996/12
E	1993/12	1996/12
F	1993/11	1996/3
G	1993/9	1996/11
H	1995/4	1997/12
I	1994/12	1996/12
J	1994/1	1996/12
K	1994/1	1996/12

图 3 - 5　S 省移动通信市场与技术变化

二、制　度

　　制度是涉及社会、政治及经济行为的一种行为规则，其最重要的特征就是"所允许和行动自由的程度"[1]。新制度经济学已把制度视为经济领

————————

　　[1]　刘易斯：《经济增长理论》（中译本），上海三联书店 1990 年版，第 65 页。

域的一个内生变量，强调在经济发展过程中，制度变迁是比技术变迁更为优先更为根本的因素，反过来，制度又深深扎根于区域社会、经济、文化之中。电信发展的规制制度，不仅仅通过影响电信业的产业组织结构，影响电信业的市场效率，而且还通过决定市场供给进入者的多少，控制电信市场价格，通过垄断或竞争影响电信的服务品质。有一点可以相信，在电信市场重新回到自由竞争的时代，规制仍然在一定范围内起作用。

从 S 省电信市场结构来看，其演变进程与全国电信基本一致，经历了一个由寡头垄断向双寡头垄断、多寡头垄断的转变过程。S 省电信市场最初由 S 省电信独家经营，90 年代初寻呼业务开始进入 S 省电信市场，并率先引入竞争机制。1992 年移动电信业务开通，1995 年联通进入 S 省会城市 A，经营移动通信业务，标志着 S 省电信市场双寡头垄断竞争的开始。1999 年 S 省移动通信公司从 S 省电信分离出来，成为一个独立的运营公子公司，S 省电信市场目前呈多寡头垄断局面。

在市场管制中，价格管制是一个主要手段。总体来看，S 省移动通信市场在入网价格、月租费、单位通话费等方面的资费水平不断降低，而服务质量内容、服务品质不降上升。特别是 2000 年 7 月以来在全省推行"神州行"卡以来，移动电信资费水平接近零入网价和零月租费水平。电信资费的不断下降，无疑促进了电信市场的迅速增长，S 省移动通信市场平均每年增长率达 139%（表 3 - 3）。

表 3 - 3 　　　　　　　　　　　　S 省移动通信市场增长

年　　份	1992	1993	1994	1995	1996	1997	1998	1999
市场规模（户）	1790	6246	18101	41316	91010	195634	421412	658950
增长率（%）	—	248.9	189.8	128.2	120.3	115.0	115.4	56.4

资料来源：S 省移动通信（1999），S 省移动通信公司市场部提供。

三、区域经济发展水平

电信业的发展是建立在区域经济发展基础之上的，一般而言，区域经济发展水平越高，电信发展程度越高，反之相反。通过上一章电信与区域经济发展相互作用研究，我们可以看出，决定通信市场发展的最根本因素，是一个国家或地区的经济发展水平。图 3 - 6 表明了经济发展水平（人均 GDP）与移动电话普及率呈正相关关系。

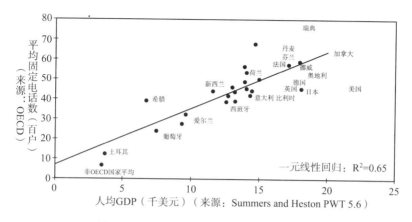

图 3-6　经济发展水平与电信普及率关系

　　我们以 S 省为例来介绍经济发展水平与电信市场发展的关系。S 省宏观经济对移动市场的影响分析如下:

　　根据省"十五"规划的初步研究,21 世纪初 S 省区域发展的战略构想为:坚持科教兴省和可持续发展两个基本方针,实施区域环境创新、资源型经济转型、城市化推进、东引西进四大战略,深化改革,扩大开放,以调整为手段、创新为动力、调产为主线,提高经济发展的综合效益和竞争能力,重视生态环境建设,搞好各项社会事业,切实提高城乡居民的收入水平和生活质量,实现人口、资源、环境、经济和社会的协调发展。

　　21 世纪初全省经济进入经济转型期,转变经济增长方式,实现产业结构的优化升级成为重要的战略性任务。经济增长的总体速度将有所放慢。"十五"时期,国内生产总值的年均增长速度将保持在 7% ~ 8% 左右,到 2005 年国内生产总值达到 2700 亿元,人均国内生产总值达到 8000元。三次产业在国内生产总值中的比例达到 7:56:37,高新技术产业产值占工业产值的比重提高到 12%。全员劳动生产率达到 16500 元/人·年,科技进步对经济增长的贡献率达到 55%。主要经济效益指标争取达到全国平均水平。

　　S 省目前每百人拥有移动手机用户为 2.1。以 1998 年全国各省市经济发展水平与百人移动手机拥有量的数据分析,全国有北京、天津、辽宁、上海、江苏、浙江、福建、广东 8 个省市人均 GDP 在 8000 元以上,相应这些省市百人移动手机里拥有量也明显高于其他省区,平均为 7.43。其中，辽宁与 S 省经济结构大致相似，1998 年人均 GDP 为 8525 元，百人移动手机拥有量为 4.7。尽管 S 省正处于经济转型时期，经济发展速度比前一阶段有所缓慢，但是由于在这一阶段人均 GDP 将突破 8000 元大关，S 省移动通信市场未来五年内将有较大的拓展空间。

四、同类电信业务的竞争

电信的基本功能是传递信息，也可以说电信是人们进行空间联系的基本手段，所谓空间联系指在自然、社会、经济诸要素作用下，区域间通过各种通信工具进行信息交流所产生的人与人的相互联系与作用。信息在空间的传递交流将产生四个方面的变化，即新信息的产生、信息量的增加、信息的分布规律、信息的相互交流等。信息的这种变化可以通过多种途径发生，从而决定了电信业多种业务并存、多网络的特点。

第一，在接入终端上，电信长途电话、移动电信、寻呼等只有接入市话网后才能向用户提供服务，市话服务是长途电话和其他服务的一种必不可少的投入要素，网络提供通信服务离不开最后接入终端。

第二，在电波频率上，光电波谱是连续的，而且频率带很宽。某一种电信服务或电信网络不可能全部覆盖整个光电谱，同样，某一段频率的电波容量也不可能满足人们日益增长的信息传输需求，因而，多样化、多种电信业务存在是必然的。

第三，从电信发展历史上，只有电报业务因出现类似的传真业务而被替代，其他电信业务依然存在。另外，人们的情感交流需要多样化的传递方式，顾客在资讯传输上需求是多样的，消费者的消费方式与消费需求亦是多种多样的，因而传输手段必然是多样化和竞争性的。

第四，正因为电信业这种多种传输网络并存的特点，决定了电信需求的网络规模效益，即需求会受到消费人数的影响。电信网络加入者越多，加入者的收益越大，进而入网者人数会更多，这是由于消费者是为了获取信息交流的服务，消费者越多，则信息可交流的范围越广，每个消费者的所获得的效用就越大，因而对电信网络而言，互联互通的意义非常重要。另外，电信网络外部性的存在，使得各种电信网络争夺更多的消费者的积极性增大，更多的消费者引致更低的边际成本，因而电信网络资费水平趋于降低。

不同电信业务功能的相似性，决定了电信市场内部竞争是不可避免的，如寻呼业与移动手机之间的竞争、移动手机与固定电话之间的竞争等，同业之间或促进或抑制电信发展，从已有实证研究结果来看，当电信发展处于初期之时，固定电话与移动通信呈互补型。当电信发展处于成熟期时，二者互为替代。

我们以 S 省移动通信业务的之间竞争状况为例来进行进一步分析。首先，S 省移动通信市场走向充分竞争。S 省移动市场处于总需求扩张阶段，市场改革也促进了移动通信市场的竞争程度。S 省移动通信市场于 1992 年起步，网络用户持续以指数级增长。我们的研究发现，当一个地区人均 GDP 在 6000 元以上时，手机普及率达 5%；当人均 GDP 在 6000 ~ 10000 元时，手机用户总数将有一个大的变化，市场需求规模呈快速扩张态势。在我们的研究期内，S 省移动市场正处于这样一个起飞阶段，几家移动运营企业都面临一个扩张市场和相互竞争客户的双重压力。初步匡算，按照手机普及率 30%，人均月移动通信动消费水平 100元计，S 省移动通信总市场规模大约为 100 亿 ~ 120 亿元。目前 S 省三家电信企业移动总收入不足 50 亿元，不足市场总需求潜力的 50%。与此同时，政府市场改革也促进了移动通信市场的竞争程度，S 省移动市场与全国市场一样，经历了一个由垄断走向全球竞争的阶段（如图 3 - 7），竞争的激烈一方面有利于改进企业的服务质量，另一方面也使产品的价格趋于下降。

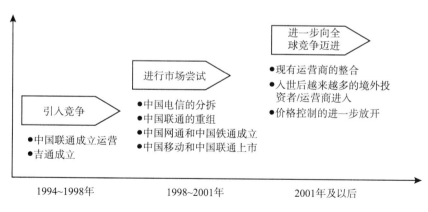

图 3 - 7　S 省移动市场由垄断走向充分竞争

S 省联通 C 网和 G 网同时建设运营，S 省通信公司小灵通业务逐步崛起，移动公司市场份额有所下降，企业面临压力增大。从图 3 - 8 中可以看到，S省移动公司市场份额从2001年底的76.71%降到2003年10月的61.16%，S省联通G网和C网用户由20.77%增到26.25%，小灵通用户由2.52%增到12.59%，市场结构呈现6∶3∶1的格局。

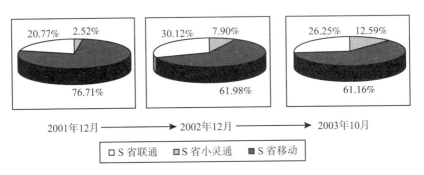

图3-8 S省2001~2003年移动、联通、小灵通份额变化

从移动业务上分析，S省移动公司和S省联通公司业务结构具有相似性，S省移动公司发挥网络优势，继续演绎"移动专家"的神话，是市场领先者。S省联通则凭借C网的宣传促销，试图通过所谓的技术优势换取市场优势和价格优势，虽然取得了一定的成绩，但代价却是沉重的。小灵通业务是分拆以后的S省通信进入移动领域的一个谎言式的"移动业务"，该业务被定义为固定电话业务的延伸，定位为S省通信公司业务收入的一个新的增长点。但从市场实际效果来看，它的进入挑起了S省移动通信市场价格竞争的"惊涛骇浪"。从技术层面上看，小灵通的物理通信成本并不低于移动电话，它的价格优势来源于固定电话资费和移动电话资费的价格差异。因此，只有在管制价格下，小灵通才有竞争力。

S省移动通信市场的价格竞争可以划分为以下三个阶段（图3-9）：

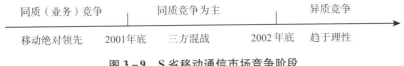

图3-9 S省移动通信市场竞争阶段

这三个竞争阶段，S省移动、联通和通信表现出来的竞争特点如表3-4所示。

表3-4　　　　　　　　S省移动、联通、通信各阶段竞争特点

	第一阶段	第二阶段	第三阶段
S省移动	推出优惠活动的时间早，种类多，范围广	以防卫为主	重新掌握竞争的主动权，大量被叫包月方案出台
S省联通	保持被动跟进，基本没有采取行动	主动挑起价格战，优惠活动种类繁多，幅度较大	回归理性，同时没有忽视任何一个竞争对手
S省通信	以固话业务为主，没有进入移动市场	开设小灵通业务	在低端和高端发展，谋求3G及全业务开展

总的来说，我们分析认为，S省移动通信市场竞争已由原来单一的移动话音业务的价格竞争，演变为运营企业的业务（全业务抑或是单一业务）组合、服务质量、价格优势、品牌优势等全方位的竞争。换句话说，移动企业之间的竞争不仅仅表现为业务上的竞争，而更多地体现到企业核心竞争力上来。而这种核心竞争力在市场上的表现又与消费者的消费行为相呼应，本书第四章将就区域消费者的电信消费行为及差异进行专门的讨论。

第三节　电信的区域增长模式

一、增长的轨迹

在前面的论述中，我们看到，电信市场的增长受技术、规制、区域条件等因素共同作用，呈"S"形增长，同时，电信市场也不是由单一的技术因素作用，还受到规制制度（影响市场结构）、区域条件等多因素的影响，这种影响通过产品差别化、正反馈效应、锁定与反锁定等互动过程，形成了电信市场的增长轨迹，即基于技术领先、标准战略下的电信市场发展模式，如图3-10所示。

在电信发展的初期，电信市场结构以垂直结构为主，电信技术发展稳定，电信的发展受区域条件特别是区域经济条件影响较大。发展的初期，电信产业市场组织结构也可能会发生变化，促使电信市场规模变化，但这种变化不会明显显现出来。市场规制的松动，电信市场出现竞争局面，技术创新积极性提高，此时出现了第一次电信技术革命。电信技术在市场推

广应用，电信市场价格急剧下降，受电信网络外部性和正反馈作用，电信市场实现了第一次大的跃迁。

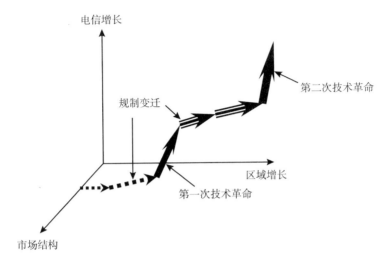

图 3 – 10　技术推动下的电信市场增长

随后，电信市场规制又一次向垂直分离、混合一体化演进，电信市场竞争加剧，电信运营商受竞争压力、技术优势、规模效益等多方面的作用，电信技术使市场容量扩展，电信运营商运用"开放转移"策略促使电信用户继续增长。此时，技术进步以摩尔定理中的速度发展，积蓄能量准备第二次电信技术的革命。按照梅特卡夫（Metcalfe）[①] 法则，电信网络价值不断增加。但是，新的电信技术的应用仍有一段时间，"技术锁定"效应在此时开始起作用。在这一段时间内，电信市场的扩张更多地受到区域经济条件如居民收入、城市化水平等因素的限制。一方面，电信技术首先在发达地区应用，技术的空间扩散需要时间；另一方面，由于各个地区的经济发展水平不同，文化习惯迥异，对新技术、新事物的敏感度不同，所以，电信市场在各个地区增长速度出现差距，出现了不同的电信市场区。电信发展的区域差异将伴随着电信技术第二次革命的到来，带入下一个增长周期，开始新的发展。

─────────────

　　① 作者注：Bob Metcalfe，以太网（Ethernet）发明者，对网络价值给予量化的说明。假定网络中有 n 个人，那么网络对每个人的价值与网络中其他人的数量成正比，此时，网络对所有人的总价值 $V = K(n^2 - n)$，表明网络价值以用户数量的平方的速度增长。

二、增长的函数

下面，我们将上述电信市场的增长过程给予模式化。

给定一个能够提供移动通信网络服务的国家或地区为 i，该国家或地区的入网频度 $\bar{f}$，则有：

$$\bar{f} = \frac{1}{pop_i} \sum_{k=1}^{pop_i} d_{ik}$$

其中，pop_i 表示该国家或地区人口总规模，k 是其中入网的用户。

$$d_{ik} = \begin{bmatrix} 1 & \text{当国家或地区 i 有用户入网时} \\ 0 & \text{当国家或地区 i 没有用户入网时} \end{bmatrix}$$

研究表明，d_{ik} 值不仅决定于某用户 k 的个人背景或家庭背景，如教育、职业或家庭收入，而用户教育、职业或家庭收入又与一个地区区域经济条件如发展水平、产业结构、城市化水平等密切相关，还决定于提供通信网络的价格水平、服务品质。即有：

$$d_{ik} = 1 \left[f(T_i, I_i, \zeta_{ik}, \Psi_i) \geqslant 0 \right] \tag{3.1}$$

这里，ζ_{ik}、Ψ_i 分别表示消费者个人背景及相应的区域背景；T_i、I_i 分别表示移动通信网络技术水平和产业组织结构；其中，T_i 和 I_i 是可观测的值，如移动通信系统的技术演进（第一代向第二代），电信产业组织由垂直一体化向混合一体化转变，T_i 和 I_i 可用系统结构发生变化的时间点（某一年月）表示。相反，对于 ζ_i 与 Ψ_i，则只观察一部分 ζ_i，Ψ_i，设 $\theta_i = [W_i, B_i]$，其中，W_i 是国家或区域 i 的可观察的统计数据，B_i 是从对消费者的市场问卷调查中获得的一部分信息。

因此，得到一个以可观察数据 θ_i 为条件的国家或地区 i 的通信入网概率：

$$g_i (= g(\theta_i)) = E \left[d_{ik} / \theta_i \right] \tag{3.2}$$

当然上式中，暗含的假设是基于 θ_i 的一个用户入网概率遵循统计意义上的大数定理。

进一步，我们假定一个国家或地区内的电信入网机制具有普遍意义，且产业组织制度均一（入网价格同时改变，没有时间滞后），则上述基于 θ_i 的入网需求概率受到下列指标约束：

$$g_i = F(W'_i \omega_0 + B'_i \delta_0 + \varepsilon_i) \tag{3.3}$$

这里，$F[.]$ 是一个介于 0 ~ 1 之间的实函数，ω_0、δ_0 分别表示各观察值的参数向量，ε_i 表示系统误差。

从上述模型中，我们可以看出，某一个国家或地区的电信入网需求概率可以通过对相关统计数据和消费者调查数据的计量分析求出。进一步可以证明：（1）如果 $F[.]$ 是已知且可逆的，未观察到的条件变量分别与 (3.2) 式中的 W_i、B_i 无关；（2）如果 $F[.]$ 未知，上述函数对 W_i、B_i 是连续可微的，则上述模型有解①。

总之，尽管由于资料的限制，一些对通信市场非常有意义的指标参数可能没有选择在内。但是上述分析表明，根据现有的统计资料，还是可以估测某个地区通信市场的需求规模。下面我们以 S 省移动通信市场为例，验证电信市场增长函数中的几个假设：通过对可观察的 W_i、B_i 进行估测，可得到电信市场入网概率，证明方程 (3.1)、(3.2)、(3.3) 式成立且有解。

三、计量形式

基于电信市场增长函数，我们以移动通信市场的增长为例进行计量分析，并以 S 省移动通信市场为例进行验证。

笔者认为，移动通信市场的网络用户与入网概率关系密切，而入网概率又反映了潜在用户与已入网的用户之间的比例关系。根据当现有用户较小时，那么潜在用户"被接触传染"的几率很小，而随着入网用户增加，由于网络外部性作用，这种"传染几率"增加，表现出指数增长的趋势。当潜在市场达到饱和时，新增用户量逐渐减少，直至为零。

1. 潜在用户增长函数

假定：Y_{it} 表示第 i 个地区在 t 时刻新入网用户；
 Y_{it}^* 潜在用户总量。
移动通信市场增长的增长呈"Logistic Curve"，其函数形式如下：
$$Y_{it} = Y_{it}^* / [1 + \exp\{a_{it} + b_{it}t\}]$$
上式表示，影响函数的三个重要变量是：市场总潜力（总量）（Y_{it}^*）、最初使用移动技术（第一代模拟与第二代 GMS）的时点（a_{it}）、用户增长速度（b_{it}）。对上式求导，得下式：

---

① Hyungtaik A. and Myeong-Ho Lee，An econometric analysis of the demand for access to mobile telephone networks, information economics and policy, 1999, No. 11, pp. 297 - 305. (From：http://www. elsevier. nl/locate/econbase).

$$\frac{dY_{it}}{dt}\frac{1}{Y_{it}} = b_{it}\frac{Y_{it}^* - Y_{it}}{Y_{it}^*}$$

该式表示 b_{it} 等于用户增长率与潜在用户之比。

2. 计量形式

$$Y_{it}^* = \gamma\, POP_{it}$$

其中，POP_{it} 表示第 i 地区的总人口数。γ 表示潜在用户在总人口中所占的比例，按照国际经验，一般取 60% 。

$$a_{it} = \alpha_i^F + \alpha^D\, DIG_{it}$$

其中，DIG_{it} 是虚拟变量，当第 i 地区在第 t 时刻采用新技术时，$DIG_{it} = 1$，否则为 0。α_i^F 是每个地区 i 的内在惯性，它表示相对于整个国家的平均水平，该地区移动通信用户的超前或滞后。α^D 表示引入新技术（第二代 GSM）后的瞬时效应。

$$b_{it} = \beta_i^F + \beta^D\, DIG_{it} + X_{it}\beta$$

其中，β_i^F 是固定效应，反映了移动技术的自发扩散速度。β^D 反映引入第二代数字技术后对扩散速度的影响。$X_{it}\beta$ 是向量，反映了市场需求方面的变量，如人均收入，固定电话量以及其他结构性变量，如城市化程度、产业化程度等。

3. 限制条件

设 T_i^D 表示第 i 地区引入数字技术的时刻，限定条件是在 T_i^D 时刻，用户增长速度（$\beta^D > 0$）不存在非连续性跳跃，即在 $T_i^D - \varepsilon\,(\varepsilon > 0$ 且足够小）时刻用户增长速度与 T_i^D 时刻一致。

因为 T_i^D 时，$DIG_{it} = 1$，而在 $T_i^D - \varepsilon$ 时，$DIG_{it} = 0$，可得：

$$\alpha_i^F + \alpha^D + (\beta_i^F + \beta^D + X_{it}\beta)T = \alpha_i^F + (\beta_i^F + X_{it}\beta)T_i^D$$

简化之，可得：$\alpha^D = -\beta^D T_i^D$

又因为 α_i^F 表示相对于全国平均水平的时滞，β_i^F 表示相对于全国平均水平的自发增长速度的差异。这就意味着是否使用技术较晚且用户较小的地区其增长速度会加快。如果有此效应，说明了地区差距存在收敛趋势或者落后地区有赶超效应。

$$\beta_i^F = -\lambda\, \alpha_i^F$$

这里，我们可以发现任何 i 地区或 j 地区在时刻 $t = 1/\lambda$ 时，收敛到相同的网络用户使用比例（除了使用时滞和扩散速度外，其他变量不变），因此，$1/\lambda$ 表示了收敛时刻。

第四节 S省移动通信市场增长模拟与预测

下面运用电信市场增长的"Logistic Curve"，来模拟 S 省移动通信市场发展历程。

一、计量数据描述

可观察的数据 W_i 主要来自历年《S 省统计年鉴》和《S 省电信统计数据》，其中，有关移动手机用户及技术变化（主要指模拟开通与数字开通）等有关数据主要来自 S 省移动公司市场部与财务部。

居民行为可观察值 B_i 来自对 S 省移动通信市场的调查问卷分析。全部计量数据构成 S 省移动通信市场系统数据库。

（1）从区域经济各个指标与移动通信市场的相关分析看，具有累积效应的指标有人均 GDP、城市化、财政收入、社会商品零售总额等，而有关产业结构的信息没有得到反映，为使该模型更加完备，在该模型中加入产业结构数据，以第三次产业的比重表示。由于 S 省移动手机网络服务于 1992 年开通，所以，全部区域经济方面的数据取 1992～1999 年，共 8 年度，11 个地（市）。

（2）人均固定电话与移动通信市场关系密切，故引入该模型中。人均固定电话指标与人均 GDP、城市化水平、产业结构水平等指标形成一个矩阵 X，相应地，其弹性系数亦形成一个矩阵。亦即模型中的 $[X]\beta$。同时，取 1992～1999 年共 8 年全省各地（市）人均固定电话数据。

（3）技术变化是影响手机用户增长的主要因子，本模型中只表示出第一代手机向第二代手机网络转变的过程。全省 1992 年正式开通模拟手机网络，T = 1992，取 t = 0，相应地，当 T = 1995 时，t = 3。当 T 时刻某地（市）采用 GSM 网络时，如 T = 1996，DIG = 1，而此时，t = 4。

二、计量运算结果及几点说明

S 省移动通信市场计量模型运算如下：

INTERCEP

T	is the autonomous diffusion speed bf
GDPT	is the effect of gdp on the diffusion speed
CITYT	is the effect of citilizatio on the diffusion speed
FIXT	is the effect of fixed line on the diffusion speed
DDT	is the effect of the use of digital mobile on the diffsion speed

converge parameter is obtained by diving T by INTERCEP

The SAS System   1

17: 26 Friday, September 10, 1999

TSCSREG Procedure

Dependent Variable: Z

Model Description

Estimation Method	RANTWO
Number of Cross Sections	11
Time Series Length	8

Variance Component Estimates

SSE	5. 431282	DFE	67
MSE	0. 081064	Root MSE	0. 284717
RSQ	0. 2895		

Variance Component for Cross Sections	0. 816236
Variance Component for Time Series	5. 353971
Variance Component for Error	0. 083629

Hausman Test for Random Effects

Degrees of Freedom: 4

m value: 9. 5500   Prob. > m: 0. 0487

Parameter Estimates

Parameter Variable	DF	Standard Estimate	T for H0: Error	Parameter = 0	Variable Prob > | T |	Label
INTERCEP	1	− 12. 955724	1. 500232	− 5. 302329	0. 0001	Intercept
T	1	0. 708011	0. 035959	3. 201074	0. 0032	
GDPT	1	0. 395453	0. 125365	2. 071907	0. 0421	
CITYT	1	0. 604085	0. 282295	2. 139906	0. 0360	
FIXT	1	0. 142481	0. 067405	3. 180734	0. 0372	
DDT	1	0. 136154	0. 092119	2. 557768	0. 0401	

（1）本研究采用非线性最小二乘 NLS 法。

（2）价格因素是移动通信用户增长的一个敏感性指标。由于价格因素极其敏感，其至影响到整个模型的显著水平，同时鉴于目前移动通信市场资费结构的复杂，本模型没有引入价格因素，即假设 S 省各地区的价格水平是一致的（或采取一揽子价格政策是一致的）。在未来的几年内，由于市场竞争机制的引入和移动运营成本的下降（技术发展），移动市场的价格趋于零利润水平，因而，价格水平的缺省并不影响我们的预测结果。

（3）在描述需求及结构因素的向量中，我们首先使用人均 GDP、人均固定电话拥有量（FIXLINE），城市化水平（CITY）和产业化水平，发现结果不显著。而剔除产业化水平后，结果显著。计量结果如表 3 - 5 所示。

表 3 - 5　　　　　　S 省移动通信市场增长计量模型回归结果

变量名称	符号	弹性系数	检验标准差
自发增长速度	β^F	0.708	0.036
收敛参数	λ	0.055	0.004
数字技术	α^F	0.136	0.092
收入水平	GDP	0.395	0.125
固话水平	FIXLINE	0.142	0.067
城市化水平	CITY	0.604	0.282

注：1. 本计量模型检验的显著水平为 95%。
　　2. 固定效应 β^F = 是 β_i^F 的平均值。

三、模拟结果分析

（1）S 省移动通信增长具有收敛性。收敛时间 $T = 1/\lambda = 18 \sim 19$ 年，即在 2010 年左右 S 省移动通信用户在省内各地区之间的增长不存在差异，即说明此时刻增长速度趋于缓和。

（2）S 省移动市场与固定电话市场呈互补关系。从结果分析，移动通信市场增长与 FIXLINE 相关系数为 0.142，说明 90 年代期间，S 省固定电话的分布密度及使用便捷程度与移动通信用户显正相关，两个通信市场是互为补充的而非替代关系，也证明了 S 省移动通信市场处于发展的早期阶段，而非成熟期。一方面，固定电话用户的增加发挥其外部性，促进手机用户的增长。另一方面，如果固定电话运营商介入移动手机网络服务市场，那将是移动通信现有运营商的一个强有力的竞争力。计量结果表明，移动手机的竞争威胁来自市场内部。

（3）S省移动通信市场增长与产业结构高级化程度相关性不显著。表明并非第二产业、第三产业比重较大的地区移动手机用户增长快，第一产业发达的地区亦是值得关注的增长点。这一发现与一般规律不同，但与S省现实基本相符，第一产业比重较大的运城地区近年来手机用户快速增长。同时，从另一个侧面表明，山西产业结构刚性，工业生产绩效低下，第二产业职工收入需求弹性低弱的现实。

（4）移动通信市场需求与地区经济单位资本和城市化水平等相对性指标密切相关，二者的需求弹性分别是 0.395 和 0.604。从区域经济发展的角度，二项指标充分体现了一个地区的发展水平、居民流动性和消费水平。下面我们将从区域经济增长的视角，对移动通信市场进行预测。

（5）一个深入的结论。由结论 1、2、3，可以回答一个问题，即移动手机市场的进一步拓展的重点是农村还是城市？显然，为了迎接来自内部的竞争挑战，现实运营商对城市市场的领导地位不能放弃，同时鉴于S省移动市场具有收敛的趋势，且与产业结构水平相关性不显著，因而，广大农村市场是未来一个重点开拓的地区。通过占领广大农村市场，可以进一步强化市场的领导地位，或者说，谁占领了农村市场，谁将在未来竞争中获得领先地位。从国际现有的经验模式和理论分析来看，提高农村网络服务等级（包括扩大网络覆盖度），是占领农村市场的一个有效的手段[1]。

四、模型应用——S省移动通信市场增长预测

1. 预测模型数据描述

根据上述回归结果，预测S省未来 3～5 年移运通信市场发展。几点假设：①S省通信市场结构变动不大，固定电话与移动手机二者仍呈互补关系，固定电话发展趋于平缓；②未来S省移动市场将以零利润价格进行竞争；③S省全省各地区价格竞争不存在恶性降价现象且全省统一定价；④S省未来 3～5 年移动通信市场发展趋势遵循网络经济发展规律。

在该模型中，影响移动手机用户增长的技术类因子包括各地区网络技术（数字技术）使用时间 T^D 和固定电话密度（FIXLINE），经济类因子

---

[1]　从产业组织理论来讲，这相当于垂直产品差别。一个极有权威的分析见 L. D. 泰勒著《电信需求的理论与实践》，美国波士顿克鲁尔，1994 年。概率分析可见托马索·范里提，《移动通信市场竞争的模式》，信息经济及政策，1999 年第 11 期，第 61～72 页。

包括人均国内生产总值（PGDP）和城市化水平（CITY）。

（1）潜在用户总人口（Y_{it}^*）。根据 S 省移动通信市场消费人口特征专题研究，2005 年 S 省人口总量达 3385.9 万人，全省人口自然增长率约 8.45‰。根据该报告，计算各地区移动手机市场总的潜在用户数量（Y_{it}^*）：

$$Y_{it}^* = 0.45 POP_{it}$$

用简便起见，表 3 – 6 只列出 2005 年的潜在人口数量。

表 3 – 6　S 省各地区（市）2005 年移动手机潜在用户总量（万人）

地（市）	人口总量（POP）	手机潜在用户总量
A 市	325.4	146.43
B 市	298.5	134.33
C 市	131.0	58.95
D 市	329.9	148.45
E 市	226.5	101.93
F 市	144.6	65.07
G 地区	306.5	137.93
H 地区	360.6	162.27
I 地区	319.3	143.69
J 地区	425.6	191.52
K 地区	518.0	233.10
全省总计	3385.9	1523.66

（2）固定电话密度数据（FIXLINE）。首先，根据回归结果，S 省移动电话与固定电话二者呈互补关系。从国家相关政策走势和市场发展阶段判断，未来 5 年之内，二者仍呈互补关系，即相关系数为正。其次，因为电信数据来源的困难，在研究中我们假定电信部门持平稳发展趋势，常规的趋势外推法是适用的，所以，根据 S 省各地区电信部门 20 世纪 90 年代平均的增长率进行一定的调整，得到各地区电话总数和固定电话密度，即百人拥有电话机数（表 3 – 7）。

（3）人均国内生产总值（PGDP）和城市化水平（CITY）数据。根据 S 省经济发展走势，未来 5 年 S 省经济将上一个大的台阶，人均 GDP、城镇居民收入水平、农村人均纯收入、财政收入等各项指标均有快速增长的趋势。其中，与移动通信市场显著相关的两项指标人均 GDP 和城市化水平，其预测值如表 3 – 8 所示。

表 3 - 7   S 省各地区（市）2005 年百人拥有固定电话预测

地区（市）	1992～1998 年增长率	2000～2005 年增长率	百人拥有电话数（部）
A 市	0.479702	0.1～0.2	29.52
B 市	0.224388	0.1～0.2	15.60
C 市	0.274524	0.1～0.2	18.60
D 市	0.228077	0.2	14.12
E 市	0.280833	0.2	12.15
F 市	0.314275	0.2	10.31
G 地区	0.289875	0.2	13.41
H 地区	0.246043	0.2	8.32
I 地区	0.260152	0.2	16.35
J 地区	0.298517	0.2	12.05
K 地区	0.474963	0.2	12.66

表 3 - 8   S 省各地区（市）2005 年人均 GDP 和城市化水平预测

地区（市）	人均 GDP	城市化水平（%）
A 市	18742.1	70.62
B 市	10326.3	47.07
C 市	13272.5	48.31
D 市	7912.0	27.07
E 市	10941.3	22.74
F 市	9585.1	26.35
G 地区	4811.0	23.65
H 地区	4356.4	20.05
I 地区	8257.0	28.51
J 地区	7186.8	25.99
K 地区	5491.0	20.08

根据回归结果，我们可以得到一组方程式：

①各地区移动手机市场总的潜在用户数量（Y_{it}^*），取 $Y_{it}^* = 0.45 \times POP_{it}$

②市场潜在增长：$a_{it}^* = \alpha_i^F + \alpha^D DIG_{it} = -14.1818 - 0.136T^D$

③市场扩散增长：$b_{it} = \beta_i^F + \beta^D DIG_{it} + X_{it}\beta = 0.844 + X_{it}\beta$

其中，③中的 $X_{it}\beta$ 是一组向量之积，X_{it} 表示 PGDP、FIXLINE 和 CITY 之矩阵，β 表示对应的弹性系数之矩阵。

将区域经济指标 PGDP、FIXLINE、CITY 等预测值代入上述三式，即得 S 省移动市场潜在规模，结果如表 3 - 9 所示。

表 3 – 9　　　　　　　　S 省移动通信市场扩散模型的预测

地区（市）	1999 年	2001 年	2002 年	2003 年	2004 年	2005 年
A 市	236844	441609	518004	532964	540609	550597
B 市	87832	150426	225632	286142	319507	333787
C 市	23866	45633	86318	139199	162554	173502
D 市	30544	59228	115320	203042	321679	328686
E 市	30531	56365	99208	168008	274820	278838
F 市	13632	27234	54221	108141	180946	183944
G 地区	30138	45235	86187	159798	246073	250856
H 地区	46434	73315	150104	222673	351214	385693
I 地区	22978	39271	76672	138438	244188	251390
J 地区	61733	111677	208296	327790	455221	484087
K 地区	74418	122643	201063	374450	492595	526423
全省合计	658950	1172636	1821025	2660645	3589406	3747803

注：本表数据全部经过技术处理，不代表实际值（本节下同）。

2. 预测结果的修正

（1）误差存在的可能性。使用模型分析市场是利用数学工具对市场的高度抽象。由于样本容量、分析侧重点以及模型假设等等各方面的原因，使得模型不可避免地会出现信息纰漏、失真、乃至与实际出现偏差，尤其在对于未来各期的预测方面更是如此。从统计计量上分析，这些局限表现在：一是样本容量不足。样本容量小的直接后果是无法对模型进行单位根、同积现象等的检验，另外，一些常用的模型比较方法也由于数据不够而无法进行。二是各指标单位统计数据统计口径不一致。统计口径不一的直接后果是降低了来自不同部门数据的内在联系，或是错误导致相关。三是研究目的的倾向导致数据选取时的信息遗漏以及模型设定的侧重点不一。

从电信市场方面来看，一方面，电信增长具有"S"型非线性特征，即增长影响因素的任何扰动都有可能改变增长轨迹，具有复杂性，影响因素可能来自于传统、人文、地域等特征，也很可能来源于不完善的市场，但往往复杂而且难以计量。另一方面，更重要的是，电信发展的基本单位——区域具有内在的差异性。从对县、镇、乡市场的细分化分析来看，各地市内部的市场具有非平衡发展的特征，这直接导致了利用大模型预测小市场的偏差；即使是各地市之间在技术转型、网络建设等各方面因素差异很小，由于其他许多非数字特征因素的影响，往往造成了各地市场间存在很大的不可比性。

总之，无论从经济计量学、统计学上讲，还是从未来 5 年电信发展存在的若干不确定性分析，上述预测结果都有可能出现偏差，为此需进行修正，以期使结果更符合现实。

（2）线性模型预测与非线性模型预测的结合。利用线性模型和"S"形模型得到的预测高值与预测低值的凸组合，建立基本预测值。为此进行基于区域因素与电信市场线性回归的预测。根据 S 省移动通信市场调查显示，在现实手机用户中，约有 83% 为个人用户，17% 为公费用户。其中，前者由居民收入水平决定，后者主要由财政收入决定。如表 3 – 10 所示，根据移动通信市场密度（Y_m）与经济参量相关分析、以及 S 省经济参量预测结果，计算各项经济参量（城镇居民可支配收入、农村居民人均纯收入、财政收入）增长可能带来的移动通信市场增量，三者之和即得出未来 5 年各地区移动通信市场规模；在此基础上，利用人均 GDP、城市化水平、人均社会商品零售总额预测指标进行修正，最终得到基于区域经济回归模型的移动通信市场规模。

表 3 – 10　　　　S 省移动通信市场增长与经济参量增量之间的关系

	指标区段	增长弹性
人均 GDP（X）	X < 6000 元	0.43
	6000 < X < 10000 元	0.65
	X > 10000 元	0.90
城镇居民可支配收入（CZ）	CZ < 5500 元	0.18
	CZ > 5500 元	2.38
农村居民纯收入（NC）	NC < 2100 元	1.1
	NC > 2100 元	3.1
城市化水平（U）	U < 40%	0.068
	U > 40%	0.22
财政收入（F）		0.61
人均社会商品零售总额（RS）	RS < 2000 元	1.7
	RS > 2000 元	3.1

根据上述分析，利用 S 省区域经济参量预测数据及市场调查的结果，进行预测，结果如表 3 – 11 所示。修正公式为：

基本预测值 $Y_a = a \times$ 线性预测值 $+ (1 - a) \times$ Logistic 预测值

根据我们在市场调查中的分层随机抽样数据，可以估测组合参数为 a = 0.59 由于调研中，对于潜在市场的研究仅局限在 2 ～ 3 年范围内，因此，这一修正公式仅在 3 年的预测期内有效。

表 3 - 11　　　　　基于区域经济线性回归模型的移动手机预测

地区（市）	1999 年	2000 年	2001 年	2002 年	2003 年	2004 年	2005 年
A 市	236844	242255	291378	345147	404007	468446	539327
B 市	87832	101514	132405	166105	182851	200883	220454
C 市	23866	33018	50010	68626	89025	111382	135919
S 市	30544	59225	96181	136623	189042	246455	308853
E 市	30531	56103	87831	120708	163226	209907	262219
F 市	13632	26812	43636	65401	89136	115020	143710
G 地区	30138	49641	76265	105165	136534	170582	208194
H 地区	46434	59970	88102	124429	162115	201259	254218
I 地区	22978	53038	83028	108019	135102	164452	197066
J 地区	61733	95756	141708	189452	239149	290980	361289
K 地区	74418	119068	178124	239353	302933	369057	437860
全省合计	658950	896398	1268670	1669027	2093120	2548423	3069108

（3）基于区域消费需求差异的修正。不同地区市场消费者需求不同，表现为市场成熟度的区域差异。市场消费需求市场的影响，除了已经纳入本研究模型中的部分数量因素外，各地区传统、人文特征、市场结构差异，以及消费市场成熟度也有很大贡献。因此，有必要结合市场成熟度对预测数据进行修正。

根据市场调查，可以将 S 省移动电信市场分为高成熟度与低成熟度市场区，根据两类地区各自对应的市场特征，可以求出相应的调整系数（b）（表 3 - 12）。

预测修正可根据如下公式计算：

$$修正预测值 Y_b = b \times Y_a$$

与调整系数 a 类似，由于调研过程中对时间的限制，这一修正公式仅在 3 年的预测期内有效。结合线性预测，可以得到总的预测修正值，如表 3 - 13 所示。

表 3 – 12　　　　　　S 省各地市移动通信市场成熟度分类表

市场成熟度	市、县、镇名	调整系数（b）
较低	D 市	0.97
	E 市	
	B 市	
	I 地区	
	C 市	
中值	全省平均	1.00
较高	H 地区	1.0
	G 地区	
	K 地区	
	A 市	
	J 地区	
	F 市	

表 3 – 13　　　　　　S 省移动通信市场分布（第一次修正）

地区（市） ＼ 年份	1999 年	2001 年	2002 年	2003 年	2004 年	2005 年
A 市	236844	414470.3	488717.9	539870.5	551372.0	598894.7
B 市	87832	150755.2	203808.1	239373.5	280283.0	299166.1
C 市	23866	52493.3	81458.5	116498.5	148106.4	168302.4
D 市	30544	89608.2	139690.0	210576.3	308712.4	349654.9
E 市	30531	82735.2	122352.6	178914.2	263354.2	296750.5
F 市	13632	45004.8	73331.6	114966.9	159485.1	178198.0
G 地区	30138	77619.8	117478.7	173535.8	225385.6	250344.6
H 地区	46434	98905.7	160113.2	220498.2	296362.3	345377.3
I 地区	22978	72638.4	104675.4	147839.4	220765.0	243934.5
J 地区	61733	156345.3	234900.3	324971.3	402198.7	458816.7
K 地区	74418	188743.3	269530.5	393761.3	467732.0	525927.3
全省地区	658950	1429319.0	1996057.0	2660806.0	3323757.0	3715367.0

注：2004 年、2005 年数据因市场调研限制，采用两个方案加和取中间值的办法取得，只作为参考。

（4）预测基期值的修正。本次预测专题研究所依据的移动通信市场数据来自 S 省移动通信公司的用户数。1995 年，S 省联通进入移动通信市场，市场结构呈不对称"双寡头"垄断。经过几年的市场竞争，1999 年市场结构基本情况是，S 省移动通信公司占整个市场份额的 85%，联通占 15%。2000 年，S 省联通在 S 省大部分城市开通，标志市场竞争将进一步激烈。按未来 2 ~ 3 年 S 省联通市场份额约占到 20% 估计，可以得到预测修正系数值 c = 1/0.8 = 1.25。公式如下：

基数修正值 $Y_c = c \times Y_b$

根据得到的预测基期修正结果，届时 S 省移动通信市场普及率达 13.71%，仅达到东部发达地区 1999 年的普及水平。

（5）消费价格调整的修正。入网价格是决定移动通信市场最为根本的因子，电信技术、电信规制、经济发展水平等影响因素，最后大都要通过价格来体现。S 省移动通信市场预测"S"形模型模拟 1992 ~ 1999 年期间的增长过程，期间资费水平已得到大幅度下降，但从下降的幅度来说，并没有实现"零价格"的突破。2000 年 7 月，S 省移动通信公司配合中国移动通信总公司推出的"神州行"方案，使用户放号量猛增，按 4 个多月增幅计算，估计要比模型预测值高出约 1.4 倍。实际上，"神州行"方案只是"零价格"通话设想的初步尝试，即使入网费和月租费为零，但由于单位通话费高出正常入网单位通话的 50%，所以，此次策划只对小用户而言有效。而对中大用户而言，并没起到多大的效果（至少在业务量上不会增加更多）。

未来 5 年，移动通信市场资费将在以下几个方面进行调整：一是入网费为"负"，意指不仅免除入网费，而且还可能配售某些优惠；二是月租费为零或负；三是通话费下降，包括单位通话费下降和单向收费。当然，有一项费用可能因市场用户增加而增加，即电频资源占用费。上述所列调整方案都有可能引起市场规模的不小的增加。为便于计算，我们仅以其中一项消费者最为关心的为例进行修正。

根据资料，1999 年 8 月，世界部分国家每月 100 分钟价格（含月租费和 50 分钟忙时和 50 分钟非忙时通话）是 33.4 美元，根据这一数据，意味着移动通信市场将实行单向收费，并将单位通话费降低 50%，结合 S 省经济发展水平和居民消费倾向等，可以推断 2005 年 S 省移动手机普及率将达到 30%，即相当于中等发达国家水平现在水平。

根据上述假设，得到基于资费水平调整的第三次修正系数 d，即：

d = 30%/13.73% = 2.18，取整 d = 2。这就意味着上述预测值在某一年度之后将翻倍。

（6）技术进步重新"洗牌"。基于宽带的第三代 CDMA 在全国一些地区已初露锋，进入 S 省移动市场已为期不远。第三代网络的建设（并非 S 省移动通信公司独有），意味着 S 省的移动通信市场将面临重组，重新分割市场份额。由于这一方面缺乏足够的数据支持，故不能作出判断。

最后值得指出的是，由于预测的基数较大，即便在很高显著水平下的置信区间，预测结果的波动范围依然很大。因此，即使是经过修正的预测结果，也仅仅是作为宏观决策时的参考。具体到微观的市场决策，还是应该在市场实际数据与调查数据的基础上作出。

第四章　电信消费行为特征及其区域差异研究

第一节　电信消费者行为理论[①]

电信市场供需双方的交易是一个纯粹的市场行为，电信市场的最终决定者是消费者。了解消费者行为是正确制定企业市场营销战略的基础。消费者行为理论认为消费者在实施理性消费行为时，会受到消费者对产品的态度、他人对消费行为的评判以及消费者对自身控制消费行为程度的判断三方面因素的影响，而这三方面因素又各有其决定因素。因此，满足电信消费者需求是电信企业生存和发展的基本条件，电信消费者需求又是由消费者的消费意愿、消费能力等因素决定，主要包括两个方面：一是电信消费心理；二是电信消费行为等因素。其中，心理因素包括消费者的生活方式、消费动机、个性等。本节首先讨论有关电信消费心理及由此形成的电信消费价值观等方面的问题，下一节重点阐述电信消费行为的基本特征，第三节将研究电信消费行为的区域差异问题。

生活方式是指人们对工作、消费、娱乐等方面特定的习惯和倾向，如学习型的消费者对移动通信的需求高于一般的消费者[②]。生活方式的概念起源于心理学和社会学，指的是个人认知于一定的社会、文化空间下所显现的外在形态[③]。拉瑟（Lazer）于1963年首次将生活方式引入了营销领域，认为生活方式是一个系统的概念，代表着某一个群体或社会阶层在生

①　本节内容的写作得到北大光华管理学院市场营销系赵占波博士后的帮助，谨致谢意。
②　李东进等：《中国消费者生活方式构成及区域差异的实证研究》，载《营销科学学报》，2007年第3卷，第四辑，第1～15页。
③　Adler A. . Understanding Human Nature. *Garden City Publishing*, 1927.

活上所表现出来的特征；而这种特征具体表现在一个动态模式中，是文化、价值观、人口统计变量、社会地位、参照群体、家族、人格、动机、认知、学习及营销活动等各个层面的综合体①。

韦尔斯（Wells）和泰格特（Tigert）在 1971 年将这种特征进一步明朗化，指出它包括一个人的态度、信念、期望、恐惧及偏见等，并反映在平时对时间、金钱与精力的支配上②。而普拉默（Plummer，1974）从生活方式的系统概念出发，认为生活方式类型提供了一个更加广泛、更加立体化的视角来看待消费者，营销者们可通过最相关的产品、传播、媒体和促销等来更加聪明地思考自己的消费者。这是因为消费者个体的自我观念和生活方式体现了消费者需求和兴趣的不同③④，同样还会影响消费者的决策过程，并对消费者需求的确定，信息的搜集，购前评估，购买乃至产品购买后阶段都产生影响⑤⑥⑦。由此可见，生活方式影响到消费行为的各个层面，它就是一个人自我观念的具体表现，由过去体验、内心特征和当时的情景共同塑造而成，反映了一个人如何生活⑧。

科特勒（Kotler）在 1997 年给出了自己对生活方式的定义：生活方式是由人的心理图案反映的生活形式，包括消费者活动（工作、嗜好、购买活动、运动和社会活动）、兴趣（食品、服装、家庭、休闲）和观念（关于自己、社会事物、商业和产品）；他还指出生活方式表现的内容远比人的社会阶层或个性要多，它勾画出一个人在社会中的行动和兴趣的形式⑨。虽然各个时期对生活方式的定义有所不同，但趋于反映一个信息，即在有限的资源下，个人或群体如何分配资源，表现为活动、兴趣、意见方面的特征。

了解电信消费者的生活方式，对于研究电信市场细分有着重要的意义。可以说作为市场细分的工具，研究电信消费者的生活方式有着独特的优越性。利用生活方式进行市场细分，首先需要对生活方式进行测

① Lazer W.. Life Style Concepts and Marketing. *Toward Scientific Marketing*, 1963: 140 – 151.

② Wells W. D. and D. J. Tigert. Activities, Interest and Opinions. *Journal of Advertising Research*, 1971, Vol. 11 (4): 27 – 35.

③⑦ Engel J. F., R. D. Blackwell & P. W. Miniard. Consumer Behavior 8th ed.. New York: The Fryden Press, 1997.

④⑧ Hawkins D. J., Best R. J. & Coney K. A.. Consumer Behavior: Building Marketing Strategy. New York: The McGraw-Hill Company, 1998.

⑤ Engel J. F., D. T. Kollat & R. D. Blackwell. Consumer Behavior, 4th ed. Chicago: Dryden, 1982.

⑥ Berman, Barry & Joel R. Evans. Marketing. NY: Macmrillian Publishing Co., 1982.

⑨ Kotler. 《市场营销管理》（亚洲版），中国人民大学出版社 1997 年版。

量，用来衡量生活方式的量表主要有两种，分别是 AIO 量表和 VALS 量表。AIO 量表也就是"活动、兴趣、观念量表"，该量表设计的基本思路是："生活方式是指一个人的态度、信念、期望、恐惧、偏见等特征，并反映在平时对时间、金钱与精力的支配上，而这种支配方式的不同可通过个体在活动、兴趣及观念上的差异而得以体现①。"因此，该量表最初通过活动、兴趣和观念这三个维度来设计问题考察消费者的生活方式。VALS 量表即"价值观和生活方式量表"，它是 SRI（斯坦福国际研究院）1978 年基于约 1600 户美国家庭的调查研究提出的，它是第一个融合了人们的社会价值——他们生命的主要驱动力，基于理论的心理体系②。VALS 从两个视角来建立生活方式群体：一是社会心理学家马斯洛（1954）的"需求层次理论"；二是社会学家戴维·瑞斯曼（1950）的"驱动说"。

中国的生活方式量表中比较具有代表性的是由吴垠所开发的 China-VALS 量表。China-VALS 量表即"中国的价值观和生活方式量表"，也称为"中国分群范式量表"。它以心理变量为分类基础，提取出了 11 种价值意识来反映主体性和主体态度的意识③。China-VALS 将消费者划分成 14 类群体，并基于"主客观价值"和"二元论"的基本观点，将其分为积极形态派、求进务实派以及平稳现实派三大派别。

消费者的生活方式与消费动机、消费者个性密切联系，消费动机是引起消费行为的内在动机，消费动机不同会产生不同的需求偏好和消费行为。如在移动电信发展过程中，移动手机曾被作为一种地位和富有的象征，而现在趋于务实、大众化。消费者的个性是一个人特有的心理特征，即使处于同一个消费层的用户群，个性的差异也使其对电信业务的使用频次和幅度存在很大的差异。生活方式、消费动机和个性三者共同作为，形成消费者的价值观。

价值观是人类的一种持久信念，它导致个体或社会更偏好于某种特定的行为模式或终极状态④，它引导人们对于行动、政策、其他人以及

① Wells W. D. and D. J. Tigert. Activities, Interest and Opinions. Journal of Advertising Research, 1971, Vol. 11 (4): 27 - 35.

② Mitchell, Arnold. The Nine American Lifestyles: Who We Are and Where We Are Going. New York: Macmillan Publishing Co., Inc., 1983.

③ 吴垠：《关于我国消费者分群范式（China-Vals）的研究》，载《南开管理评论》，2005 年第 8 卷第 2 期，第 9～15 页。

④ Rokeach, M., 1973, "The Nature of Human Values", New York: The Free Press.

各类事件的评价和选择。人类的价值观同成长环境密切相关，社会环境决定了个体的学习历程、所扮演的社会角色、其他社会成员对个体的期望、所遭遇的正负强化，形成的能力等诸多方面。同时，电信消费者在电信消费群体的电信消费社会化过程中，可以根据周边电信使用环境来持续不断的消化、吸收、组织以及整合，调整他们的电信消费价值观体系。

在消费者行为学研究中，消费者的价值观体系影响多种消费行为，消费者的产品选择以及购买方式等行为都是他们实现自身价值观的途径①。卡勒（Kahle）于 1980 对此的研究是具有里程碑意义，他引入了途径 - 目的理论（Means-end Theory），认为价值观同消费者行为之间并没有直接的联系，二者之间存在一个中介变量即消费者的态度②。换句话说，消费者的价值观影响其对于产品的态度并完全通过态度影响消费者的行为，大量的实证研究支持了这种价值观→态度→行为链，这意味着消费者的态度因素在连接价值观和行为中有着重要的作用。在途径 - 目的理论中，消费者的价值观处于产品认知结构的最顶层，是消费者所追求的终极目的；消费者对产品属性的信念处于下层，是有助于消费者达成价值观目标的途径。

认知心理学家们还通过实证发现，当面临很多线索时，人们通常将信息分为若干类别，以降低信息量和方便进一步的信息处理。因此，为了应对有关产品属性的繁杂信息，消费者往往将产品属性信息进行归类（Categorize）从而降低信息处理的复杂性。相应的，我们可以发现，一般消费者在对电信产品进行归类时，大致根据其属性分为三类：（1）自然属性，指产品所具备的物理特征，可以被客观观测，易为产品设计人员以及营销人员所使用；比如，移动通信网络覆盖度，通话音质等。（2）功能属性，指能够为消费者带来收益或者好处，帮助消费者满足个人需要的属性。通常，消费者之所以购买一件商品，并非为了这件商品自身的自然属性，而是因为使用这件商品能够为消费者带来某些收益或者好处，即功能属性，比如，电信消费者家庭组合套餐的使用。（3）社会属性，同产品的象征意义有关，常见于对炫耀性消费的研究中。通过社会属性，消费

① Reynolds, T. J. & Gutman, J., 1988, "Laddering Theory Method, Analysis and Interpretation", Journal of Advertising Research, 28: pp. 11 - 31.

② Kahle, L. R., 1980, "Stimulus Condition Self-Selection by Males in the Interaction of Locus of Control and Skill-Chance Situations", Journal of Personality and Social Psychology, 38: pp. 50 - 56.

者能够从对产品的使用或占有中感觉到属于某个群体，扮演某个角色或者符合某些自我形象。比如，中国移动通信三大品牌，全球通、神州行和动感地带分别表现不同的细分市场属性。需要注意的是，对于产品属性的这三种分类之间并没有清晰的界限或者说互相穷尽，自然属性可能也同时属于功能属性或社会属性，比如，通信的语音质量和接通率（掉线率）既是自然属性，同时也是功能属性。

第二节　电信消费者行为模式及其特征

消费行为因素是消费者行为偏好一个重要方面消费行为研究，关键是弄清消费者在以下一系列问题上的决策：①谁参与购买活动（Who）；②他们购买什么商品（What）；③他们为什么要购买（Why）；④他们在什么时候购买（When）；⑤他们在什么地方购买（Where）；⑥他们准备购买多少（How much）；⑦他们将如何购买（How）。这些决策的做出是消费者在外部消费消息环境下产生的心理活动的结果，我们将外部刺激被消费者接收后，经过一定的心理过程（购买者的黑箱），产生的看得见的行为反应，叫做消费行为模式。

对于电信企业来讲，对电信消费行为的分析和研究，最重要的是对消费心理过程进行分析和研究，以便安排适当的"市场营销刺激"，使消费者产生有利于电信企业市场营销的反应。一般而言，电信消费决策过程由确认需要、搜集信息、评价选择、决定购买、购后行为共五个环节构成，五个环节相互作用，最终表现出消费者不同的行为模式与消费特征。

例如 2001 年，中国移动集团公司曾对中国 7 座大城市的 3500 名最终用户进行了关于 3G 业务特别是数据多媒体业务市场需求的调查。调查显示，短消息业务（SMS）正在推动我国移动数据业务的使用，移动数据业务需求巨大，几乎全部个人用户对下载有趣的信息感兴趣（图 4-1）。

以广东省为例，调查显示，目前广东移动用户的 76% 有可能使用移动数据业务。其中，IT 和服务、交通部门及政府事业机关是对 3G 移动数据业务热衷而且有较好准备的用户。金融服务和批发业愿意为移动数据业务支付更多，但也更谨慎。房地产部门和零售商比金融服务和批发部门有更大的兴趣，但技术准备情况不佳并且预算较低。根据市场调查，有 52 项移动数据业务将引起广东消费者的极大兴趣。广东消费者最感兴趣的是个性化、移动性和适时性强的增值业务。表 4－1 表示按照被访者平均兴趣分排出的广东市场最有人气的 20 项移动数据业务。

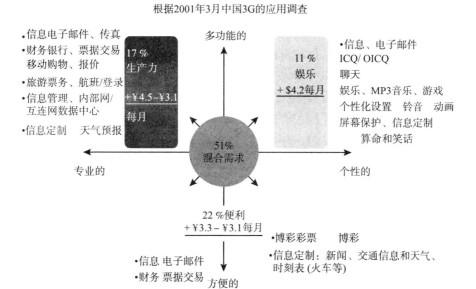

图 4－1　中国数据业务需求市场调查

表 4－1　　消费者对移动数据业务的需求偏好调查（以广东省为例）

前 5 名	家居安全报警	门窗遥控	紧急广播	随身音乐	位置信息
前 10 名	移动银行业务	重要警告	聊天	可视电话	及时衣物打折信息
前 15 名	组群信息	交通信息	远程诊断	最新医疗记录	电子邮件/紧急图片
前 20 名	最近的流行场所	个性化新闻	用具遥控	互动游戏	附近酒店/旅行社机票售点

　　调研显示，基于网络经济环境下的 3G 消费者行为特征，在继承某些传统特征的同时又呈现出一些新的特点。比如，3G 的服务功能使手机（准确在说是手持终端）本身构建的网络环境下，各类手机搜索引擎让"e 人类"无须走出家门就可作到"货比三家"；若市场上的移动服务产品不能满足其需求，他们会主动通过手持终端向厂商表达自己的想法，也就是说 3G 时代电信消费者会自觉不自觉地参与到企业的新产品开发等活

动中来。据相关研究表明，基于 3G 移动互联网时代的电信消费者行为呈现出新的特点和趋势：①个性消费的回归；②消费需求的差异性；③消费主动性增强；④对购买方便性的需求与购物乐趣的追求并存；⑤价格仍然是影响消费心理的重要因素；⑥移动互联网消费仍然具有层次性；⑦网络消费者的需求具有交叉性；⑧移动互联网络消费需求的超前性和可诱导性。

正如前述，电信消费行为既是区域电信市场增长的影响因素，反过来，区域经济水平、居民消费水平和电信普及水平又是影响电信消费者行为模式与消费特征的重要因素。这主要表现在，第一，消费者的收入。消费者收入主要是指消费者的实际收入。因为实际收入与名义收入并不是完全一致的，决定其购买的主要是实际收入。第二，电信消费者支出。我们定义一个电信恩格尔系数，即电信消费支出占居民全部收入的百分比。第三，居民储蓄及消费信贷。当消费者的收入一定时，储蓄数量越大，电信支出数量就越小。

从理论上讲，消费者行为是个体行为，既具有单体冲动的特性，但同时也具有统计学意义。要想准确了解消费者的需求偏好和行为特征，进行消费者行为市场调查是基本手段。

为了了解 S 省不同区域（市、县、乡）居民移动通信消费行为特征，我们进行 S 省移动通信市场需求与消费者行为差异调查。调查目的包括：（1）S 省现实用户信息：购机动机；用户最为关心的问题及其评价等。（2）S 省潜在用户信息：潜在用户目前常用的电信通信方式；影响尚未购买手机的因素；购买手机收入水平的设定；对使用手机上网业务的需求状况等。（3）现实用户和潜在用户个人背景资料①。

调查结果表明，在现实用户中：（1）S 省移动通信市场女性使用者现在比例偏低，但在新增用户中的比例将会有所提高。（2）随着移动通信费用的降低和手机普及率的提高，用户中年轻人的比例正在迅猛增加。（3）个体经营者、机关干部、管理人员、职员、专业技术人员、工人、服务人员、市场销售人员和自由职业者是移动通信的主要用户。（4）随着 S 省移动通信普及率的提高和费用的降低，用户中高学历者的比例有所

---

① 参见北京大学中国区域经济研究中心研究报告，移动通信市场调查研究，2000 年 10 月，第 56～58 页。本次调查由北京大学光华管理学院胡建颖教授和窦文章博士主持，共发放问卷4400 份，回收有效问卷 4208 份。涉及 S 省 11 个地市，39 个县，94 个乡镇，是一次大规模的电信市场需求调查。

下降，中低学历者比例有所上升，移动通信将进一步成为大众化的消费项目。（5）大部分现实用户的税前个人月收入处于 500～2000 元之间，全省现实用户平均月收入为 1188.61 元。表明，在其他条件相似的情况下，潜在用户与现实用户的收入差距越小，潜在用户转变为现实消费者的可能性就越大。（6）公费用户和自费用户在职业、教育程度、工作单位性质和个人收入等方面都存在显著的异质性。从学历来看，公费用户中受到过高等教育的比例明显高于自费用户。从所从事的职业来看，公费用户中干部和管理人员的比例明显高于自费用户中这两个职业的从业者比例，而自费用户中个体经营者比例更高。从所在单位性质来看，国有企业、集体企业的员工在公费用户中的比例更高，而私营企业的员工和无具体单位的自由工作人员在自费用户中的比例则更高。从收入来看，公费用户月均收入低于自费用户。

潜在用户与现实用户表现出相同的特征，几乎全省各区县的市场都强烈认同业务、工作联系这一因素，整个地区市场出现趋同特征。其中，通话质量与通话费价格是影响潜在用户选择网络的最主要因素，潜在用户县（区）对于自己将要购买手机时的收入期望均高于他们的实际收入水平，甚至也超过现实用户的实际收入水平。

同时，我们发现不同地区的用户对移动手机价格、功能、相关促销渠道等表现出不同的认知反映，与该地区电信市场的发展有密切的关系（表 4－2、表 4－3）。

表 4－2　　　　　　　　S 省移动通信潜在用户市场分析表

	A（17 个）	B PQW（8 个）	C QPW（9 个）	D WQ（5 个）
市场分类	LQ 县、PD 县、QZ 市、JX 市、YC 市、PL 县、PY 县、YX 县、XH 县、WX 县、TG 县、ZY 县、YQ 县、CZ、LC 市、TZ 县、LL 县	YC 市、YC 县、QX 县、XY 市 SZ 市区、HR 县、FS 县、ZZ 县	LF 市、HM 市、GP 市、TY 市区、CZ 区、YQ 市区、JC 市区、WZ、DT 市区	LS 市、WT 县、HT 县、HS 县、J 县
市场特征	手机集中于本地使用，对漫游功能使用不多。对通话费价格的重视，需求价格弹性大。	用户对通话费价格敏感度极高；用户比较看重通话质量；用户对漫游功能有一定需求。	用户最为看重通话质量；用户对通话费价格比较敏感；用户对漫游功能有一定需求。	用户比较看重漫游功能及网络覆盖区域；对通话质量比较重视；通话费价格敏感度不高。

表 4 – 3　　　　　　　S 省居民对不同电信广告渠道的偏好特征

	广告渠道	认知度取值（R）	区　县
强势广告媒体	电视	<1.10	YC 市 H1、LL 县 I3、YC 市 K1、HT 县 J3、DT 市区 B1、JX 市 H5、WZ 县 G4、WT 县 G2、HS 县 H4、PL 县 K3、TG 县 H3、HR 县 F2、LF 市 J1、XH 县 D3、ZY 县 B2、LC 市 D2、CZ 市区 D1、CZ D4
	电视	1.10 ~ 1.20	ZZ 县 E2、XY 市 I1、SZ 市区 F1、LQ 县 K4、GP 市 E4、PY 县 H2、TZ 县 B3、A1TY 市区、PD 县 C2、YQ 市区 C1、YXJ5、A2QX 县
中等强势广告媒体	报纸/杂志	<1.20	LC 市 D2、JX 市 H5、TZ 县 B3、FS 县 I4、HT 县 J3、HR 县 F2、WT 县 G2、J 县 J4、YXJ5、XY 市 I1、PD 县 C2、TGH3、CZD4
	户外广告牌	<1.20	YC 市 K1、LY 县 K4、TG 县 H3、TZ 县 B3、HT 县 J3、LL 县 I3、CZD4、YC 市 H1、JX 市 H5、WX 县 K2
	销售网点	<1.20	LL 县 I3、TG 县 H3、PY 县 H2、JX 市 H5、HT 县 J3、TZ 县 B3、CZD4
弱势广告媒体	广播电台	1.50 ~ 1.55	LL 县 I3、PD 县 C2、WT 县 G2、YXJ5、YQ 市区 C1
	汽车车身	<1.50	PY 县 H2、YQ 市区 C1、LF 市 J1、TZ 县 B3、LL 县 I3、JX 市 H5、HT 县 J3
	其他	<1.60	无

注：认知度是表示消费者对某一个因素的重视程度，认知度越高，表明消费者对该因素的重视程度越低，反之相反。认知度取值范围是 1 ~ 2。

第三节　　电信消费者行为及支付意愿的区域差异

　　总的来看，消费行为区域差异的学术研究路线有两条：一条是经济学的研究路线，主要从宏观层面研究区域消费差异，这种从宏观层面展开的国家层级的细分通常综合使用了国家或地区的经济、政治、地理及人口统计信息[1][2]；另一条是心理学—营销管理为主的研究路线，主要从微观层面研究区域消费差异，研究的心理变量包括价值观、态度、意见、兴趣等[3]。而价值观、态度、意见和兴趣实际上都是属于生活方式的范畴。

---

　　[1]　Kristiaan Helson, Kamel Jedidi & Wayne S. DeSarbo. A New Approach to Country Segmentation Utilizing Multinational Diffusion Patterns. Journal of Marketing, Oct., 1993, Vol. 57 (4)：60 – 71.

　　[2]　Huszagh Sandra M., Fox Richard J. & Day Ellen. Global Marketing：An Empirical Investigation International Executive, Fall, 1986, Vol. 28 (3)：7 – 9.

　　[3]　Lynn R. Kahle. The Nine Nations of North America and the Value Basis of Geographic Segmentation. Journal of Marketing, Vol. 50.

　　从生活方式来说，的确在不同国家和地区是存在差异的。道格拉斯（Douglas）与厄本（Urban，1977）对美国、英国和法国的妇女生活方式类型进行了对比研究，发现尽管形成每个因子的态度语句在每个国家并不相同，但这三个国家妇女生活方式的类型和基本维度都非常相似。他们推测生活方式类型中所暗含的差异在不同的产品类型间也是不一样的，因此，某个国家的目标顾客群体对产品或营销战略的反应通常并不能轻易地用于另一个国家。泰先生（Tai）和陶先生（Tam，1997）对中国香港地区和新加坡消费者生活方式的异同点进行了测量，发现中国香港地区和新加坡消费者最大的差别在于文化和传统价值观上。香港地区消费者一般更为传统保守，并建议营销者们在开发品牌定位时要适应目标顾客群体的准则和习惯。泰先生和陶先生（1997）还运用 AIO 变量，通过因子分析提取出妇女角色与感知、家人取向、品牌意识、家庭取向、自信、沉迷工作、价格意识、政治兴趣、环境意识、关注体重、家庭整洁、健康意识12 个生活方式衡量因子对中国（选取了广州、香港和台湾三地）的女性消费者进行了生活方式比较分析，发现台湾与香港的女性在沉迷工作、品牌意识、女性角色和感知、健康意识四个方面与广州存在差异，而在环境意识、自信以及家人取向方面台湾与香港和广州存在差异；他们还在后续研究中指出中国内陆的女性样本采自广州可能会受到香港文化的影响，广州的消费者在行为上与上海和北京也许会存在不同，那么在未来的研究中可对这三个城市的女性消费者生活方式进行横截面比较。可以看到，生活方式在不同国家，国家与地区甚至同一国家的不同地区之间也会存在差异，而这将直接对营销实践造成影响。因此，对中国这么一个不同地区经济发展程度与社会结构差异较大的国家进行地区生活方式研究是有极大的理论和实践价值的。

　　同样的，我们的电信市场调查结果也显示出，不同地区、同一地区不同的电信用户层的消费行为模式和消费特征不同。由于不同地区的文化习惯、消费偏好不同，不同的消费者的电信需求表现出明显的区域差异。

　　为了了解移动通信手机用户和非手机用户的消费行为特征及品牌驱动因素认知和需求等相关偏好，以及消费者行为的区域差异，著者本人于2004 年 6 月，组织进行了一次大规模调查，共调查 4177 个样本单位。其中，现实用户的样本总数为 3807 个，非手机用户的样本总数为 370 个。样本单位按品牌分布如表 4-4 所示。

表4-4   调查单位样本分布情况

	全球通		神州行		动感地带		联通/小灵通		非手机用户		有效样本
	频数	%	频数	%	频数	%	频数	%	频数	%	
全区	961	23.01	1087	26.02	790	18.91	969	23.20	370	8.86	4177
A	115	20.57	132	23.61	162	28.98	124	22.18	26	4.65	559
B	113	22.60	132	26.40	88	17.60	87	17.40	80	16.00	500
C	44	14.67	98	32.67	19	6.33	104	34.67	35	11.67	300
D	45	14.24	57	18.04	51	16.14	119	37.66	44	13.92	316
E	55	18.21	94	31.13	51	16.89	76	25.17	26	8.61	302
F	89	29.97	126	42.42	23	7.74	47	15.82	12	4.04	297
H	61	20.33	60	20.00	75	25.00	81	27.00	23	7.67	300
J	36	12.12	32	10.77	94	31.65	98	33.00	37	12.46	297
K	49	16.33	72	24.00	41	13.67	96	32.00	42	14.00	300
L	223	44.60	69	13.80	157	31.40	38	7.60	13	2.60	500
M	131	25.89	215	42.49	29	5.73	99	19.57	32	6.32	506

通过问卷进行统计分析，该区移动通信消费者的行为模式有如下特点：

（1）随着移动通信普及率的提高和费用的降低，用户中高学历者的比例上升较快，低学历者比例则下降明显，移动通信将进一步成为大众化的消费项目。用户中年轻人的比例正在迅猛增加。

（2）服务人员占的比例最大；其次为管理人员、个体户、无业人员。与商业、技术服务、营销等有关职业的从业者，对移动通信的消费愿望较高。经济实力较强和行政权力较大的人群也是全球通的重要目标市场。

（3）全区移动通信现实用户所属的单位性质分布情况为，国有企事业单位是重要的目标市场。集体和私营企业单位也是不容忽视的细分市场。无单位的自由工作人员在移动通信用户中所占份额也较高。

（4）收入在很大程度上决定消费模式以及决策。接近一半的现实用户的税前个人月收入处于800元以下，收入低于1500元的现实用户所占比例超过八成。

（5）通过比较各品牌与样本总体的人口统计特征分布情况，我们发现：

①全球通用户的人口统计特征。全球通的用户中男性所占比例较大，多为年龄在27~45岁之间的中青年人，以已婚者居多，从事管理工作的人员较多，月收入较高，多在1500元以上。

②神州行用户的人口统计特征。神州行的用户年龄多集中在 27～45 岁之间，以已婚者居多，干部和职员所占的比例较大，国有企业单位的用户较多，月收入多在中等，月收入 300 元以下的用户很少（仅占 8.5％）。

③动感地带用户的人口统计特征。动感地带的用户中女性所占比例较高，以 22 岁以下的未婚年轻人居多，受教育程度较高（本科学历以上者占 23％），其中，在校学生较多（占到 17％），所以月收入 300 元以下的用户较多（占到 21.1％）。

④非手机用户的人口统计特征。手机拥有者中男性居多，非手机用户中以女性所占比例较大；非手机用户中 22 岁以下的未婚年轻人较多。是否拥有手机与其受教育程度、职业状况和收入有很大关系，非手机用户中低学历者较多，高学历者较少；多为没有工作的人，如家庭主妇、学生、退休人员和无业人员；大多月收入较低，在 500 元以下。

⑤移动不同品牌的目标消费者特征。根据上面得出的移动不同品牌用户的人口统计特征，我们可以将其不同品牌定位于不同的目标消费人群，具体如表 4－5 所示。

表 4－5　　　　　　　　移动公司不同品牌的目标消费者特征

品牌	目标消费者特征
全球通	27～45 岁之间的中青年人，从事管理、技术工作，月收入较高
神州行	27～45 岁之间的中青年人，国企干部、公司职员等，月收入中等或偏低
动感地带	22 岁以下的年轻人，在校大、中学生等，个人无收入来源或月收入较低

进一步，利用市场问卷统计结果，我们分析电信消费者行为的区域差异表征。

一、各地区全球通用户对品牌、通话、服务等七方面功能的关心程度比较

对于全球通用户来说，S 省各地区全球通的消费者对品牌、通话、服务、价格、网络、漫游以及业务功能七个方面的关心程度比较（见图 4－2）。

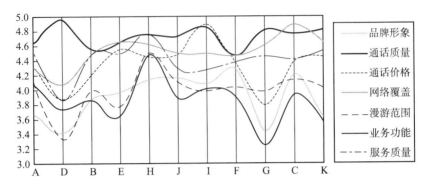

图4－2　各地区全球通用户对品牌、通话、服务等七方面功能的关心程度比较

由图4－2可知，总的来说，S省全球通用户对通话质量最为关心。其中，尤其以D的消费者最为突出，而该地区的消费者最不关心漫游范围。A市的消费者对各方面的关心程度均居中等。I市的消费者最关心的是通话质量和通话价格，这可能与该地区的实际情况有关（山区，经济较落后）。H地区的消费者对各个方面都很关注，分数最为集中。G地的消费者最不关心业务功能和品牌形象，最关注通话质量和网络覆盖。F地的消费者对各方面的关注较为集中，不太关心业务功能和漫游范围。B与J地的消费者较为类似，但在各方面的关注稍低。K与G地的情况稍为类似。通过这样的分析可以指导移动公司在各个地区的差异战略，找到消费者关注某方面以及不关注某方面的原因。

1. 全球通资费的期望期

由图4－3可知，一般说来，S省的全球通用户对每分钟话费的期望较低。但B地区、K地区、C地区、A地区和H地区的全球通用户对价格的承受能力较高。而I地区和J地区的全球通用户对价格的承受能力较低。D地区、I地区和G地区的用户对价格最为不关心。

2. 通信需求价格弹性差异

我们可以假设，每分钟话费降低两成（20%），S省各地区的全球通用户如何增加通话时间？比较图4－4可知，如果每分钟话费降低两成，S省各地区的全球通用户的反应有很大的差别。其中，F地区和E地区的全球通用户将会较大幅度的增加通话时间，即相对来讲，该地区用户的需求价格弹性充足。K地区和J地区的需求价格弹性也较大。C地区、G地区以及 I 地区全球通用户的需求价格弹性不足。综合比较可以得出结论：降价对 E、F、K 和 J 地区是有效的。

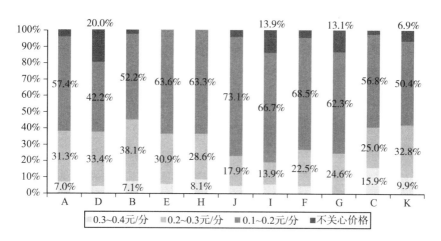

图 4 - 3 S 省各地区全球通消费者对每分钟话费的期望比较

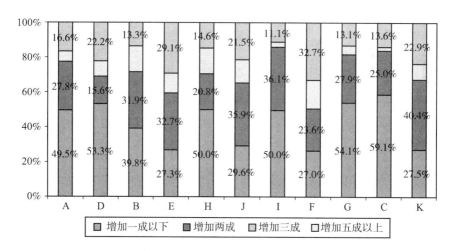

图 4 - 4 S 省各地区的全球通用户如何增加通话时间比较

3. 对资费结构调整的偏好

从图 4 - 5 可以看出，大多数全球通用户最希望下调的是市话和长途部分，各个地区之间没有差别，唯有 E 地区和 G 地区的消费者对长途部分下调的关注高于对市话部分的下调。G 地区、A 地区、K 地区以及 J 地区的消费者对漫游部分下调较为关注。各个地区对月租费下调的关注较低并无差异。

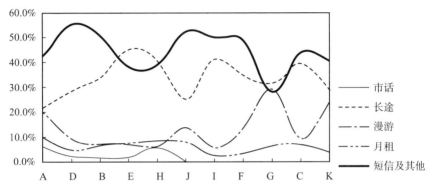

图4-5　S省各个地区全球通的消费者对话费各部分降低的期望比较

4. 使用套餐后的话费节省

从图4-6可以看出，在使用套餐服务后，S省各地区的全球通消费者话费开支有一定的降低。其中，尤其以C地区和D地区最为显著。不太明显的地区包括I地区、E地区以及B地区等。

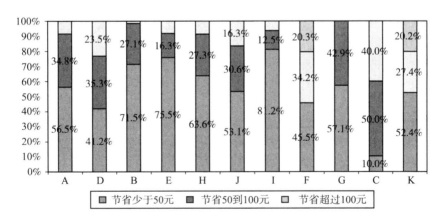

图4-6　S省各地区全球通消费者使用套餐服务后平均每月话费节省情况比较

5. 品牌溢价能力（与联通 CDMA 相比）

由图 4-7 可以看出，全球通消费者普遍可接受的品牌溢价水平在 0.1~0.2 之间。其中，G 地区和 H 地区全球通消费者的品牌忠诚度最高。C 地区、I 地区、J 地区以及 E 地区全球通消费者的品牌忠诚度较高。相比而言，D 地区、E 地区和 F 地区全球通消费者的品牌忠诚度较低。

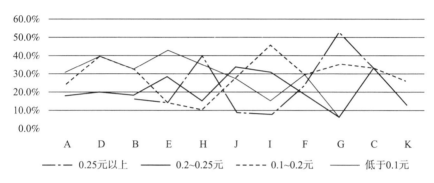

图 4-7　S 省各地区全球通消费者在选择联通 CDMA 的价格差异比较

二、各地区神州行消费者对品牌、通话、服务等七方面功能的关心程度比较

对于神州行用户，S 省各地区神州行消费者对品牌、通话、服务、价格、网络、漫游以及业务功能七个方面的关心程度比较（见图 4-8）。

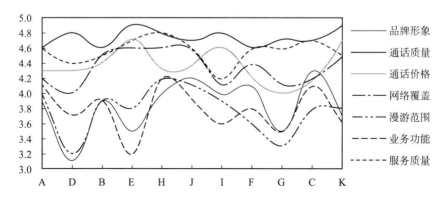

图 4-8　S 省各地区神州行消费者对品牌、通话、服务等七方面功能的关心程度比较

由图4-8可知，总的来说，S省各地区神州行用户对通话质量都最为关心。其次为服务质量、通话价格和网络覆盖。其中，D、E、I和K的消费者尤其关注通话质量，而D和E以及G的消费者较不关心品牌形象和业务功能以及漫游范围。A的消费者对各方面的关心程度均居中等。K、I和E的消费者较为关注价格。

1. 通信需求价格弹性差异

由图4-9可知，各个地区对需求价格弹性是不足的。如果每分钟话费降低两成，S省各地区的神州行用户的反应有很大的差别。相对而言降低话费之后，F地区、J地区、B地区以及D地区神州行弹性充足的用户所占比例较大，他们将会较大幅度的增加通话时间。E地区、K地区和I地区的需求价格弹性也稍大。C地区、G地区以及A地区神州行用户的需求价格弹性较小。

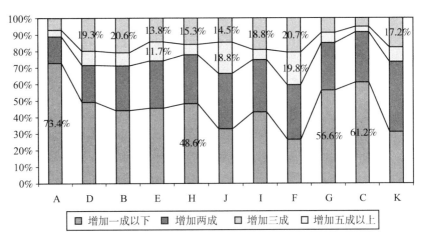

图4-9　S省各地区的神州行用户如何增加通话时间的差异比较

2. 资费结构调整的偏好

从图4-10可以看出，各个地区大多数神州行用户对市话和长途部分降低有较强的欲望，尤其对市话部分降低更为强烈，对漫游和月租费以及短信等业务的收费较不关注。

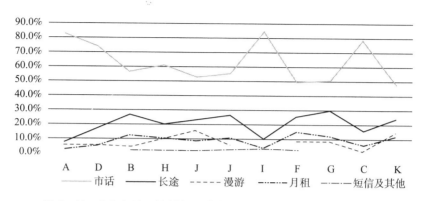

图4-10　S省各地区神州行消费者对话费各部分降低的期望比较

三、各地区动感地带消费者对品牌、通话、服务等八个方面的关心程度比较

对于动感地带用户，各地区消费者选择动感地带品牌原因各不相同。由图4-11可以看出，消费者选择动感地带的主要原因是短信息服务。但I地区的似乎不这么认为，相比而言，他们更关注服务质量和通话费用。E地区的消费者最关注短信息服务，其次为B、A、D、J、C和H的消费者。最关注服务质量的是H、I和F的消费者。最关注通话费用的是D、I和G的消费者。这对于动感地带品牌忠诚度的形成和进一步提高有指导意义。

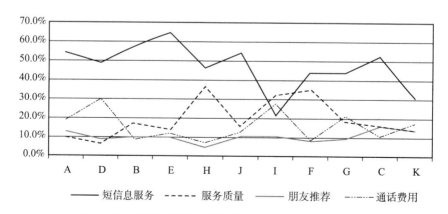

图4-11　S省各地区消费者选择动感地带品牌原因比较

　　S省各地区动感地带消费者对品牌、通话、服务、价格、网络、漫游、业务功能以及短信业务八个方面的关心程度比较（见图4-12），各个地区动感地带用户对上述各方面的关注程度差异比较大。其中，D的消费者最关心通话质量，而该地区的消费者最不关心漫游范围和品牌形象。A的消费者对各方面的关心程度均居中等。E地区的消费者最不关注品牌形象和业务功能，对其他方面则较为关注。A、B、H、J、I、F以及G的消费者较为类似。K地区的消费者对各个方面都较为关注。所有地区的消费者对短信业务都较为关心。

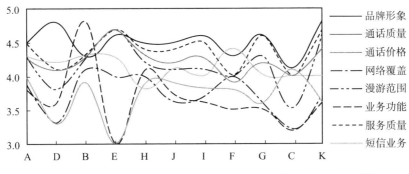

图4-12　各地区动感地带消费者关注"热"点的区域差异比较

　　对于动感地带的需求价格弹性。假设每分钟话费降低两成，对各地区动感地带用户如何增加通话时间的差异进行比较（图4-13）可知，如果每分钟话费降低两成，各地区的动感地带用户的反应有很大的差别。

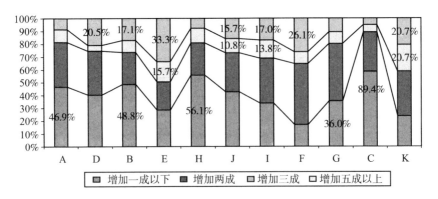

图4-13　S省各地区动感地带用户如何增加通话时间的差异比较

其中，E 地区、K 地区以及 F 地区将会有较多的动感地带用户增加通话时间，即相对来讲，这些地区用户的需求价格弹性较为充足。B 地区和 D 地区的需求价格弹性也稍大。C 地区、G 地区以及 A 地区神州行用户的需求价格弹性较不充足，即降价对这些地区的消费的影响可能不太明显。

四、各地区联通/小灵通消费者对联通/小灵通及移动评价差异比较

对于联通/小灵通用户，S 省各地区联通/小灵通消费者为了得到更好的通话服务质量，每分钟愿意多付费用的差异比较（见图 4 – 14）。

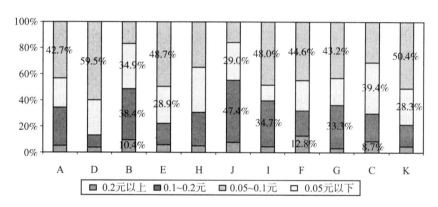

图 4 – 14　S 省各地区联通/小灵通消费者话费支付意愿差异比较

由图 4 – 14 可知，普遍看来各个地区消费者为了得到更好的通话和服务质量，消费者愿意支付一个较小幅度的溢价，大多数在 0.05 ~ 0.1 元之间。其中，J 地区和 B 地区有较高的支付意愿。I 地区和 G 地区联通/小灵通的消费者以通话质量为导向。这可能与这两个地区的地形地貌有关。D 地区的边际支付意愿最低。

1. 网络用户的锁定成本

由图 4 – 15 可知，总的来说各个地区消费者对资费下调的愿望较为强烈。其中，J 地区、F 地区和 G 地区的消费者对这三个方面关注较为平均。D 地区、E 地区、H 地区以及 K 地区的联通/小灵通用户更多的关注资费下降。

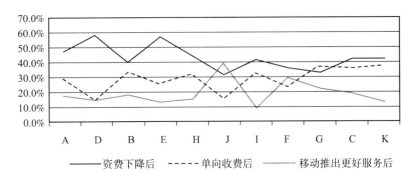

图4－15　S省各地区联通/小灵通消费者选择S移动的差异比较

2. 差异化服务比较

由图4－16可以清楚地看出各地区联通/小灵通消费者对联通/小灵通的评价要明显低于对中国移动的评价。其中，H地区、D地区、J地区、F地区、G地区以及K地区的联通/小灵通用户对中国移动的评价明显较高。E地区的消费者对联通/小灵通的评价高于其他地区，但也低于他们对中国移动的评价。

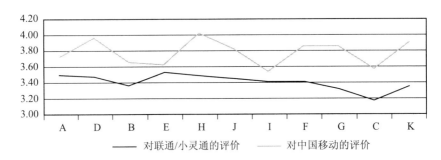

图4－16　各地区联通/小灵通消费者对联通/小灵通以及移动评价差异比较

总之，通过分析，我们可以发现电信消费者行为的一些特征及规律，而且我们也看到这些行为特征表现出强烈的区域差异性。由此可见，消费者行为既作为区域电信增长的一个影响因素，不同的行为特征可以影响到电信消费量增长或减少，进而影响到电信的区域成长；反过来，电信消费者身上所赋予的区域文化特征及烙印，会由此而产生了不同的消费心理和消费行为模式。

第五章

电信市场区形成及其差异

电信增长最终总是要表现在区域上，落实在一定的地理空间上，在区域上表现出一定的空间组织形态，在空间上形成大小不同的市场区。电信市场区的区域表现遵从两方面规律：（1）一般产业市场区的空间扩张规律；（2）基于电信特殊的网络特征和增长的内在规定，电信市场表现出特殊的空间行为特征。下面首先简要分析一般市场区的形成机制，在此基础上探讨移动电信市场区的空间行为特征、模式及因此而形成的不同区域类型。

一、一般市场区的形成

根据经典的经济学定义，某一用来交换产品的供求双方即决定市场的存在，多个供求关系交织映射在空间上即形成市场区。产业市场空间可以由（消费者购买）产品空间和（供给）企业分布空间叠合而成，由此形成两个不同的研究方向：一是研究"距离衰减"作用下的市场区形成机制，二是研究企业间相互作用（竞争或扩张）下形成的空间增长一般模式。

1. "距离衰减"作用下的市场区

空间经济学就是研究人类经济活动在不同市场空间的组织优化问题。早在19世纪20年代，德国经济学者、空间经济学的开山鼻祖杜能在假定只存在一个市场区（中心城市）的前提下，指出在一个均质平原上不同农作制度的分布格局，形成著名的"杜能环"。随后，由于垄断组织的出现，市场结构发生变化，因而人们开始研究不同市场区形成的经济过程，如 1924 年美国经济学费特尔（Fetter）根据生产成本和运输成本提出了生产同一产品的两产地贸易区分界的区位理论。20 世纪 30 年代中叶克里斯塔勒对德国南部乡村聚落的市场中心和服务范围进行实证研究，得出了三角形聚落分布，六边形市场区的高效市场区网理论，即中地论。在中地论中，市场区是一个地域细胞，一切市场系统均建立在这一细胞及其组合图形之上。由于同一个行业内，商业服务业的活动和规模有很大的差别，不同服务或产品的"门槛人口"不同，在地域上形成不同的等级序列，并在地域上即形成了由大小经济点和市场区交错叠合而成的市场网络①。

以此为基础，德国经济学家廖什从一个企业的市场区入手进行研究，认为市场区形状与需求量之间存在一定的关系，因为产品价格随距离变化，需求量又随价格的高低而起伏，因而形成的圆形市场区不断扩张、变形，直至挤压，竞争的结果是圆形市场区被挤压成六边形。同时，由于实际人口分布不连续，不同类型的产品具有不同的市场区网，互相叠合形成复杂的窝状蜂网体系。廖什将这种复杂的网络体系称为经济景观②。

上述市场区（位）理论有一个共同的特点，就是充分考虑运输成本及由此而导致的产品价格差异对市场区范围及其经济过程的影响，并认为这种影响遵循距离衰减法则。所谓距离衰减法则，是指各种地理现象之间相互作用，其作用量随距离的增加而减低，这与物理学中两物体相互吸引力原理是一致的。如最早赖利（W. Reilly）等人的市场区分界点模式以及后来的威尔逊（A. G. Wilson）的空间相互作用理论模式等都是从这一思想出发，探讨市场区的形成过程和机制，所以，我们将其称为"距离衰减"作用下的市场区。

2. 企业间相互作用下的市场区

比较典型的模式有沃茨的市场区扩大模式、泰勒的组织变形及区域演化模式、哈坎逊的全球扩张模式以及迪肯的全球转移模式③。对于一个国

────────────

① 杨吾扬等：《高等经济地理学》，北京大学出版社 1999 年版，第 56 页。
② 奥古斯特·廖什：《经济空间秩序——经济财货与地理间的关系》，商务印书馆 1995 年版，第 116～154 页。
③ 李小建：《公司地理学》，科学出版社 1999 年版，第 39～47 页。

家和地区的电信市场区，其发展与前二个模式有许多相似之处。

（1）沃茨的市场区扩大模式。该模式是基于对英国酿造业的研究而提出的，它反映了众多小公司通过合并而引起的空间组织变化的过程。假设研究区域城镇均匀分布，且每个城镇各有一个公司，每个公司只有一个生产设施（工厂）。这些工厂生产同样的产品，在自己的市场区内销售。但是由于这些城镇人口规模不同，导致这些工厂具有不同的生产规模。规模差异进而又引起生产成本差异。较大规模的工厂生产成本较低，因而具有更快的增长（图5-1）。显然，该模式阐述了早期具有成本优势的公司，通过兼并众多邻小企业而在市场空间上连续向外扩张。

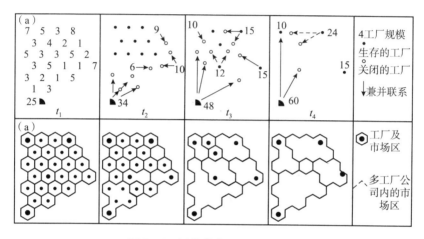

图5-1 沃茨的市场区扩大模式

（2）泰勒的组织变形及区域演化模式。该模式在1975年由泰勒提出，为了解释公司在一国或一个地区之内的空间扩张过程。基于英国钢铁业公司，泰勒将空间分为地方、区域、全国和多国四种尺度。公司在向地方扩展中，要跨越三种门槛（图5-2中的T_1、T_2、T_3），每跨越一次要引起一次大的组织变形。在这种跨越中，有三种空间联系同时发生，一是物质联系空间；二是信息空间（信息联系空间）；三是决策联系空间。基于这种思考，泰勒总结出理想化的公司空间扩张模型（图5-3）。首先假设一个国家有4个地区，其中3个具有大工业集聚中心，3个具有较小的次级城市中心。基于前述工业集聚地易于形成公司初始区位的讨论，可以假想一个公司在其中的一个工业集聚中心（区域2）建立起来。为了占领当地市场，接着建立了分厂（P_2），公司成功跨越第一个门槛，并在区域

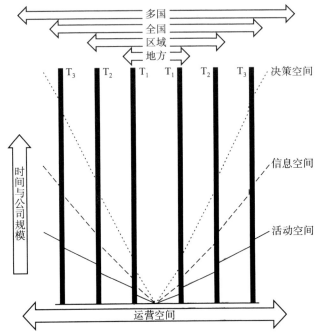

图 5-2 公司发展中空间相互作用和增长门槛

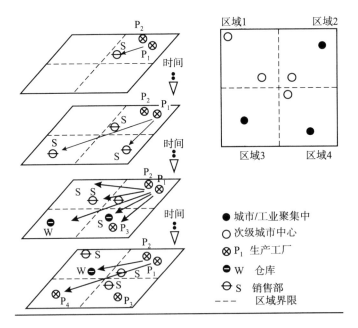

图 5-3 泰勒的市场区扩大模式

内次级城市中心建立销售部，成为多分部区域性公司。接着，在区域3、4的主要中心建立起销售部。这种扩张的企业图进而通过合并区域4中工业集聚中心竞争对手的工厂（P_3）并在该区域建立新的销售部、把区域3中的销售部转为仓库得以实现。其中，由于运营过程中出现一些经济上的问题（或不成功），还会有一些波动。当公司在区域3建立分厂（P_4）和区域1建立仓库时，公司即完成在国内各区域的扩张，使公司跨越第2个门槛变成全国性公司。

二、电信市场区的形成

电信市场区的成长与上述一般市场区的形成有许多相似的地方，但也有一些独特的地方，这主要决定于电信市场增长的内在规定及其网络特征。与一般市场区相比，电信市场区成长的空间行为特征主要表现如下：

1. 网络特征

电信业是由几个环节的厂商组成的产业链条，对消费者而言，每一个环节都有一些供应厂商，同时都有一群消费者，供给与需求构成了市场，因而不同的环节有不同的市场（1、2、…）。这些市场在地域上形成不同的市场区。根据供应商数量，可以划分出一体化扩张和混合扩张。"一体化扩张"又分为垂直一体化和水平一体化，电信各个环节只有一个供应商，即为"垂直一体化"，此时，电信现有生产活动扩展并由此而导致市场区的扩大，垂直一体化的理论基础是规模经济；水平一体化指电信市场存在两个以上厂商，其中，某个电信运营商向电信各个环节（上游或下游市场）的扩展，水平一体化的理论基础是范围经济。混合扩张是多个电信厂商在多个电信领域展开竞争，共同培育电信市场的发展。

2. 空间行为特征

（1）网络决定：电信市场区随网络分布而存在。没有电信网络服务，不会有电信市场区的出现。不同的电信网络服务等级，形成不同的电信市场区规模，一般地，较高一级的网络服务形成较大规模的电信市场区。

（2）消费的连续性：消费者一旦购买电信服务，即意味着进入电信市场，电信市场区随之扩大。相反，虽然消费者进入电信市场（如入网）但不进行消费，也并不意味着电信市场有实质性的扩大。所以，建设电信网络空间与电信市场空间并不完全耦合。

（3）入网锁定：包括号码锁定和技术设备锁定，消费者进入电信市场，即意味着已被"暂时锁定"，如果消费者要脱离电信市场，必须支付一定的转移成本，因此，电信市场常常出现"空白"区，即以消费者入网规模计算的市场区规划与实际规模存在偏差。同时，影响电信市场区大小的因素不再是运输成本，更多的是来自价格（由技术进步和规制下的价格）、技术锁定与转移成本等。

（4）"路径依赖"选择：电信消费者选择不同的电信服务或不同企业提供的同一种电信服务，受价格与服务品质、服务认知程度、周边朋友影响等等，电信服务的选择受"路径依赖"影响。

（5）移动性：有些电信业务如移动通信具有移动消费的特性，意味着电信市场的空间移动性。随着电信网络标准的统一，电信市场区将由异质的市场区向均质市场转变。

3. 空间形态

（1）网络状分布：基于电信市场区的网络决定，电信市场区在空间上显现出网络分布的特征。与"距离衰减"作用下形成的市场区不同，电信市场网络状分布形态与距离无关，而与电信"物理网"的延展方向有关。在电信"物理网"给定的前提下，市场区范围大小又决定于技术支撑下的电信服务品质、电信价格、当地消费者的认知程度等综合因素。

（2）多层复合：电信业务多样化决定了区域内存在多个电信市场，不同的电信（服务）产品在空间上的市场区形态各异、范围不同。即使同一种电信（服务）产品，若存在多家企业供给，市场竞争使得区域内电信市场呈重叠复合分布，可谓"你中有我，我中有你"。

第二节　电信市场区的空间扩展

一、扩展过程

假设存在一个区域，区内有若干消费者（1，2，3，……），电信消费者及其对电信服务的选择（购买），导致电信市场区的空间成长。

（1）区域内只有一家电信企业，则存在一个电信市场区，其规模大小与电信（服务）产品价格、品质等关系密切，如图 5 - 4（a）所示。此时电信市场区扩张与沃茨模式相类似，所不同的是，电信市场的组织结构呈垂直化，各个地区的子公司都隶属于上一级母公司，因而各子公司（相对的子市场）之间不存在竞争，相反不同子市场之间的互联互通成为整个电信市场发展的重要环节。我们称为"垂直一体化扩张"。

（2）有两家不同的电信企业，分别向区域内消费者提供同一种电信产品，则经过选择，出现三个市场区：消费者 1 选择企业 1，形成市场区 A；消费者 2 选择企业 2，形成市场区 B，消费者 3 既选择企业 1 又选择企业 3，形成市场区 C；三个市场区在空间上相互挤压，在差别价格、技术锁定、正反馈等规则决定下，达到动态的"威尔逊式"的均衡结构，如图 5 - 4（b）所示。

（3）区域内有两家电信企业，分别提供两类不同的电信服务产品，如图 5 - 4（c）（图中分别用实线和虚线表示）所示，则出现四个市场区：消费者 1 选择企业 1 提供的产品，形成市场区 A；消费者 2 选择企业 1 提供的第一种产品（实线）和企业 2 提供的第二种产品（虚线），形成市场区 B；消费者 3 选择企业 1 提供的第二种产品和企业 2 提供的第一种产品，形成市场区 C；消费者 4 选择企业 2 提供的各个服务，形成市场区 D。由于消费者的空间移动性，市场区 A、B、C、D 在区域内交互作用，形成一个多市场区的"中心地"均衡格局。实际上，（1）、（2）是（3）的一种特殊形态。

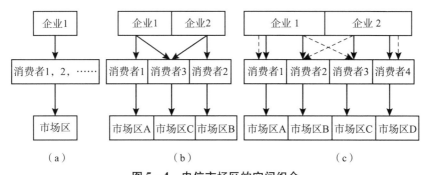

图 5 - 4　电信市场区的空间组合

现在讨论电信（服务）市场区的扩展过程。假定在一个区域内分 n 个子区（可能是行政区、经济区等），最初区域为引进某种电信服务，先期在较为发达的城市建设电信网络，基础网络建设到一定规模，即开始提供电信服务，并有一些电信"先知"购买入网，第一层次的市场区随之形成，其市场格局如图5-5（a）所示。从全区的范围，此时电信市场呈等级扩散模式，即不同规模的城市（区域）市场规模不同，市场区由高一级中心城市向低一级中心城市渐次扩散。此时可称之为"垂直一体化扩散"。当电信市场到一定程度，电信网络大部或基本形成，各等级城市市场区开始"浸染式"扩散，此时第二家企业可能进入同一电信领域，市场竞争开始，出现了不同的市场区，市场格局如图5-5（b）所示，市场呈"水平一体化扩张"。电信市场进一步开放，电信企业可以进入不同的领域参加竞争，电信市场区开始出现"中心论"描述的形态，各个市场区之间相互挤压，呈"触角式"发展，并可能使原来完整的市场区割离，出现"飞地式"市场区，但从整个区域来看，电信市场区不断拓展，可能由原来的城市区向广大农村地区扩展，全区电信市场区呈均质化趋势，其市场格局如图5-5（c）所示。

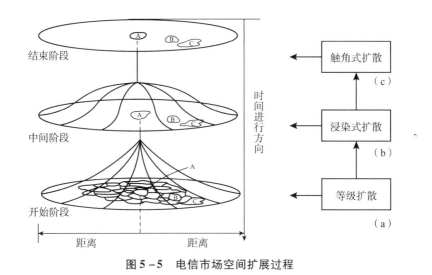

图5-5　电信市场空间扩展过程

二、扩展的非均衡性

区域经济活动的组织关系是相当复杂的，影响发展的各种要素通过竞争和转移、集聚和离散等过程相互作用，相互影响，形成区域非均衡增长的基本态势。按照现代科学哲学的观点，非均衡规律是社会经济发展中的普遍规律。在区域经济系统中，均衡与非均衡之间相互转换，由均衡到非均衡，再由非均衡到均衡，循环往复，使区域经济系统运行不断由低水平向高水平递进。同样，电信市场区在空间扩展过程中亦表现出非均衡性（图5-6）。

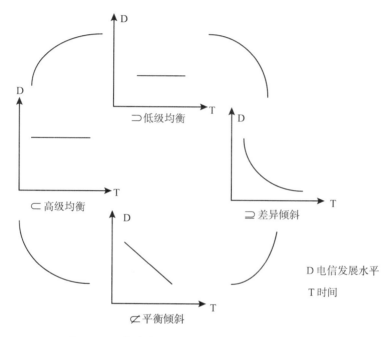

图5-6 电信空间扩展的均衡与非均衡循环运动

从电信空间扩展过程来看，由于影响电信发展的各要素存在时空背景、基础水平和潜在规模等客观上的差异，电信市场区在各个地区上不会均匀地分布，总是在某些地区发展快些，某些地区发展慢些。即使两个地区的电信在同等基础和条件下起步，由于电信存在正反馈和规模经济效应，聚集效应和区域条件不同也会造成一些电信市场区发展优于另一市场区。

电信市场扩展的非均衡性导致电信发展出现区域差异。以全国电信发展为例，由于我国各省、市、自治区的经济发展水平、技术吸纳程度、社会文化等差异，电信业的地区差异亦十分显著，并有扩大的趋势。以百人拥有电话数指标分析①，1978年，东部最高的北京、天津、

———————————

① 资料来源：国家统计局城市社会经济调查总队编，《新中国城市成立50年》（1999年），新华出版社。

上海等为 1.5~2.0 部，西部省会城市一般在 1~1.2 部的水平，1985 年，北京、上海、广州等大城市增长到 3~4 部水平，东部一些大城市亦在 2~3 部左右，西部地区省会城市亦在 2~3 部的水平。1998 年，东部地区大中城市达 25~30 部左右，而西部地区除个别省会城市达到 20 部，大多徘徊在 10~15 部左右，从上述数据分析，尽管人均占有量差别不大，但是如果考虑人口总量基数，东西部差距在不断扩大。从电信新增业务上，东部已是如火如荼地发展网络电话、电子邮件等时，而西部连上网的地方都很难找到，所谓的数字分化现象在我国已出现苗头，"数字分化"将对我国区域组织、地域分工演进、城市空间结构，乃至整个社会、政治、经济、文化产生重大影响。正如曾任联合国秘书长安南在亚太地区城市信息化高级论坛（CIAPR）会议上的贺词所讲，"世界处于信息革命的进程中，信息和知识的数量飞速增长，人们可以获得的信息和知识迅速增加，新兴的交流技术为决策者们提供了前所未有的发展工具，为发展中国家提供了迅速发展未来的机会，把几年、甚至几十年的停滞落后一举清除。但是与此同时，有半个世界的人还从来没有使用过电话，更不用说在万维网上浏览了。接触信息者与远离信息者之间的鸿沟正在扩大。的确，存在着使世界上的穷困人口被排除在信息革命之外的危险。在这个相互依存世界上，这是我们所有人都需要关注的问题。国家政府、国际组织、私营企业、社区组织和个人都必须努力跨越这种'数字分化'"。

陈凯等人通过对 1994 年我国各个地区电话满足度的测算发现，我国东部地区的 10 个省市中，有 5 个超过国际标准，中部地区有 4 个超过国际标准，西部地区有 4 个超过国际标准（表 5 - 1）。一个有趣的现象是，一些经济较为发达的地区如广东、浙江等省有较高的满足度，而一些较为落后的地区如云南、青海等也达到了较高的满足度，由此得出结论，对电话的满足度与经济发展水平并没有必然的正比关系。

为什么会出现这种情况，笔者认为，电话满足度表述的是居民电信需求与电信供给之间的平衡关系，发达地区因为经济发展水平高，电信需求亦高，此时如果电信供给不能有相应的增长，就会出现所谓的"满足度"下降现象。相反，落后地区一般电信需求较低，因为，电信技术扩散或市场营销促进，使得电信供给会在某一时期大于市场需求，因而"满足度"提高。总之，区域经济发展水平是电信发展的一个本底条件。

表 5-1　　　　我国东中西部地区电话普及率和"适应度"

东部地区			中部地区			西部地区		
省市区	电话普及率（%）	适应度	省市区	电话普及率	适应度	省市区	电话普及率（%）	适应度
广东	13.75	90	吉林	7.35	138	云南	1.39	129
福建	8.18	165	安徽	2.74	130	宁夏	4.26	108
浙江	10.13	208	河北	4.42	150	西藏	—	—
海南	4.37	64	湖南	3.38	143	青海	2.47	65
江苏	9.09	198	陕西	3.24	136	甘肃	2.85	122
山东	4.50	165	广西	2.12	90	内蒙古	3.32	89
上海	21.44	85	河南	2.73	139	贵州	0.80	77
天津	17.82	111	湖北	4.14	118	新疆	2.84	60
北京	23.26	70	黑龙江	6.39	117			
辽宁	8.34	116	四川	2.27	114			
			山西	2.83	69			
			江西	3.05	66			

资料来源：陈凯：《从电话需求变化看通信发展与经济发展的关系》，载《世界电信》，1996年第5期，第12页。

三、非均衡的动因

我们在前面已指出，电信增长的因素有许多，其中，主要的有技术导向、制度规制、区域经济条件等。正是这些因素的区域差异性及其作用的非均衡性，导致了电信市场空间扩展有非均衡性。

以移动通信市场为例。从电信技术和市场规制来看，由于不同国家或地区发展的历史基础、文化背景不同，因而采取的移动通信技术标准和制度选择不一。欧洲采用一种正式的标准设定，即对新技术的选择集中化。欧洲数字技术是1992年开始采用的，由于欧盟的推动，全欧洲采用了由诺基亚、西门子等公司研制的全球通（GSM）标准。为了促进该系统在欧洲及全球范围的推广，欧盟还提供了稀缺的无线电频段支持其发展。1997年全球约有4000多万人入网，有108个国家采用了GSM标准，我国第二代数字移动系统亦采用该标准，可以说GSM成为移动通信技术标准，技术领先和正反馈效应给这些公司和国家带来了巨额的经济收益。

相反，美国采用了市场导向的方法，以期鼓励有潜力的新技术出现。美国采用的竞争革命的方式，在市场上有三种互不相容的系统展开竞争，它们是GSM、TDMA（时分多址）和CDMA（码分多址）。由于这三种系统是不相兼容的，所以，消费者入网后的转移成本是很高的（裸机成本和号码锁定），市场的分割不但提高了消费者的转移成本，而且还降低了电话及其附属设备生产的规模效应。1997 年底，美国移动通信市场仍以技术落后的模拟通信占主导，数字移动用户只占 12% 的市场份额，在数字移动通信市场中，TDMA 用户约 500 万个，CDMA 约 240 万户，因而有人说，美国移动通信技术要落后欧洲 5 年左右。纽约 Merrill Lynch 公司移动通信分析家 L. R. 穆茨勒把美国移动通信市场在 90 年代初期萧条的原因归结为以下三点：一是规制的作用和自由竞争，使得传统的垄断电信企业如 AT&T 通过模拟技术的深度，仍有很大的盈利空间，从而忽视了数字技术的研发，转移成本高的原因使得用户也别无选择。二是移动通信的替代品固定电话的发达和网络覆盖度优势，与美国文化如保留个人电话号码的隐私权等的叠合，移动通信市场尚未开展通信单向付费业务，更加强了这种叠合度。三是美欧文化差异。美国人习惯于拨打有线电话，而且习惯于打免费电话，尽管许多美国 PCS 和移动通信公司对它们的话费一降再降，有些话费目前甚至低到每分钟 0.10 美元（包括按月出租电话的收费），移动电话话费仍然高于有线电话。

从实践效果来看，美国的标准战争似乎延缓了有潜力的新技术的采用，产品种类的多样化也并没有带来什么明显的好处。但是从长期分析，也存在两种潜在的有利条件，一是多样化的市场有利于企业推行性能表演，如美国高通公司对 CDMA 技术的研发和推广，使得通信技术系统大大向前迈进一步，并使其可能成为第三代移动通信的技术标准，使得 GSM 和模拟用户的实施中断战略，最终转入开放转移的市场特征中，美国移动通信市场将有一次飞跃。二是三方面的竞争使美国移动通信市场呈现一种复杂的网络关系。企业之间强强联合，企业之间实施控制转移策略的动力，使得消费者享受一种高品质低价位的服务。尽管此时网络效应并没有呈现出来。

从上述分析，我们可以看出：第一，由于通信市场以技术为主动力，技术创新可能在一定时期内改变游戏规则和市场应对策略，因而导致电信市场的非均衡增长。但是，由于正反馈强大的网络效应，技术领先引致的市场领先并不是持续、永久地领先，因而出现市场增长有快有慢。第二，从电信业市场策略看，一个国家和地区的通信发展，仅靠技术和规制不能取得持续的竞争力，还要结合区域社会、政治、经济、文化等综合因素，适时应用不同的策略，或先发制人，或利用后发优势，或进行预期管理等。电信网络的经济特点和文化生活习性决定通信业是多层次、多样化的网络经济，电信市场中存在多种作用力量决定了电信市场的非均衡扩展。

第三节　电信市场区域类型

现在回到 S 省移动通信市场中来，根据现实情况，可以认为，在我们所研究的对象区域中，电信技术与电信规制（市场自由度与产品定价）是统一的，因而是均一的，所以，电信市场区域增长仅由区域经济发展、区域消费者倾向等区域性条件决定。

由于影响电信的各种因素存在地区差异，电信在各个地区存在不同的增长"Logosic"曲线（图 5－7）。由于区域条件的不同，其内部子区域出现不同的增长速度，反映在空间上，可以分离出若干个子市场区。在此，我们将这些彼此分离但又有一定内在联系的子区域称为电信的"地方性市场"。

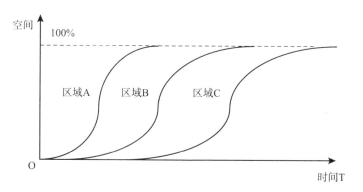

图 5－7　不同空间不同时间的 LOGISTIC 曲线

根据区域条件与电信市场增长的关系，我们可以将电信市场区划分为四种类型（表 5－2）。

表 5－2　　　技术、规制均一条件下的地方性电信市场区类型

区域条件	市场高速增长	市场低速增长
好（高收入）	稳态增长型	增长锁定型
差（低收入）	非稳态扩张型	亚稳态增长型

（1）稳态增长型：指区域条件优势，电信市场增长居于前列的市场区。该市场区往往是一些大城市或经济发达地区，由于人口密度，居民可

支配收入、消费水平较高，居民受教育程度较高，居民从事职业较为多样化，其中，第三产业职业人数居于多数，商务用途占较大比例。加之较大城市往往是城市政治中心，出于工作需要购买电信服务产品亦较大。总之，各种优势的区域条件促使该电信市场区急速扩大，并有向周边地区蔓延趋势。

（2）亚稳态增长型：与稳态增长型相反，该市场地处欠发达地区或广大农村地区，区域条件差，居民收入低，购买力弱，电信市场低速增长，市场区往往集中于某一点或几点，呈斑状。

（3）非稳态扩张型：指区域条件虽差，居民收入水平低下，但由于市场营销得力，居民消费观念比较超前，或出于某种业务需求，使得电信市场在某一时段呈飞速增长势头。但由于该区区域经济发展处于中等发达水平，居民购买力远不及比较发达的城市中心，因而该市场区在高速发展到一定阶段，必然会很快趋于平缓增长，进入一个增长锁定。

（4）增长锁定型：即区域条件较好，居民收入水平中等水平，购买力较强，但由于消费观念落后、没有重视市场营销、服务品质低劣等因素，市场增长不快，而且有下降趋势。也可能的原因是，由于市场竞争，该地区许多电信消费者被竞争对手锁定，使得本公司市场区增长不力，甚至逐步萎缩。

上述四种类型既可能表现在不同区域的电信市场区内，也可能表现在同一个区域内不同的业务市场区中，只要条件成熟，它们之间可以互相转化。

一般来说，城市化水平与经济发展水平决定了一个地区手机市场规模的大小，城市化水平越高，经济发展水平越高，手机用户规模就越大。但也有些特殊的地区，如在S省移动通信市场中，K地区、I地区经济水平并不高，人均用户量则比较高，可能的解释是这里的促销活动做得比较好，或居民的消费观念比较时尚，而另一些地区如G地区，以及D市等，其经济水平比较高，但移动用户总量和人均用户量都比较低，说明这里应有的市场份额尚未完全实现，有待加强各项促销措施，促进消费观念的不断更新，发掘这部分市场潜力。

为了使研究更具一般性，我们根据S省各县区移动通信发展条件评价结果，构建S省移动通信市场区域发展指数，该指数反映了该地区（市）移动通信市场发展的区域背景条件优劣势。从区域综合指标体系中我们可以看出，该指数既反映了地区的区域经济发展的规模、经济发展的潜力和景气程度，也反映了消费市场的拓展空间规模。一般而言，在技术与规制给定的地方性市场，该指数越大，移动通信市场规模越大，反之，如果该指数为负，表明该地区发展条件较差，小于全省平均水平，相应的移动通信市场规模也越小。根据增长差异和区域发展指数（表5－3、图5－8），我们可以划分出不同的市场类型区（图5－9、表5－4）。

表5－3 　　　　　　 S省移动通信市场区域发展指数与相对增长率

地市名称	区域发展指数	百人拥有手机	绝对增长（％）	相对增长（％）
A市	10.99	8	1.22	0.21
B市	1.5	3.2	0.98	－0.04
C市	2.85	1.9	1.04	0.03
D市	2.5	1	0.87	－0.15
E市	4.28	1.5	1.25	0.23
F市	1.7	1	1.09	0.07
G地区	0.3	0.8	－0.05	－0.45
H地区	－12.6	1.1	1.09	0.08
I地区	－6.94	1.4	1.06	0.04
J地区	－1.86	1.6	1.46	0.44
K地区	1.7	1.6	1.17	0.16

注：出于机密考虑，本章移动用户数据以1998年数据为例，不影响分析的思路。

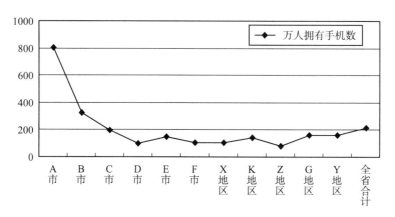

图5－8 　S省移动通信市场格局

表 5 – 4   S 省移动通信市场区域类型（1999 年）

稳态型区域	A、C、F
扩张型区域	K、J、E
锁定型区域	D、H、B
亚稳态区域	G、I

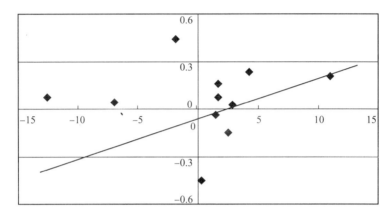

图 5 – 9   电信市场增长率与区域经济条件相关图

一、稳态型区域：A、C、F 市

A、C、F 市等城市，经济较为发达，移动通信发展条件优越，市场开拓较好，移动通信市场规模与区域条件基本一致，二者呈线性相关。

A 市是 S 省政治、经济与文化中心，是全省经济总量和经济发展水平最高的地区。2005 年全市国内生产总值达到 890 亿元，人均国内生产总值达到 26023 元，三次产业结构为 5.0∶50.3∶44.7。区域非农业人口所占比重较高，为 65.44%，城镇居民收入水平远高于省内其他地市，2005 年人均生活费收入达 5391 元，城乡居民人均储蓄存款余额 1.8 万元。移动通信发展的区域条件较为优越。2002 年，A 市邮电业务总量达到 36.89 亿元，城市人口百人拥有电话机 60 部，百人手机拥有量达到 20 部，以非农业人口计算百人手机拥有量达到 30 部，手机拥有量水平也较高。

C 市城市经济实力较强，经济发展水平较高，2005 年国内生产总值 200 亿元，财政收入 35 亿元，人均国内生产总值 15509 元，居全省第二位，非农业人口比重 43%，城镇居民人均收入 8992 元。截止到 1998 年百人手机拥有量 1.9 部，以非农业人口计百人手机拥有量为 4.6 部，手机拥有水平接近全省平均水平，居各地市第三位。

F市人口占全省总人口的 4.27%，GDP 总量占全省总量的 5.2%，人均 GDP 达到 6000 元，城镇居民可支配收入为 4417 元，经济发展水平和居民收入水平与前一类相当，移动通信发展条件综合发展指数为 1.7。

C市、F市虽然是资源型区域，但是近年来资源型经济转型步伐较快，新兴的支柱产业已初步建立，经济结构调整已初见成效，同时区域城市化步伐逐步加快，区域经济社会一体化程度在不断提高，移动通信发展的区域基础会有较大改善，从移动通信发展条件综合评价结果看，区域发展指数为 2.85、1.7，居各地市前几位，移动通信市场潜力较大。

二、扩张型区域：K 地区、J 地区、E 市

K 地区、J 地区和 E 城市三个地区，移动通信发展条件综合评价区域发展指数在 1.5 以上，人均 GDP 接近或高于 8000 元，百人手机拥有量在 1.5 以上，虽低于全国和全省手机拥有量的平均水平，但是与我国经济发展水平相应省份的手机拥有水平相当。

E市、J地区与 K 地区是近年来 S 省经济发展较为迅猛的两个地市，也是全省非国有经济较为发达的地市。从经济发展水平看，K 地区人均 GDP 与 A 差距较大，但是 K 地区有较为坚实的农业基础，发展迅猛的非资源型经济，经济结构优势明显，经济效益较高，区域财政收入水平与居民实际收入水平较高。从移动通信发展条件综合评价结果看，E市区域发展指数仅为 4.28，居各地市第二位，K 地区区域发展指数为 1.7，居各地市第 5 位。1998 年 E 市百人手机拥有量为 1.5，K 地区为 1.6，移动通信市场潜力较大。J 地区虽然经济发展水平和居民收入水平较低，区域发展指数为负值，但近几年移动通信市场增长较快，处于一种扩张的状态。

三、市场锁定型：包括 D 市、H 地区、B 市

D市、H地区区域人口分别占全省总人口的 4.27%、9.43%，GDP总量分别占全省总量的 9.5%、8.9%，人均 GDP 在 11000 元左右，城镇居民可支配收入分别为 8000 元和 6000 元，经济发展水平和居民收入水平较高，移动通信发展条件综合评价区域发展指数分别为 2.5 和 0.3。但是，手机市场份额和拥有水平均较低，1998 年三地市手机用户分别占全

省总量的 4.6%、2.1% 和 3.5%，百人手机拥有量分别为 1 部和 0.8 部，远低于全省平均水平，应有的市场份额未完全实现，移动通信发展与区域人口经济地位及经济发展水平不相适应。说明这里应有待加强各项促销措施，促进消费观念的不断更新，充分发掘这些地区的市场潜力。

B 市 2005 年国内生产总值 345 亿元，居全省第二位，人均国内生产总值 11435 元，非农业人口比重 42%，城镇居民人均收入 9875 元，移动通信发展条件相对较好。1998 年百人拥有手机量达到 3.2 部，高于全国与全省手机拥有量的平均水平，是全省手机拥有量高于平均水平的两个地市之一。从经济发展角度分析，B 市为资源型经济区域，在"十一五"时期本市面临着经济转型的艰巨任务，经济发展与人民生活水平提高的速度会有所减慢，特别是市域的资源型县区发展将面临较大的挑战，因而处于被锁定的边缘。

四、亚稳态型：I 地区、G 地区

I 地区、G 地区经济发展水平相对较低，2005 年二地区人均 GDP 分别为 9090 元、5308 元，分别居全省倒数第一、二位，城镇居民可支配收入分别为 8700 元、5100 元，农村居民人均纯收入分别为 5000 元、4800 元。从移动通信发展条件综合评价结果看，区域发展指数二地区均为负值。1998 年该地区百人手机拥有量分别为 1.4、1.1，移动市场和发展与区域条件相对应，市场发育相对一般。

第六章　区域经济发展中的电信作用

正如笔者在引言中所指出的，20 世纪中叶的信息革命处于经济发展过程中的第四个长波，其间又分为两个阶段，其中，后一个阶段被称之为新技术—经济范式演替期，这就是所谓的新经济时代。在这一阶段，以数字化信息技术、电信网和因特网为标志的技术变革在全球的扩展，降低了要素流动的障碍和摩擦。受此影响，许多电信研究者开始探讨电信对区域经济发展的影响，区域经济发展中的电信作用越来越成为人们关注的热点。

第一节　电信技术及其对区域竞争要素的作用

一、（电信）技术在经济增长中的作用

在经济增长模型中，技术始终作为重要的因素被经济学家们所重视。即使在古典的哈罗德—多马增长（H-D）模型中，尽管该模型中只包括两个重要的生产要素劳动（L）和资本（K），但也不得不考虑技术的作用，只不过其假定市场上只有单部门生产技术，且存在一个固定技术系数生产函数①，技术在该模型中被均质化。因为 H-D 模型没有将技术进步纳入分析框架中，所以，该增长模型又被称为"刀刃上的增长"而难以维系。随后，索洛放弃了固定生产比例假设而代之以劳动和资本可以相互替代这一更为现实的假设，他认为，一个国家或地区的经济增长具有生产要素的积累过程，长期的经济增长率是外生的，其中，决定因素是外生的技术进步，而其他因素都是微不足道的。尽管索洛没有构建出基于技术变化的理

---

① 笔者注：哈罗德本人并未假定固定技术系数，但是他假定的是相对于工资利率是固定的。但利率固定会通过厂商对资本密集度的选择，因而相当于固定技术系数。

论模型，并得出当要素收益递减时长期经济增长停止的结论，但是他本人似乎认识到技术变化对经济增长的作用。

20 世纪 80 年代中期，以罗默、卢卡斯为代表的一批经济学家，在对新古典增长理论重新思考的基础上，围绕"要素内生化"主题，提出了一系列理论模型，即新经济增长理论（又称内生经济增长理论）。根据内生要素分类，人们将内生经济增长理论分为"要素投入的内生增长"和"技术进步的内生增长"①，并认为，所谓的"内生经济增长"是指不依赖经济外部力量（如外生的技术进步、外资等）的推动，主要由经济的内在力量（如内生技术的变化、资本积累等）推动的长期经济增长。根据技术的变化，可以有几种不同的思路（表6－1）。

表6－1　　　　　　　　技术扩散在经济增长中的作用

模　式	技术进步假定	结　论	技术扩散方程
基于阿罗（Arrow）的边学边干（Learning by Doing）模型	技术进步和知识积累来自对实物的投资，以在生产中积累的资本代表当时的技术水平	技术进步对产出的影响是通过促进生产者效率提高而实现的	$A = (1+\lambda)K^{\mu}$ 其中，A 表示技术进步因子，μ 是小于 1 的常数，技术的扩散率为 λ
基于宇泽模型	技术进步取决于对非生产性的研究开发和教育等活动的投资	人力资本被其他部门零成本获取，引起率提高和产出率增加	$A = G(A,\ (1+\tau)L_E)$ A 为技术变化率，L_E 为教育部门劳动力，τ 为人力资本内含型技术的扩散率
杨小凯和波兰德（J. Borland）分工演进模型②	人力资本与内生比较优势的积累和分工演进之间的互动提供了能够产生贸易依存度、市场结构和生产力同时演进的机制	经济积累和专业化对生产力的作用、交易费用的影响以及对当前和多样化消费的偏好这三者之间的互动，能够产生以分工演进为基础的经济增长	技术进步是分工演进的结果，反过来，由于技术的发展，交易成本下降促进分工演进，区域经济增长
基于罗默（Romer）内生技术增长模型③	正的外部经济技术效果来源于资本要素的积累	经济增长是长期的，是垄断竞争均衡的结果，R&D 投入是人力资本 H 和已有的知识存量，产出是新设计、新技术	$A = (1+\tau)K_k$ $= (1+\tau)\delta H_a A$ $\delta H_j A_j$ 为第 j 种技术的产出，δ 为生产率系数。H 为人力资本

①　舒元、谢识予等：《现代经济增长模型》，复旦大学出版社 1998 年版，第 88～92 页。
②　姚愉芳、贺菊煌等：《中国经济增长与可持续发展》，社会科学文献出版社 1998 年版，第 36 页。
③　Romer, P. M.: endogenous Technological change. Jounnral of Political Economy, 1990, Vol. 98, No. 5, pp. 649.

续表

模　式	技术进步假定	结　论	技术扩散方程
基于卢卡斯模型内生技术增长模型	人力资本具有内在效应和外在效应	人力资本的外在效应产生的收益递增，成为"增长的发动机"	$h(t)=(1+\lambda)h(t)\delta[1-u(t)]$ $h(t)$ 表示人力资本变化率，λ 为一正常数，$h(t)$ 从事生产的时间，$[1-u(t)]$ 从事人力资本建设的时间

从上述新经济增长的理论体系来看，由于技术进步而引致经济规模报酬递增，知识和人力积累率越高，经济增长率和收入水平就高，一个好的想法和技术发明是经济发展的推动力量，基于电信网络的知识传播以及它几乎无止境的变化和提炼是经济增长的关键。

二、电信对区域竞争要素的影响

如前所言，电信在区域发展中的核心作用是通过区域创新网络系统的传输，不断提升区域竞争优势，进而深刻地影响着区域经济格局。在知识经济时代，信息与知识已经成为区域发展要素之一，由此决定信息传输载体电信在区域发展中的创新作用，以不断的信息交换为基础，建立决定生产的技术部门和说明生产的市场部门间的对话关系，从而改变了经济格局的组织规则。

笔者认为，电信在区域经济发展格局中的作用，很大原因在于电信技术创新成果逐渐扩散、渗透到区域创新系统各要素之中，进而影响区域竞争体系的各组成要素以及这些要素之间的互动关系，提升区域竞争优势。基于这样的判断，笔者以迈克尔·波特的区域竞争"钻石体系"为分析逻辑框架，探讨电信技术及其扩散对区域竞争各要素的影响机制。

1. 电信与区域要素条件

根据迈克尔·波特的划分，决定一个区域竞争条件的要素包括天然资源、人力资源、知识资源、资本资源、基础设施建设等五个方面。其中，天然资源、区位、气候和非技术劳动等为初级要素，而现代化数字通信的基础建设，高等人力资源等为高级要素，随着技术进步和社会发展，初级要素地位逐渐下降，高级要素成为决定区域竞争优势的主要条件①。

　　第一，基于电信网络的快速传输系统，知识资源流动性增快，资本资源使用效率提高，进一步使办公效率和生产效率得以提高。以资本市场为例，在新经济和资本市场的互动中，企业并购和产业重组成为技术创新和结构调整的主要形式，资本市场配置资源的功能得到进一步强化，这要求金融机构在竞争激烈的市场环境中优先获得通信技术，能够为日益繁杂的用户提供高质量的服务，并且以最低成本运行各项工作，能够设计出满足用户要求的各种方式进行处理、传递、管理金融信息的方案，提高资本市场效率，适应新经济时代要求。

　　第二，随着基于电信技术快速传输的电子活动、电子服务、电子控制等的发展，将有效的促进行政管理的变革，这一作用可用图6-1来表达。

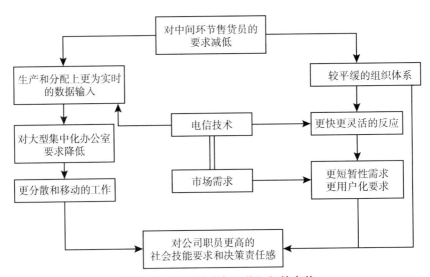

图6-1　电信技术与工作组织的变革

　　第三，电信本身作为一个超级基础设施，驱动着所有的城市其他网络。电信网络的空间结构可以被看成是对城市管理予以加强的一种战略性的作用。从功能和关系方面说，电信网络具有加强城市管理的效果，提供远距离监测、管理、培训等服务。与此同时，电信网络把城市中心和地方

节点联系在一起形成了信息通道，创造出一种网络经济中的利益走廊，从根本上改变地区空间结构而不是简单加强旧秩序。正因为如此，许多国家已将信息技术作为优先发展部门，并将其与建立城市网络，加入利益走廊的战略统一起来，如新加坡的智能城市、马来西亚的"多媒体超级走廊"、西班牙加泰罗尼亚的"科学之环"、法国技术园通信中心工程、牙买加的"数据中心"等。总之，电信对国家未来的经济地位和地区（城市）系统的竞争能力越来越具有战略意义了。

2. 电信与相关产业的互动

（1）电信技术扩散对传统产业的影响。电信及信息产业是高渗透、高增值的战略性新兴产业，它可以通过对传统产业进行改造，在传统产业增值的过程中获得自己的市场发展空间，二者互相促进、相互发展（图6-2）。

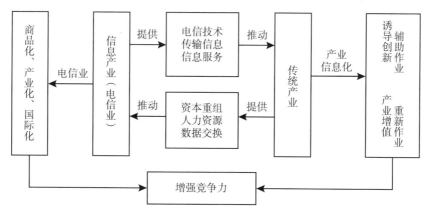

图6-2 基于电信的信息产业与传统产业的互动模式

从信息产业与传统产业的互动模型中可以看出，基于电信的信息产业向传统产业提供信息技术（设备）、传输信息内容和信息服务，从而推动传统产业的信息化进程。传统产业的信息化能极大地增强产业的竞争力，其实现方式则有辅助作业、重组作业、引致创新、增值产品等四大方面。"辅助作业"是指传统产业利用计算机辅助设计、制造（CAD、CAM）等信息技术，缩短作业时间，或者利用卫星通信技术等信息技术扩大作业空间以及替代时间、能源等有限的资源；"重组作业"是指传统产业通过基于电信的信息产业提供信息技术、传递信息服务和信息内容，使企业的作业流程或产品的作业流程得以改进；"诱导创新"包括引致技术创新、引致管理创新和引致制度创新三个方面，其含义是指传统产业在采用信息技术、信息内容或信息服务后引发、导致了传统产业的各项技术创新（如开发技术创新与生产技术创新）、管理创新（如工艺管理创新与销售管理创新）和制度创新（如市场制度创新与经济体制创新）等；"增值产品"包含两个含义：一是通过将信息技术注入产品中使之变为高附加值的产品，如基于宽带传输的家电产品等；二是利用电信技术将丰富的信息注入产品中，使其因具有高信息含量而成为高附加值的产品。传统产业信息化可使产业的竞争能力大大增强，从而实现现代化和年轻化。

（2）基于电信技术的信息革命对生产方式的影响。电子通信设施发达和网络化，使得运输和生产高度结合，从而大大地提高生产效率。发达的网络化电子通信设施与现有交通设施及生产的综合使工业各行业之间的相互依赖性增加。不同地区不同工业之间的相互联系和相互作用日益密切，并逐渐纳入综合的工业大系统中。在该系统中，信息技术使信息与生产过程发生分离，使信息对生产和分配进行控制成为可能，形成弹性制造业系统、小生产运作、范围经济、按需生产等[①]，这就是"敏捷制造"方式。

所谓"敏捷制造"，就是在与传统生产方式下进行的规模生产所投入的成本相比，现代企业通过信息技术手段的采用，而能够在相对不增加生产成本的前提下，针对不同客户对同类产品的不同需求，为之生产同类产品的不同样式、结构和型号等不同形式的产品。其目的可概括为"将柔性生产技术，有技术、有知识的劳动力与能够促进企业内部和企业之间合作的灵活管理集成在一起，通过所建立的共同基础结构，对迅速改变的市场需求和市场时机做出快速响应。"因为在传统经济的生产方式中，企业生产的流程和生产线是完全固定的，无论为达到规模经济的要求还是设计实现环节的技术限制，都注定其生产流程是不能灵活改变的，信息时代的到来，企业信息化的充分实施，为柔性生产技术的实现创造了必要的条件。其中，最为重要的是电信技术、网络技术的应用，使得信息快速充分传播的成本大大降低，产品市场得以无限扩展，从而使企业能直接面对全球范围内的顾客，相对来说，对于产品的可选择性而言，顾客数量的极大扩展，就使得某类产品的可选择性与顾客群体数量之比率大大降低了，企业对某类产品的所有类型的个性化制造的成本因而可极大降低。信息化企

---

① Berleeur J., Clement A., Sizer R., and Whitehouse, D. (eds.): The information society: evolving landscapes, New York: Spring-Verlag, 1990, pp. 245.

业大规模地生产个性化产品已成为可能。敏捷制造系统将不再按照以市场预测为基础制定的生产计划进行生产，而可以完全按订单生产。从上述分析中可以看出，电信技术的发展为企业实现"敏捷制造"方式创造了充分的条件。

3. 电信在企业竞争中的有效性

电信技术对企业公司竞争中的有效性。电信通过提高生产效率也对公司产生间接的影响：在公司内部、公司间和公司外部网络关系上电信提高生产效率的影响是本质的，电信在竞争中的有效性已被许多公司理解。

根据英国经济学家情报社及安达信咨询公司的联合调查[1]，在被调查的大型跨国公司（超过 10 亿美元）中，大部分被调查者都认为电信在公司的运作和长期规划中的作用是十分重要的，而在高级管理层中首席执行官及与电信联系最密切的高级管理人员认为电信对公司的长期规划是最重要的。根据调查结果，这种重要性与公司业务范围、公司经营地的地理分布有关，一般而言，亚太地区公司的管理层对电信评价要低于美国、加拿大和欧洲的同行们的评价。正因为电信能够保持许多国际场所的整个公司的运作畅通，所以，大部分的公司都专门设有首席信息官，专门负责公司信息处理以及电信网络的正常运转。

第二节　电信发展对空间结构的影响

空间是人类进行社会经济活动的场所，空间结构是区域经济行为的实体表达。各种社会经济活动如区域开发、城镇建设、发展交通，信息传递、技术扩散，人口集聚与扩散等都构成空间结构的组成要素。要考察电信在区域经济中的作用，不能不讨论电信对空间结构的影响。

一、电信的影响强度

进入 21 世纪以来，世界正在变得越来越小，信息网络的快捷传递功能使空间距离不断缩短，即电信发展减轻了生产、生活的空间约束，从而

---

[1]　[英] 经济学家情报社、安达信等：《全球信息战略》（中译本），新华出版社 2000 年版，第 108 ~ 110 页。

降低了生产、生活活动的空间交易成本，原有市场区之间的空间关系、功能分工与组合、信息流动频度等均发生了质的变化，出现了许多新的变化特征。可见在经济全球化的背景下，电信网络的应用已深深地影响到区域发展、区域管理、组织形式和个人生活，进而改变了部门条件和地方、国家及全球各个层次的区域相互独立性，对区域格局产生影响（图6-3）。

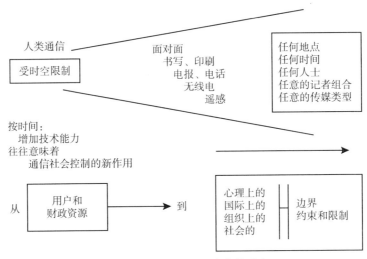

图6-3　电信对时空约束的减少

如何评价这些影响，学者们持有不同的意见。根据电信对空间结构的影响，可将这些观点分为：极大影响论者、微弱影响论者、适度影响论者①。

（1）极大影响论：空间约束消失，完全的地区变革将出现。该理论的"技术依据"是通信网络变革的快速进行：网络技术正从模拟式向数字式演进，功能多元化正成为设备方面的基本原则；网络的拓扑结构（节点相似性、传输容量、可靠性能、转接技术等方面）正变得更加灵活；网络的收费标准正发生有益于使用者的变化。由此，基于空间距离的约束已被电信提供的即时进入所突破，将达到一种新的人与区域的关系：蜂窝式电话和无线电通信及卫星的连接把使用者从某个现场的禁锢中解放出来。活动区位的过程控制、人或货物的移动和城市的发展都将受到由此带来的"地区变革"的深刻影响，而以无距离空间的出现、商贸活动分

————

① H.巴凯斯、路紫：《从地理空间到地理网络空间的变化趋势——兼论西方学者关于电信对地区影响的研究》，载《地理学报》，2000年版，No.1，第104～111页。

散化和关系短暂化为特点。电信能使与"现在时间"完全相符的数据在任何远距离上传输，以致它有助于在空间和社会组织发展上进入新的阶段：地球村内大陆间休戚相关和"社会一统"的建立，欠优势地区的问题得以解决；一个新时代即将来临（包括新都市时代的出现和新型乡村社会的出现）；城市和能源危机将通过交通的替代品——通信而缓解。人际交流将以三重组合为特征：个人号码、通用网络及全球各个地点的进入。交流将存在于三个领域的断面上："地球村"内的通信、地缘政治和地区的发展。

根据布罗特齐（J. Brotchie）等学者的研究，技术进步影响空间格局的变化。布罗特齐等认为，从社会演进的角度看，任何人类活动的地理和组织规模都直接与特定时期的交通和通信手段有关，地理专门化（劳动空间分工）的程度也受这些手段的制约。笔者认为，这种技术是互补的，其发展克服了空间和时间的摩擦，使生产国际化，复杂的全球经济系统形成[①]。这一空间过程可用图6-4来说明。

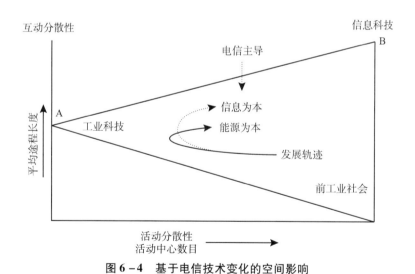

图6-4 基于电信技术变化的空间影响

图6-4中，C点代表前工业社会，A点表示工业社会，B点表示后

① Brotchie J., Hall P., and Newton, P.: The transition to an information society, in Brotchie J., Hall P., and Newton, P. (eds), The spatial impact of technological change, London, Croom Helm Press, 1987.

工业社会。在前工业社会，技术水平低，没有建成交通网络，活动中心数目庞大而分散，服务范围狭小，而货流、人流的平均路程短小，相互之间的活动也较分散，生产者和消费者具独立性。社会发展到工业社会，技术进步，建有放射状交通网络，生产者和消费者均具有依附性，中心数目减少，分散程度下降，货流、人流的平均距离增大。随着社会经济的进一步发展，到后工业社会，基于快速传输的电信网络，生产者之间、生产者与消费者之间相互依存，与此同时，基于电信的信息服务使生产趋于分散，如电子购物、电子交往等方式的出现，形成了一个以信息服务分散化的生产和消费为基础的社会。然而，工业社会向后工业社会转换并不表示产品产量的减少，而是全面增加。因此，生产将继续，但不必在最大城市，而是分散至最大城市边缘或以外地区。

进一步，在图 6 – 4 中，三角形 ABC 可表示大都市、国家、区域和全球层次上，技术变化对公司决策、生产和分配的空间影响。向 A 点移动表示公司决策中心化。这意味着某些活动（如大规模该公司和跨国公司总部）和某些以电子通信为基础的市场（如金融、保险、商品市场）继续中心化，从而使世界城市得到强化发展。向 AB 边和 B 点的移动表示信息产业的发展和扩散，以信息为基础的活动也朝 B 点移动。靠近 AC 边表示以能源为基础的工业，靠近 C 点表示规模经济不具有重要性，以及非正式部门。总的趋势是，随着新技术扩散，向着区位逐渐分散、生产和消费的相互作用逐渐分散的方向移动，但随着跨国公司的壮大，公司决策中心化日益加强。

（2）微弱影响论：有限的、不充分的、不确定的角色。认为：电信网络的地区影响是有限的，现在的作用仍很有限、太特殊，不能推广。虽然电信网络的缺失会阻碍地区发展，但仅依电信本身是不能完全地促进地区发展的。或者说，如果一个地区拥有与其他地区同样水平的通信技术、服务质量和价格，是可以避免其严重不利地位的。然而那也并不意味着仅仅通信网络存在之后将使某一地区具有同等竞争优势。

（3）适度影响论：电信在某些方面、在一定程度上能对空间结构产生特殊影响。对于地区资源重组、"地区发展路径"选择，单一的电信技术很难能成为主要决定作用。尽管电信组织可以淡化距离因素，但它并没有激起地区组织的剧变[1]。但是，众多的实证研究表明，电信与其他

---

① 　Pache G. : Corporate spatial organization ［J］, NETCOM, 1990, 4 ［ STBZ］, pp. 174 – 187.

基础设施一样，对于地区发展的影响是有意义的，甚至是基本的①。这些影响包括地区层次上的，也包括全球层次上的。因特网的发展和其他通信网络的应用增加了一些具体的改变：①空间重新定位开始出现；②组织内决策地点发生改变；③基于电信的信息成为新的生产因子和区位因子②。与此同时，电信技术将通过增加联系的灵活性、合理性，对经济活动的组织和地区活力的激发有特殊的影响，为地方公司的发展提供新的机会。

　　笔者比较认同适度影响论的大部分观点。对于强影响论的观点，笔者认为，该观点过分夸大电信的作用，因为在实际生活中，在电信活动中时间和距离并未消失，消费成本和使用效果等都在起作用。从电信发展现状看，电信分布与区域发展水平仍呈明显的正相关。同时，正在出现的"数字分化"现象也说明了电信并不能对一个区域发展甚至社会变革起决定作用。相反，新的电子网络强化了大都市的作用，核心区对边缘区的控制更加明显。更进一步，根据上述方法，电信技术对未来影响的观点可以用象限形式分解为四种③（图6-5）。

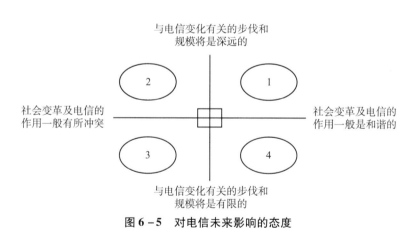

图6-5　对电信未来影响的态度

　　实际上，世界上不同地区的社会组织结构有着深厚的历史继承性，现实中的空间结构是地域组织长期演进的结果，所以，单纯依托电信的发展

　　①　Goddard J B. The Geography of Information Economy〔J〕. NETCOM, 1992, No. 6, pp. 572-609.
　　②　陆大道：《区域发展与空间结构》，科学出版社1995年版，第196页。
　　③　Davies D., Hilsum C., Rudge A.：21世纪通信，中译本，北京邮电大学出版社，1995年，第64页。

来消除地区不平等是不现实的。对于弱影响观点，笔者认为，电信有很大的潜力，在电信潜力向现实转换的基础上，一方面，电信正在成为地区发展的新条件；另一方面，电信应作为地区发展的必要条件[1][2]，而且这种条件正在通过各种利益传导渠道对社会产生深远的影响（图6-6）。

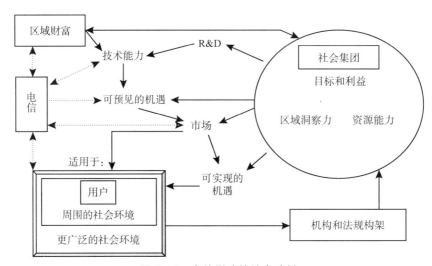

图6-6　电信影响的社会映射

当然，适度影响论观点也存在问题，什么是适度？过分的"适度"容易陷于折中主义的哲学泥潭中，不能激起进一步探索的动力。另外，适度影响论者也没有清楚地给出电信影响经济发展的内在机制，也没有一个统一的电信与区域发展互动分析框架，这正是本文选题的目的之一。

二、电信影响的方式

1993年2月，美国政府提出了建设国家信息基础设施（NII）行动计划，同年9月，美国宣布了国家信息基础设施行动纲领。该计划被称

① Salomon I, Razin E. : Geographical variations in telecommunications systems: the Case of Israel's Telephone System [J] . Tijdschrift voor Economische en Sociale Geografie, 1988, 79, pp. 122-134.
② Verlaque C. : New technologies of communication impacts on corporate spati al organization [J] . NETCOM, 1994, No. 8, pp. 321-334.

为"信息高速公路"，即以计算机技术、网络通信技术等先进的信息技术为基础，以光纤、数字卫星系统等主要的信息传输网络为载体，以最快速度传递和处理信息，最大限度地实现全社会信息资源共享和社会经济高度信息化，运用遍及各个地区的大容量、高速交互式信息网络，把政府、科研单位、公司企业、医疗部门图书馆、学校、家庭等信息终端联结起来，从而奠定面向未来的社会基础设施。同时，该议程宣称：NII 的发展将永远地改变人们的生活、工作及相互联系的方式，而不必考虑地域、距离等因素的限制，从而向我们展现出一系列变革空间关系的地理学新命题。

在传统的地理空间中，由于社会经济活动的空间独占性和关联性，即生产与消费、供给与需求、信息知识普遍存在，决定了作为空间主要联系方式的载体或通道不可或缺。从区域的角度，任何一个开放的区域都与外部环境有着物质、信息、能量等方面的交流，以不可或缺的空间传输载体或通道为纽带，形成了一个复杂的区域相互关联系统，人口劳动力系统，社团组织的空间层次系统以及科学技术系统[1]。在这个多层次系统空间，距离起着主要作用，并遵守空间相互作用原理，也就是说，因为距离不同，不同地区之间相互作用的"值"不同。

电信技术的快速发展及其与计算机的高度融合，使得"非地理空间"出现，区域建立于电子网络基础之上，跨越遥远距离的高速传输使人们能即时联系全球任何地点。消费者与供给者之间通过电信服务进行着有效交流，取代了直接接触。在信息和数据交换等非物质领域，距离已不再成为影响瞬时性接近的一个主要因素，人们将这种网络空间称为"赛伯空间（Cyberspace）"。

"赛伯空间"是建立在一种技术界面的社会之中。这里的"效能不连续性"导致了瞬时空间的观念，在网络组织下，重要的是解决问题的过程，而不是处理信息的地方。于是"地理空间的时间控制"已成为经济全球化的一个独立条件，使生产和后勤管理两种功能出现新的协调[2]，工作也变得越来越非物质化，并向"瞬时空间上的流动性"发展。由此看来，电信网络在经济全球化的背景下已深刻地改变了空间和时间，地区和公司的发展中出现了计算机网络及其传输流（声音、数据、图像），各种

---

① 张文尝等：《空间运输联系——理论研究、实证分析、预测方法》，中国铁道出版社 1992 年版，第 6 ~ 18 页。

② Pache G. : Corporate spatial organization. Netcom, 1990, No. 4, pp. 174 - 187.

各样电子行为（电子传输、电子指示）的愈益增加的应用将导致地方发展、区域管理、组织形式和个人生活的变化。在电信网络和信息流所主宰的时代，空间接近的优势被减弱。这些进步改变了部门的条件和地方、国家及全球各个层次的区域相互独立性。

总之，电信网络将全球各个国家、地区相互连接起来，全球范围内的信息网络正式形成。随着全球和区域电子通信交易，面对面交易和信用交易的扩大，网络上的核心城市控制力都得到强化，其他服务业向郊区转移；生产则迁至边缘区（如发展中国家）。于是，出现两种趋势，决策集中和生产分散。一方面，电信的所谓"技术港"（Techport）、电信港、优势技术地区等特定地区集中化的一个要素。通过这些技术港组群，跨国公司可以通过设在纽约、伦敦和东京等"世界"城市的总部，快捷地在全球范围内组织生产，即所谓的集中化。另一方面，电信发展使产业活动有分散化的趋势。因为电信促使国际智力市场形成，低成本区位因素的作用将使制造业和产品再次发生转移。

第三节　电信对区域经济影响的循环累积效应

电信本身作为一个产业部门，其快速成长将对区域经济增长及产业结构产生积极影响，随着电信技术的不断发展，电信业作为国民经济的一个基础产业部门的作用和贡献日显突出。20世纪90年代以来，我国电信业以前所未有的速度增长，电信业务总量年均增长41%，电信业已成为我国国民经济基础产业中发展最快的产业之一。电信业的快速增长强化了第三产业在国民经济中的地位（表6-2）。

表6-2　　　　　电信业在第三产业的地位不断加强　　　　　单位：亿元

	1980年	1985年	1990年	1995年	1996年	1997年	1998年
第三产业产值	966.4	2556.2	5813.5	17947.2	20427.5	23028.7	26104.3
其中：交通邮电仓储业	205.0	406.9	1147.5	3054.7	3494.0	3797.2	5029.3
邮电业务总量	35.4	56.4	155.5	988.9	1342.0	1773.3	2431.2

电信业已成为国民经济中一个先导产业，那么这种先导产业内在的"先导"作用机制如何？笔者认为，电信投资及其需求对国民经济各部门

发生连带乘数效应，这种效应循环累积，最终促使区域经济快速增长。在此，笔者尝试将电信业内生于基于凯恩斯宏观经济理论的国民经济宏观分析框架中，探讨电信业对区域经济增长的内在动力机制，限于篇幅并利于简捷，笔者利用结构图方式进行描述（图6–7）。

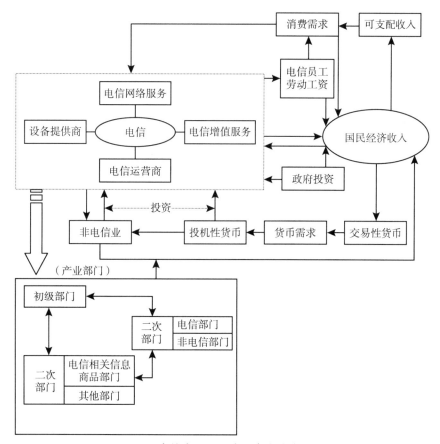

图6–7 电信在国民经济账户中的传导机制

我们假定一个基于电信业的国家或地区没有对外贸易，存在一个货币（资本）市场、一个产品（消费）市场、一个劳动力市场。电信业是由不同环节的相关产业链组成的产业群，各产业部门之间相互存在一定的依存关系，组成电信业系统，共同与区域其他企业、消费者、政府发生联系。首先电信部门的收入增长直接构成国民经济收入的一部分，进而通过财政转移等方式对电信企业进行投资，保证电信企业可持续增长。电信业的部分收入转变成电信部门的职工工资，电信职工工资水平受两个方面的影响，一是劳动力市场的供求关系及由此决定的劳动力市场的工资水平，二是电信部门的整体发展水平和行业福利水平。电信职工工资收入将由三个渠道进入国民经济收入账户中，一是通过产品市场消费，二是对电信服务的消费，三是通过银行存款间接进入收入账户中。

在产品市场中，国民经济收入经过政府税收（T）后，通过收入再分配转变成居民可支配收入，以供居民消费，形成新一轮的经济收入，这是产品市场的循环效应。由于电信业的发展，电信市场中居民消费需求逐渐占据主导，居民对电信的消费需求通过电信产业系统内部传导，不断累积，刺激了电信业的进一步增长，电信收入增加分三部分：第一部分直接成为国民经济的收入，第二部分通过职工收入进入产品市场消费循环中，第三部分是电信企业通过投资其他行业，进入货币市场，间接转化成国民经济收入。与消费者需求相同，企业投资需求构成电信增长的重要组成部分。国民经济收入进入货币市场，需在资本市场中进行交换。假定资本市场货币供给量一定，则扣除交易性货币需求之后，剩余的货币投资到电信领域，我们称之为电信的投机性货币需求。投机货币需求与企业投资需求相融合，共同对电信发展起作用，成为影响电信发展的一个主要因素。以香港地区为例，20世纪90年代末期，香港电信企业因规制放松而实施战略性重组，其中，以2000年8月电讯盈科购并香港电讯为最引人注目。由于购并后电讯盈科的相关合作计划受挫，致使众多投资者信心大失，因而随后出现电盈股价的狂跌，仅仅一月有余市值蒸发达2/3，引发了全球范围内的电讯股大跌①，进而影响到全球资本市场特别是证券市场的稳定。

与此同时，电信业与其他产业之间的相互关联，共同联动促进国民经济收入的增长。前面我们已讨论过基于电信技术的信息产业与传统产业的互动模式，这里我们列举基于电信业的信息产业内部及电信业与其他产业的关联系数，从这些系数我们可以看出在国民经济收入账户中，电信业传导效应的大小（表6-3、表6-4）。

---

① 《财经时报》记者虎韬：《李泽楷再造悬念——小超人面临着迄今为止事业上最大的危机》，载《南方周末》（财经版），2000年11月2日。

表 6 – 3　　　　　　　　信息产品结构与附加价值结构① 　　　　　单位：亿元

| | | 中间产品 | | | | 最终产品 | 最终产品在 GNP 中的比重（%） |
		第一信息部门	第二信息部门	第三信息部门	非信息部门		
中间投入	第一信息部门	177.38	36	79.92	0	600.82	5.11
	第二信息部门	16.30	108.19	626.25	0	1333.51	11.36
	第三信息部门	0	0	0	1837.36	314.77	2.68
	非信息部门	429.58	357.86	0	10174.15	9494.12	80.85
附加价值		263.32	1276.78	1440.34	8762.78	11743.11	—
附加价值在 GNP 中的比重（%）		2.24	10.88	12.27	74.61	—	—

注：第一信息部门、第二信息部门相当于波拉特的第一信息部门，第三信息部门相当于波拉特的第二信息部门（参见第一章）。在此表中，电信业处于第二信息部门。

表 6 – 4　　　　　　　　信息产业与传统产业的灰色关联度②

类别	农业	工业	服务业
信息工业	0.610	0.745	0.805
信息服务业	0.623	0.680	0.836
信息产业	0.617	0.713	0.821

注：信息工业是指信息设备生产及相关工业部门；信息服务业指邮电通讯业等信息服务业，以及与信息相关的农业、工业等间接信息部门。

在图 6 – 7 中，电信业对国民经济收入影响还有一个独立的循环，即政府的电信需求引致区域增长的乘数效应，这种效应包括两个方面，一个方面是政府对电信服务的需求购买，增进电信业的收入；另一个更为重要的是政府将电信业作为一个公共基础设施而引起国民经济多轮增长。根据宏观经济学理论，假定基础设施建设已经完成，作为生产所需的一种中间投入，基础设施提供服务的数量和质量对企业的要素生产率和总产出有着显著影响。为此，经济学家们对基础设施对生产率和总产出的影响进行了诸多验证工作。大多的实证结果表明，基础设施对总产出和要素生产率确实有着显著影响（表 6 – 5）。

---

① 李丘：《信息经济》，人民出版社 1994 年版，第 90 页。
② 左美云、谢康：《知识经济的测度理论与方法》，中国人民大学出版社 1998 年版，第 6～9 页。

表 6 - 5 　　用生产函数法对基础设施资本的产出弹性作出的估计

研究者	研究国别	数据类型	数据年份	产出弹性
瑞特 (Ratner, 1983)	美国	全国	1943～1973 年	0.06
科斯塔 (Costa, etc., 1987)	美国		1972 年横截面	020
阿肖尔 (Aschauer, 1989)	美国	全国	1945～1985 年	0.39
杜菲·德诺和艾伯茨 (Duffy Deno & Eberts, 1991)	美国	大都市	——	0.08
艾伯茨 (Eberts, 1990)	美国	大都市	——	0.03
穆纳尔 (Munnell, 1990a)	美国	全国	1949～1987 年	0.34
穆纳尔 (1990b)	美国	区域	1949～1987 年	0.15
福特和彼特 (Ford & Poret, 1991)	美国	全国	1957～1988 年	0.29～0.34
	日本	全国	1969～1988 年	0.15～0.39
	德国	全国	1961～1987 年	0.53～0.68
	法国	全国	1971～1981 年	-0.34～0.70
	英国	全国	1973～1987 年	-0.18～0.29
	加拿大	全国	1963～1988 年	0.63～0.77
	比利时	全国	1967～1988 年	0.54～0.57
	芬兰	全国	1967～1988 年	0.27～0.89
	挪威	全国	1975～1986 年	-0.19～0.8
	澳大利亚	全国	1967～1987 年	0.34～0.70
霍尔茨·伊金 (Holtz Eakin, 1991)	美国	区域	1969～1986 年	0.20
伯恩特和汉森 (Berndt & Hansson, 1991)	瑞典	全国	1964～1988 年	0.69～1.60
艾莉斯·谷和林俊格 (Toen Gout & Jongeling, 1993)	荷兰	全国	1960～1989 年	0.48

　　受经济理论的影响, 80 年代以来, 人们开始关注电信技术和电信基础设施对经济增长的影响。哈蒂 (Hardy) 是研究电信对增长潜在影响的较早的学者之一, 他使用 1960～1973 年间 15 个发达国家和 45 个发展中国家的相关数据资料, 进行了增长 (人均 GDP) 与电信 (人均拥有固定电话和无线电传播数量) 回归分析, 推断人均电话数量对 GDP 确有重要影响, 而无线电传播对 GDP 没有影响。进一步, 哈蒂分别对发达国家和发展中国家进行回归分析, 发现上述结论并不成立, 增长与电信之间的因果关系不显著[①]。究竟是什么原因导致这种结果, 哈蒂并没有作出说明。1992 年, 诺顿 (Norton) 提供了一项对电信和经济增长关系的更完备的分析。他运用 1957～1977 年间 47 个国家的数据, 估算

---

　　① Hardy, A.: The role of the telephone in Economics development, Telecommunication Policy, 1980, No. 4, pp. 278 - 286.

了该期间电话人均业务量对经济平均年增长率的影响，发现电信变量与经济增长呈正相关。这是由于电信基础设施降低了交易费用，所以产出会增加。进一步，诺顿比较缅甸、洪都拉斯、斯里兰卡和玻利维亚与墨西哥及加拿大的电话普及率与经济增长的关系，发现即使仅仅把前四个国家的电话量提高到墨西哥的水平，则投资收益率可提高 55.5%。他认为，许多增长效果是由电信变量引起的，包括电信所支持的所有工业的增长，这同一般公共基础设施在国家层面上对经济增长的影响相类似[1]。同样，格林斯蒂（Greenstein）和斯皮勒（Spiller）通过研究电信基础设施（按光纤电缆和 ISDN 线的数量来衡量）对美国的经济情况的影响，发现电信基础设施投资对于部分消费者剩余和当地电信服务的商业岁入有着重要的影响[2]。

上述研究提供了一些证据，表明电信投资对于经济产出有着积极的影响。然而，这些研究大多只采用了单一的方程式模型。所以，鲁勒（Roller）和威夫曼（Waverman）提出了一个更结构化的微观模型，该模型考虑了不同电信部门生产方式的差异。因为不同的电信基础设施对经济增长的影响不同，所以有必要作出不同电信部门对宏观经济的影响分析。结论表明，在相对低级的电信基础设施的影响效果低于中级基础设施，高级的电信基础设施对总量经济增长的影响实质上更大。"这种影响在普及率达到40%以上时影响更显著"[3]。

根据相关文献，笔者归纳出电信基础设施建设对区域经济增长的影响：（1）电信基础设施建设作为一种宏观经济稳定化工具，通过吸纳就业与投资其他产业等手段促进经济持续发展。（2）从经济的供给面看，电信公共基础设施服务作为生产的中间投入，供给的增加会提高其他要素（资本或劳动力）的生产率，扩大总产出。（3）增强区位对要素的吸引力。对企业而言，电信基础设施建设会改善投资环境，提高投资的边际收益，吸引外来资本流向该区域。（4）对家庭而言，便捷的电信服务和设施会改善一个区位的居住环境，从而会吸引劳动力的流入，增加本地的劳动力供给。（5）电信设施影响到居民的福利，包括

① Norton, S. W.: Transaction costs, telecommunication, and the microeconomics of macroeconomic growth, Economic development and cultural change. 1992, No. 90, pp. 175 - 196.

② Greenstein, S. and Pablo T. S.: Estimating the welfare effects of digital infrastructure, NBER working paper 1996, No. 5770, September.

③ Roller, L. H., and Waverman, L.: Telecommunications infrastructure and economic development: a simultaneous approach, CEPR, discussion paper, 2000, No. 2399, March.

影响居民的消费水平，因基于电信的智能化小区建设而使居民拥有的不动产价值增长等。

第四节　电信与区域发展的逻辑一致性

从前面的分析中，我们看到，电信发展与区域经济发展关系密切，那么，电信与区域发展互动的内在逻辑是什么？杨小凯等人提出的新兴古典经济增长理论给出一个分析框架。

杨小凯认为，增长是因学习有效率的组织生产途径和具体的生产过程而使专业化递增的过程，专业化和迂回生产提高生产效率，企业因降低交易费而提高效率①。笔者认为，电信快速发展使生产者和消费者空间"搜寻"和"学习"成本降低，进而导致区域交易成本急剧降低，有可能使社会分工更进一步细分，专业化分工使得社会规模报酬递增，经济得以持续增长。因此，电信的发展既解决了社会分工而带来的交易成本增加的"两难"问题，从而使社会专业化更进一步具经济性。同时，快速传输的宽带电信网络的存在，使得社会信息不对称性减小，但快速反应的"动态博弈"又使区域发展变得更加"不确定"。

更进一步，将杨小凯等理论视角加入地理空间维度，问题就变成在全球化、信息化、知识化的"新经济"时代，基于（电信）网络的经济是趋向集中还是分散，即地理的"集聚"问题。按斯汤坡（Storper）的说法，当诸如电信网络等全球化力量看起来已经将世界缩小为一个"无地方性"的整体时，"区域化"现象却悄悄登场了②。杨小凯认为，交易的地理分布集中程度的提高，即地理集聚的产生，主要是由分工水平和交易效率所决定的③。如果分工水平低，那么企业之间的交易量很小，交易成本相对低，企业倾向于分散地就近交易；如果分工水平提高，那么企业两两之间的交易量扩大，交易成本迅速上升，为了节约交易成本，企业倾向于集中。也就是说，当经济达到一定分工水平时，为了提高交易效率，企业将集中，集中又使交易效率提高，于是分工演进，于是又集聚，如此累

---

① 杨小凯、黄有光：《专业化与经济组织——一个新兴古典微观经济学框架》，经济科学出版社 2000 年版，第 23～34 页。
② Morgan K.：The learning region：institutions，innovation and regional renewal，Regional Studies；1997，July，pp. 267-279.
③ 杨小凯：《经济学原理》，中国社会科学出版社 1998 年版，第 327～332 页。

进，直到该地区地价的上升可以抵消交易费用的节约为止。无独有偶，在克鲁格曼与维纳布斯等分别运用劳动力转移和企业联系效应两个不同的理论模型，描述了区域发展的集中化趋势（图6-8）。

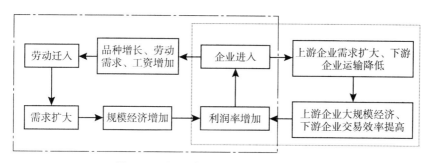

图6-8　新经济地理学的"地理集聚"

上述诸理论都有一个共同点，即都认为电信网络使得空间交易成本降低，交易效率提高，累积因果循环原理使得空间向一个地方（城市）集聚。笔者认为，这些看法有待进一步检验。从新古典经济学理论出发，电信的快速发展使得区域生产要素流动性加快，区域市场更接近于理论假设的"理想化"程度，同时，消费者获取信息渠道和速度增加，使得消费"理性化"，从而使区域均质化。再者，从杨小凯理论出发，我们可以得到另一相反的结论，因为，电信网络使得交易费用降低，交易效率提高，所以，企业就可不必为降低交易费用而集中，也就是说电信延缓了地区的集中程度，于是我们可以逻辑地推导出：电信发展有利于区域分散化。这就是杨小凯理论中关于"集聚"推导中存在一个的严重缺陷，即"逻辑"悖论：根据是为分工而集中还是为降低交易费用而集中，哪个是"因"哪个是"果"，对此尚待今后作进一步的探讨。

为检验上述分析，我们在"S省移动通信市场需求差异"的市场调查中，特意设计了三个问题，一是关于购买/使用手机的用途；二是关于使用手机的频度；三是使用手机对社交范围的影响。市场调查结果如下：

（1）手机的用途。现实用户中的绝大多数把"工作/业务联系需要"作为购买和使用手机的主要原因，49.6%的被调查者选择了这一项，27.0%的被调查者选择了与"亲友联系需要"，18.6%选择了"经常出差需要移动电话。"可见，工作或个人生活通讯联系需要，是现实用户使用移动电话的主要原因（表6-6）。

表6-6 现实用户购买和使用手机的原因

使用手机的原因	样本数	百分比（%）
经常性工作/业务联系需要	2471	49.6
与亲友/朋友联系需要	1344	27.0
经常出差，需要有移动电话	927	18.6
显示身份、时尚、酷	143	2.9
电子商务、数据通信	94	1.9
其　他	5	0.1
总　计	4984	100.0

（2）手机文化及氛围。手机的购买和使用在社会交往中具有一定的示范作用。当问及现实用户周围的人是否使用手机时，"大部分都使用手机"的占49.9%，"有一半左右使用手机"的占27.5%，"只有少部分使用手机"的占22.5%。

（3）手机对社交范围的改变。大多数手机用户在拥有了更加便捷的通信条件之后，与外界的交往范围得到了扩大。80.2%的现实用户认为自己的社交范围扩大了，朋友明显增多了，只有18.1%的用户认为无明显变化（表6-7）。

表6-7 使用手机对社交范围的影响

使用手机对社交范围的影响	样本数	百分比（%）
社交范围扩大了，朋友明显增多了	2271	80.2
社交范围缩小了，朋友明显减少了	34	1.2
无明显变化	514	18.1
其　他	13	0.5
总　计	2832	100.0

上述调查结果表明，在知识经济时代，基于电信的网络成为人们交流、传递信息的重要手段，同时，在一定程度上改善了社区文化，给区域发展带来更多的机遇，至少在经济发展的初期或欠发达地区是如此。总之，电信业不仅具有流通功能，更深层次地，电信业的发展与其他信息产业一样，渗透到区域经济、社会活动的各个领域，并正在成为地区发展的新条件。

第七章　促进区域经济发展的电信市场结构

第一节　电信市场结构演变

从各国电信发展的历程来看，在 20 世纪 80 年代之前，电信市场基本上是以寡头垄断为基本特征的。如英国的 BT，美国的 AT&T、日本的 NTT 等，大多占领本国电信市场 95% 以上的份额，因而 80 年代之前世界电信市场结构比较单一。电信产业组织这种独特的结构有其一定的理论基础，即如前几章所指出的：理论界认为电信业属于自然垄断的行业！

分析 80 年代之前世界各国对电信市场的管理模式，大致分为二种：第一种是电信业国有化，如英国 BT、德国的 Telekom、澳大利亚的 Telstral、新加坡电信等，这些电信企业都是国有企业，相应的电信管理委员会（或其他政府机构）既是这些企业的管理者，又是运营者；第二种是市场规制，如美国的 AT&T，日本的 KDD 等，这些企业以私有化为特征，但其市场行为如资费水平受制于政府给定电信条例的约束。有些企业，如日本的 KDD 名义上是完全私有化的企业，但公司最高领导层的人事变动都要由日本邮政省审批。所以，80 年代之前，无论是市场规制还是电信业国有化，电信市场都带有浓厚的垄断经济色彩。

一、由寡头垄断走向自由竞争

20 世纪 80 年代之后，电信市场结构发生了深刻的变化，率先是美国对 AT&T 的肢解，接着是日本电信电话株式会社法（"NTT"法）的颁布、欧共体电信一体化方案的生效等，世界电信市场开始了一场结构革命，总的趋势是由垄断竞争走向自由竞争，由封闭走向开放。总结 80 年代以来世界电信市场的演变特征，有以下几个方面。

（1）世界电信市场呈全面开放的态势。在1980～2000年的20年里，从电信基础业务到电信增值业务，从电信运营服务到电信网络提供服务和电信终端设备提供，从市场组织到市场定价等，涉及电信产业各个环节，电信业管理机构及规制框架已发生了巨大的变化。在大多数发达国家里，由于电信技术和电信需求结构两方面的飞速发展，公共电信经营机构（PTOS）已全部或部分私有化。涉及电信市场进入、向用户提供服务以及定价机制等问题的规制也已全面修订。这样就几乎消除了所有的自然垄断条件，使多样化的经营者能够并且有效率地对企业及个人提供电信服务。反过来，新的市场及规制环境对电信业的结构及系统也有重要的影响。

与此同时，由于电信技术的发展，新的业务不断出现，电信市场向广域化、多元化、综合化演进，相应的市场结构亦呈复杂趋势。表7－1表示电信管制的主要内容。

表7－1　　　　　　　　　　　　电信规制的主要内容

	规制模式	市场结构	价格规制	新业务	社会公正性	国际协作
1970s	垄断	自然垄断 专业服务竞争	报酬率	数据通信		水下光纤和卫星服务
1980s	解除管制 —肢解、私有化 —不对称规制、无线频率使用许可证。	CPE自由 —基础网络、增值网络业务竞争 —第三者转租竞争	博弈价 最高限价	移动通信	普遍服务	GSM GATS 国际结算汇率
1990s	信息基础设施构建 —注意力范式、信息经济学	基础设施、基本服务竞争 —本地环路竞争 —全球竞争	互联定价	多种服务合并	数据保护 数据安全	国外直接投资（FDI） －WTO －UMTS
2000S	自我规制 —全球框架 —可持续的信息社会		非捆绑价格	电子商务、网络电话		赛伯空间贸易（Cyber trade）

从表7－1可以看出，电信政府管制的方法大体上亦有三种形式，即：第一，价格规制。它又可细分为两种情况，其一为规制机构依据被管制对象的成本来确定其收益率；其二为规制机构根据历史上的价格水平来制订"最高限价"。第二，进入或退出规制（如发放许可证），允许或不允许一

些企业（运营商）进入。第三，通过制订标准（服务水平及技术标准）进行的管制。除此之外，还有其他形式如资源利用管制，即制订和执行分配与使用电信资源（如无线频率和号码资源）及自然资源（如土地）的原则；投资管制，即制订投资原则，如允许国外企业投资的股份比例等；"普遍服务"管制，即要求电信公司达到某一"贡献率"（如服务的覆盖率和建立普及服务基金）；所有权管制，即对电信公司除电信业务以外的经营权的管制和股份管制。

（2）大多数国家电信市场都是逐步放松管制，从下游向上游渐次开放。表7-2系笔者根据相关资料归纳出这些国家电信规制政策的演变特点。

表7-2　　20世纪80年代以来世界主要国家（地区）电信法及市场特点演变

国家（地区）	管制机构	电信法及颁布日期	内容	主要运营商	市场演变特点
美国	联邦通信委员会（FCC）	1982年国会反垄断法	拆分AT&T	AT&T、地方贝尔、MCI、Sprint	由垄断向不完全垄断、自由竞争转变
		1996年新电信法	相互渗透，打破垄断		
加拿大	无线电、电视和电信委员会（CRTC）	1993年新电信法案（C-62）	管制电信综合化、现代化、资费管制、分级管理、自由竞争	Stentor、Unitel、Mobile Canada	各细分市场全面开放，展开竞争
英国	贸易产业部、电信厅（1984年后）	1981年英国电信公司法	结束双寡头垄断，增值业务自由竞争	BT、Mercury、SprintInternational、C&W	自由与垄断结合到自由竞争
		1991年"竞争与选择—90年代的电信政策"白皮书	国内市场全国竞争、相互渗透，国际电话垄断		
德国	邮电部、邮电管制局（1998年后）	1989年电信法	BMPT成立，终端设备自由竞争，增值业务竞争，公有网络和电话业务垄断	DBP Telekom、Siemens、Arcor	垄断、许可经营、强制性义务、自由竞争业务并存
		1996年新电信法	新邮电管制局（RegTP），以管制促竞争		
法国	邮电部、电信管制局（1997年后）	1990年电信管制法、邮电公共服务组织法	最高视听委员会（CSA）审批制、固话垄断、增值业务竞争	F.T、美国AT&T、IBM、英国C&W	由部分垄断向自由竞争
瑞典	入网审批委员会（STM）	1989年成立入网审批机构（STM）	入网审批、全部开放	Swedish Telecom、Tele2、Televerket、爱立信（设备供应商）	始终开放

续表

国家（地区）	管制机构	电信法及颁布日期	内　容	主要运营商	市场演变特点
芬兰	电信管制局	1985 年新电信法	电信、电缆、无线业务经营自由化，国际通信独家经营	P&T、Nokia（设备供应商）	一直开放
希腊	邮电总局（PTA）	1990 年新电信法	基础网、基本业务垄断、增值业务竞争	OTE	由垄断向国家控股转变
澳大利亚	电信主管局（Austel）	1988 年电信修改法、1989 年电信法和电信公司法	增值业务全面竞争、成立电信主管局（Austel）	Telstra、Optus	由垄断向不完全垄断，自由竞争转变
澳大利亚	电信主管局（Austel）	1997 年新电信法	结束垄断、全面竞争	Telstra、Optus	由垄断向不完全垄断，自由竞争转变
日本	邮政省	1985 年 NTT 法和电气电信事业法	改组 NTT，引进竞争	NTT、NCC、KDD	由不完全垄断向自由竞争转变
日本	邮政省	1996 年新的 NTT 法	拆分 NTT	NTT、NCC、KDD	由不完全垄断向自由竞争转变
新加坡	通信信息部（MCI）	1992 年相关措施	电信与邮电分开，从事垄断经营；成立电信管制局	新加坡电信（TAS）	由垄断向自由竞争直接转变
新加坡	通信信息部（MCI）	1996 年新电信法	结束垄断，全面开放市场	新加坡电信（TAS）	由垄断向自由竞争直接转变
墨西哥	运输部电信厅	1990 年电信改革	运用国际招标方式实现私营化。电信基础网由国家控制	Telmex	由国家控股向私营化、自由竞争转变
巴西	国家通信署	1990 年机构改革1991 年有关电信法律	成立基础设施部下设国家通信署；停止执行"信息工业保护法"	Embratel CTBC	由国外控股向国有化再到国家控股
埃及	通信部	——	国家通信部	ARENTO	垄断经营
中国香港	邮政署（GPO）	1993 年成立电讯管理局1995 年香港电信条例、香港电话条例	开放本地固定电信服务、引进三家新的网络商；"国际回叫"合法、颁发更多的许可证	HKT、CSL、和记电信公司、讯联通信公司、数码通信公司	由垄断竞争直接转向自由竞争
中国内地	邮电部、信息产业部	1994 年成立联通，在增值业务引进竞争机制；1999 年拆分中国电信，成立五家专业公司	信息产业部管理电信改革及电信业重组	中国电信、中国移动通信、中国联通、中国国寻、中国卫星通信等	由垄断经营向不完全竞争、自由竞争渐次开放

因为电信业是一个多链条（环节）和网络化的市场系统，在这一系

统中并不是所有的细分市场都是开放的，而是有的开放，有的依然规制。一般而言，率先开放的电信设备供应市场，然后是增值业务开放，再次是基本业务，最后是基础网络的开放。

以德国为例，1989 年电信法使政企分设、邮电分营，根据电信法规定，任何人在规定范围内都可以设置和经营经过批准的电信终端设备，任何人都有权通过国营电信公司经营的固定连接线路为他人提供电话业务以外的服务，从而为电信终端设备和增值业务市场的开放奠定了法律基础，也拉开了德国电信市场由垄断走向管规下有序竞争的序幕。90 年代初，率先在 VSAT（甚小天线地球站）领域引入竞争，1990 年 2 月移动通信领域向公司私营开放，1992 年取消"禁止话音通过私营的租用线传输"的法律条款，1993 年向 E-Plus 颁发个人通信网运营许可证，1996 年颁发全国范围的寻呼许可证，1998 年，宣布开放无线本地环路，在本地业务市场引入竞争，1999 年许多大型公益性行业公司和产业集团进入电信市场，有的专营基础电信网，至此，德国电信市场全面开放。

当然，也有的国家或地区同时对电信各细分市场实行开放，如中国香港、瑞典等。

（3）竞争给各个国家地区市场带来了巨大的增长空间，同时提高了电信市场运营者的竞争力。从国际经验来看，大部分率先开放电信市场的国家或地区，其电信服务的数量、范围、质量及价格等方面得到了改善。已有的文献证明：在电信业中，市场进入的自由化和有效竞争的发展普遍带来了更高的生产率、更低的价格和更好的质量[1]。

市场自由竞争一方面带来的是优质的服务和高品质的产品，但同时，激烈的价格战和营业利润急剧下降迫使许多电信运营者实现战略重组。90 年代末期，大规模的电信企业兼并浪潮席卷全球。

二、电信企业兼并与重组

企业兼并是经济生活中一个重要的经济现象，也是产业组织理论研究的重要内容。从经济发展的历史来看，19 世纪以来企业兼并主要有五次较为密集时期，其中，第五次兼并发生在 90 年代中期以后。前四次美国的情况如图 7-1 所示。

---

① OECD：Competition in Telecommunications，Paris 1996，General Distribution，No. 114.

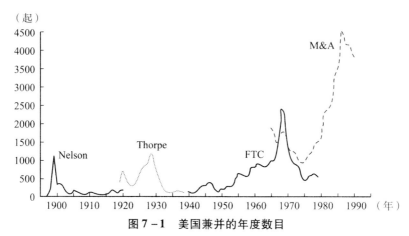

图 7 - 1　美国兼并的年度数目

注：Nelson：资料由 Nelson 对制造和采矿业收集；Thorpe：资料由 w. Thorpe 收集；FTC：联邦贸易委员会继续 Thorpe 的系列；M&A：来自《兼并与收购》的数据，国内系元列。
资料来源：丹尼斯. 卡尔顿等：《现代产业组织》，上海三联出版社 1998 年版，第 47 页。

　　根据 Megerstat 的统计，1996 年在所有涉及美国公司的并购交易中，电信业是交易最活跃的行业，共有 123 起，宣布并购交易金额达 749 亿美元，至 1999 年已达到 3048. 53 亿美元（表 7 - 3）。在世界范围内，1999 年在电信、广播、电视、软件等方面的并购达 1 万亿美元之多，因而有人称之为"狼吞虎咽"的兼并潮①。

　　这次电信跨国并购有三个特点。一是强强联手，巨额并购飙升。从表 7 - 3 中可以看出，电信业并购金额巨大，而且不断创造本行业乃至全球交易的历史最高记录（表 7 - 4）。据有关专家预测，在未来几年之内，全球电信将发展为 3~4 家大电信企业控制全球市场的格局，世界电信市场的这种变化与国内市场自由竞争的态势呈鲜明的对照。二是从兼并的形式上看，以横向兼并为主，即电信行业同类企业之间的合并。如美国的 MCIWorld 与 Sprint 之间的兼并，二者都是美国电信业界巨头。当然也有电信企业与研究开发电信软件公司、电信企业与有线电视公司之间的兼并等。三是兼并主要发生在电信业发达的西方国家，这既与西方国家经济发展水平高度发达，电信市场自由化较早有关，也与这些国家电信企业实力雄厚，国内市场挤压，实施跨国扩张战略有关。

————————————

　　① 参见彼得·诺兰、王小强合著：《战略重组——全球产业强强联手宏观透视》，文汇出版社 1999 年版，第 156 页。

表7-3 1999 年美国并购交易前 10 位的行业

名次	行业	总交易额 （亿美元）	交易数量	平均交易额 （亿美元）
1	电信业	3048.53	155	19.668
2	传播	1640.560	115	14.266
3	医药	1282.542	119	10.778
4	计算机软件、供应和服务	1191.409	599	1.989
5	公用事业（电力、天然气、水力等的供应）	850.535	188	4.542
6	银行金融业	843.515	244	3.457
7	电子设备	549.506	107	5.136
8	商务服务	411.954	240	1.716
9	石油天然气	375.749	46	8.168
10	保险	343.746	81	4.244
	其他行业	3635.433	1507	2.412
	合计	14173.469	3331	4.167

资料来源："1999 Mergers and acquisitions in the United States: top industries by dollar value"，Business Journal：Serving the Triangle's Business Communities，01/21/2000.

表7-4 电信业全球十大交易

	时间	收购方	被收购方	金额 （亿美元）
1	2000 年 2 月	英国沃达丰空中通信 （Vodafone Air Touch）	德国曼内斯曼 （Mannesmann）	1900
2	1999 年 10 月	世界电信媒体控制接口公司 （MCI WorldCom）	美国 Sprint 电信公司	1290
3	1998 年 5 月	西南贝尔电话 （SBC Communications）	美国科技（Ameritech）	620
4	1999 年 5 月	美国电报电话公司（AT&T）	美国有线电视公司 第一媒体集团（Media One）	620
5	1999 年 1 月	英国沃达丰（Vodafone）	空中通信公司（Air Touch）	560
6	1998 年 7 月	大西洋贝尔（Bell Atlantic）	通用电话电子公司（GTE）	520
7	1998 年 6 月	美国电报电话公司（AT&T）	美国有线电视公司（TCI）	480
8	2000 年 2 月	盈动科技（港）	香港电讯（港）	380
9	1997 年 11 月	世界电信公司（WorldCom）	媒体控制接口公司（MCI）	370
10	1999 年 7 月	美国 Qwest 电信公司	美国西部电信（US West）	360

资料来源：根据 EBSCO 网络数据库 Business Source Premier（商业资源电子文献库）和 Academic Search Elite（学术期刊全文库）的文献综合。

关于兼并的动因，许多经济学理论给予解释，有古典经济学的并购理论[1]，有效率理论[2][3]、价值低估理论[4]、代理理论与管制主义理论[5]、市场势力理论[6]等。对于电信企业间的合并，从企业微观行业考虑，有以下一些原因[7]：一是成本原因，因为电信业产业链特征，固定投资比较大，因而通过合并可以双方共享一方已有的网络节省成本；二是优势互补，如英国沃达丰（Vodafone Group）在无线运营领域有优势，而美国空中通信公司（Air Touch）在无线通信领域有优势，二者完全互补，合并后两个公司相加将覆盖全部欧洲市场；三是"最后一英里"之争，由于电信业的垂直结构特征，拥有本地基础网络（与用户连接的最后终端）经常利用其垄断优势"揉搓"电信运营商，因而许多有实力的电信运营商都通过收购这些企业达到占有市场的目的，如美国AT&T收购美国有线电视公司（TCI）和有线电视公司第一媒体集团（Media One）。上述原因从微观角度解释了电信市场出现的并购潮，有一定的道理。但是这些理论无法从根本上解释电信市场并购的动力问题。

笔者认为，20世纪90年代电信市场发生的并购风潮是电信技术驱动和电信规制制度（由垄断向自由竞争）变迁双重作用下的结果。首先，纵观百年来通信世界的发展，我们可以清楚地看到，每一次、每一项重要的电信技术的发明应用都会带来电信市场结构的重大变化，从莫尔斯电码、无线电技术到程控交换、蜂窝移动通信，再到光纤波导传输、卫星通信乃至计算机通信。新技术的出现，刺激了电信市场需求多样化，电信领域不断扩大。为充分利用技术发展带来的机会空间，不同领域的企业纷纷相互渗透，同时，电信技术使运营成本下降，通过兼并使企业内部技术升级从而获取竞争优势。其次，电信市场规制的变化是全球并购浪潮的诱因。从表7－1和表7－2中可以看出，西方国家大都是在90年代中期以后放松规制，全面开放电信市场，允许外国企业进入本国市场。

---

① 参见费方域：《兼并、企业边界和产权》，载《财经研究》，1996年第6期，第43页。
② Rosen, Sherwin: Learning by experience as joint production, Quaeterly Journal of Economics, Auguest, pp. 366－382.
③ 威斯通等：《兼并、重组与公司控制》（中译本），经济科学出版社1998年版，第178～220页。
④ Henry W. Chappell and David C. Cheng: Firms Acquisition Decisions and Tobin's q Ratio, Journal of Economics and Business, 1984, 36, pp. 29－42.
⑤ 殷醒民：《企业购并的金融经济学解释》，上海财经大学出版社1996年版。
⑥ 威廉·谢佩德：《市场势力与福利导论》（中译本），商务印书馆1990年版。
⑦ 参阅俞蓓：《企业兼并理论与实践》，载北京大学光华管理学院2000年7月硕士毕业论文。

正是由于电信全球化、需求多样化、技术进步及电信管制的放松，构筑了电信业发展的新环境，改变了电信业的市场结构，使产业竞争模式发生变化。在这样的市场结构中，以前因政策分离的市场、领域界限纷纷被打破，为了追求全球范围的规模经济，进行网络地理范围的扩张和业务领域的扩展已成为世界各大电信巨头的重要目标，由此所导致的世界电信业重组、企业重组、跨国资本结合以及全球性和区域性业务的合作，成为90年代中期以来世界电信业的大趋势。如1996年2月宣布电信法生效到1996年4月前后不到3个月，就有500亿美元的并购交易发生。当然，激烈的市场竞争迫使企业间通过重组寻找新的生长空间，也是这次并购风潮的一个重要原因。

第二节　电信市场类型划分

20世纪80年代特别是90年代中期以来，世界电信市场出现了两个方向的变化趋势，一是由放松规制而引入的电信市场自由竞争，市场上竞争厂商增多；二是电信企业间相互并购，市场上竞争厂商减少。从理论上讲，电信企业在市场上的进入、退出活动，是企业为适应不断变化的环境（内部与外部）而做出的追求利润最大化决策的结果，那么对于电信市场的规制，就出现一个问题，即由于电信技术快速发展，使得电信市场趋于复杂化，是自由竞争有益还是适当进行管制有利于电信市场良性发展？从各国电信发展的经验来看，二者兼而有之，但是效果哪一个更好？为此，我们引入"开放度"概念，对各国（区域）电信市场规制效果进行初步研究。

一、市场开放度

所谓开放度，是指电信市场的开放程度。一般而言，市场上竞争厂商越多，市场机制作用越明显，因而开放度越大。市场开放程度时间越长，厂商之间通过相互博弈，与消费者之间的互动效果越显著，市场越成熟，开放度越大。基于上述假定，我们设 FREE 表示市场开放度，有：

$$FREE_i = f(n_i, t_i) = (\sum a_{it}FREE_{ij})/(\sum maxa_{it}maxFREE_{ij}) \times 100\%$$

上式表示，第 i 个国家或地区电信市场的开放度 $FREE_i$ 是市场厂商个数 n_i 和市场开放时期 t_i 的函数。

其中，第 j 个细分市场开放度 $FREE_{ij}$，根据前述电信业的定义，这里我们取将电信市场分为四个一级市场（基于基本电信业务的重要性，又细分为三个市场）；对 $FREE_{ij}$ 赋值：如果市场上只有一家垄断经营，即 $n_i = 1$，$FREE_{ij} = 0$，如果市场是双寡头垄断结构，可或者说虽有多家，但其中一家市场份额占 75% 以上，则 $FREE_{ij} = 1$，如果市场上有多个竞争者，且市场份额基本相当，则 $FREE_{ij} = 2$。

a_{it} 表示时间参量 t_i 系数：当市场是在 1980 ~ 1990 年间开放的，即 $1980 < t_i < 1990$，$a_{it} = 2$；当 $19901 < t < 2000$，$a_{it} = 1$。

$maxa_{it}$、$maxFREE_{ij}$ 分别表示该世界当前最大市场开放度国家或地区的值，即电信市场有多个运营商和多个需求者的理想状态。

根据我们所掌握的资料情况，取全球 44 个具有代表性的国家和地区，分别计算其市场开放度（其中，中国包括大陆、香港、澳门、台湾），见表 7 - 5。图 7 - 2 表示出世界电信市场开放度与电信收入之间的关系。从图 7 - 2 中可以看出，电信市场发展与开放程度相关性显著。

表 7 - 5 　　　世界主要国家（地区）电信市场开放度与电信收入之间的关系

国家（地区）	市场开放度（%）	人均电信收入（美元）	电信收入（百万美元）	国家（地区）	市场开放度（%）	人均电信收入（美元）	电信收入（百万美元）
芬兰	95.91	705.8	3637.7	墨西哥	40.91	92.6	8873.1
瑞典	95.91	547.6	4845	中国台湾	40.91	320.7	7032.5
美国	92.73	911.3	246392	西班牙	36.36	280.9	11060.5
加拿大	91.82	558.4	16919.4	泰国	36.36	26.9	1621.8
英国	89.27	627.5	36990.9	中国澳门	36.36	451.6	192
巴西	86.36	94	15024.2	印度尼西亚	31.82	12.6	2531.1
日本	86.36	664.3	84027.2	葡萄牙	30.47	360.6	3587.5
德国	82.73	609.6	5000.5	卢森堡	30.27	792.8	335.9
新西兰	81.82	471.5	1838.5	瑞士	30.07	1009	7215.5
菲律宾	81.82	16.7	1208.7	奥地利	29.45	506.1	4119.9
中国香港	72.73	981.7	6564.9	匈牙利	27.27	136.4	1387.7
法国	68.91	459.2	27409.1	罗马尼亚	27.27	24.3	549.4
澳大利亚	63.64	691.7	1294.1	希腊	22.73	325.7	3452.3
爱尔兰	54.55	610.1	168.4	丹麦	22.73	709.5	3759.7
比利时	54.55	487.3	4942	波兰	22.73	75.9	2938.7
马来西亚	54.55	112.3	2492.1	阿根廷	22.73	183	6611.3
智利	50.00	159.7	2367.4	南非	22.73	134.8	5971.5
韩国	50.00	230.5	1070.3	中国内地	22.73	16.4	20533.8
新加坡	50.00	921.7	2915.9	保加利亚	18.18	36.5	304.5
意大利	45.45	451.4	26026.5	印度	18.18	5.3	5051.1
荷兰	45.45	620.3	9764.6	埃及	6.50	16	1055.4
挪威	40.91	906.6	4030.7	越南	4.10	10.8	826

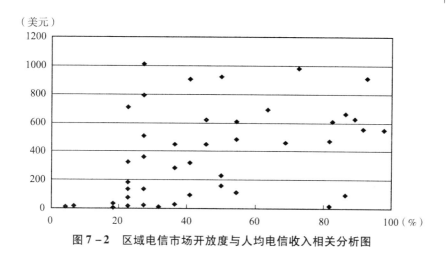

图 7 - 2　区域电信市场开放度与人均电信收入相关分析图

二、电信市场类型

根据图 7 - 2，结合各个国家（地区）电信市场的开放程度与开放过程，我们可以将 90 年代世界电信市场分为几种类型。

Ⅰ类：高度开放、市场发达的市场结构

主要包括北美和欧共体一部分国家、北欧一些国家，以及日本、澳大利亚、新西兰等。这一类国家电信市场有一些共同特点：（1）电信市场高度发达，电信收入水平很高，大多在人均 500 美元以上；（2）电信市场开放度在 50% 以上；（3）这些国家的大多数电信服务领域可以自由进入，新进入者可以与原来的电信运营商展开自由竞争；（4）电信市场有专门的行业管理机构或政府管理部门，设定通讯网络的进入标准和条件，监督市场服务，规制市场价格，制定消费政策并负责解决争端。

以加拿大为例，加拿大 1993 年颁布的《电信法案》中，规定加拿大 CRTC 为电信管理部门，制定相关的电信规章和政策，但是不允许其限制市场竞争，而对于一些电信领域内，《电信法案》不再具有效力。因而，加拿大管理机构正逐渐从设定关税、授予服务资格向着促进市场进入和竞争的方向发展。与美国、加拿大相比，瑞典、芬兰等国家似乎走得更远一点，由于历史上的原因，瑞典等国家一开始就实行电信自由竞争的政策，因而这些国家电信市场发育比较成熟，同时孕育了一批全球知名的电信品牌企业，如爱立信、诺基亚等成为领导移动通信发展的先锋。英国与瑞典

开放电信市场的时间差不多，1982 年英国电信厅授予 Mercury 集团建立和经营独立于英国电信（BT）之外的电信网络，并提供各类电信服务的牌照，在 1991 年的"绿皮书"中结束了英国电信（英国电信）和 Mercury 公司的双寡头垄断历史，将竞争引入了英国所有的国内市场领域。在移动电话市场，1985 年，英国授予两家公司（Cellnet 和 Vodafone）25 年期的经营移动电话网络建立和服务的牌照，后来增加为 4 个。1991 年，英国结束有线电视的垄断经营，随后，又修改宽带有线电视牌照，允许经营商传送电话，进一步增加市话网络的竞争。竞争的结果是英国拥有了全世界最大的两家蜂窝式通讯网络系统。

与西方国家相比，日本在 1986 年就由 4 家电信网络公司（三家 NCC 长话和东京电信）开始提供租赁线路服务。1994 年，形成国内长话市场上的四家竞争，国际长话市场上的三家竞争和移动电话市场上的四家竞争的局面。但是这很不够，因为 NTT 不但主导了这三个市场（分别占有 55%、59% 和 57% 市场份额），而且绝对控制市话市场（占 99% 强）。为了进一步引进竞争，1996 年的"NTT 法"，规定 1999 年 12 月底前将 NTT 分拆为 NTT 东、NTT 西和一家国际长途公司。这样，竞争的结果是极大地刺激了电信地方市场的扩展。截止到 1998 年底，日本电信收入达840.27 亿美元，是仅次于美国的世界第二大电信市场。同样，中国香港率先引进网络竞争，开放本地电话市场。1992 年，香港向香港电讯以外的公司增发电话牌照（市话专营权）。1994 年，电信管理当局开放本地固定通讯网络服务牌照（FTNS），并于 1995 年 6 月后引进了三家新的固定网络商（新世界电话、新电讯与和记电讯），在市话市场上形成四网竞争的局面。1994 年香港确立"回叫业务"（Call Back）合法。从 2000 年 1 月起，香港将结束国际电信线路和设施的独家专营，开放竞争。

Ⅱ类：中度开放，市场中等发达的市场结构

包括欧共体部分国家、南美部分国家、东南亚一些国家。这些国家的电信市场结构有以下几个特点：（1）部分电信市场开放，而基本电信服务和电信网络处于垄断，市场开放度一般在 25%~50%；（2）电信市场收入属于中等水平；（3）在这些国家经济活动中，私有化和自由化广泛存在，但电信行业的大部分仍受到政府的规制限制，有一些关键领域仍由政府垄断经营；（4）在一些新业务或增值业务中，市场竞争者的进入必须有许可证，而许可证的发放数量是有限的。（5）由于受全球电信自由

化的影响，基于这些国家的市场自由化基础，其电信市场正在逐步放开，由于其经济一般处于中上收入水平，因而这些国家将成为世界电信增长的后备力量。

意大利是这个类型的代表国家之一。90 年代初期，电信业在意大利还处于垄断地位，基本电信业务和网络基础设施垄断经营，电信终端设备市场与增值业务部分放开。1994 年，意大利电信管理部门和运营机构分离，1995 年 3 月，意大利接受了欧洲 90/388 号指令，对大量的电信服务业实行自由化。在移动通信领域，1995 年允许另一家私营企业—Omnitel-ProntoItalia 经营移动通信，移动通信市场呈双头垄断格局。1996 年，国会发表了一项法案，对可替代电信基础设施实行自由化，即电信部门向国内电力、天然气、高速公路和铁路网络系统开放。根据欧洲委员会的部署，1998 年 1 月 1 日起所有国家的电信服务和基础设施都将实行开放性竞争。这项决议意味着不久的将来，意大利电信市场将消除所有进入障碍。

与意大利电信市场结构相似，我国台湾地区电信市场处于半开放状态。台湾电信管理分为三级管理，即台湾"电信总局"、中华电信股份有限公司（分北区、中区、南区电信管理局）、县电信局。1989 年，台湾首先开放电信增值业务，1996 年 1 月通过新电信法，把电信业务分为两大类，第一类是基本电信业务，由中华电信公司垄断经营，外资参股不得超过 20%；第二类是电信增值业务，全部开放竞争，实行民营化，外资参股不受限制。同年 3 月，"电信总局"开放移动电话、寻呼、专用无线电通信和移动数据通信四项业务。根据台湾电信规划，台湾将在 2001 年开放市话、长话、国际电话、宽带交换和高速数据通信等业务，全面开放电信市场，融入全球电信自由化，与国际经营接轨，达到 WTO 对电信市场全面放开的要求，届时，台湾——"梦想中的亚太运营中心"将因为电信中心的发展而成为现实。

Ⅲ 类：低度开放，市场发育不成熟的市场结构

这类国家主要包括东南亚发展中国家及东欧、非洲、南美洲一些国家。这些国家的电信市场结构特点是：（1）电信市场基本由国家垄断经营，即使部分开放，亦由国有企业经营，很少有私营企业界于竞争领域；（2）电信收入水平低下，一般在 200 美元以下；（3）这些国家电信正处于改革阶段，但受国内经济结构和发展水平影响，电信改革难度极大；（4）由于这些国家人口基数较大，因而也是未来电信市场发展的潜力所在。

以波兰为例，1990 年 10 月波兰通过电信法，将管制部门和经营部门分开，成立了波兰邮电通信公司（PPTT），垄断经营国内电信业务。1992 年初 PPTT 脱离国家管制，邮政、电信业务分离，电信业务由 PTSA 垄断经营。原计划经营两年后实行私营化，但由于国内种种原因，只有竞争地方电信业务向新的竞争者开放，迄今为止波兰电信大部份业务包括国际电话等领域保持垄断地位。1998 年波兰电信收入 75.9 美元，不及智利电信收入的一半（智利与波兰经济发展水平相当）。埃及是非洲发展水平较高的国家之一，其电信业务长期处于垄断经营状态，电信管制机构是"运输、通信和民用航空部"，全国共有三家大型的电信运营商，一家是埃及电信（Telecom Egypt），几乎经营所有的电信业务；埃及在移动通信领域率先引进竞争，1996 年埃及移动电话业务公司（ECMS）首先进入，随后 1998 年国际移动电话集团 Misrfone 进入埃及电信市场，其中，ECMS 被法国 MobiNil 控股，Misrfone 受英国、美国等电信集团控制，这意味着埃及移动市场面向国际化走出了重要的一步。但整体上来讲，埃及电信市场仍处于垄断经营的态势。

IV 类：非对称的市场结构

非对称的市场结构是指市场开放度与电信发展水平非正相关的一种结构。其中又分为两种类型，一类是电信收入高但市场开放度低的国家，如欧洲的瑞士、卢森堡、丹麦等国家；另一类是电信收入低而市场开放度高的国家，如菲律宾、巴西等国。这些国家电信发展的一个显著的特点是电信的发展水平与经济发展关系密切，而与电信开放度相关程度不高。

瑞士是一个人口少而收入高的富裕国家，从人均 GDP 来看，名列全球前 5 位，其电信收入亦人均超过千美元，比美国还要高。而在电信市场方面，瑞士电信运营部门 PTT 几乎垄断了基本电信业务和固定网络系统运营，尽管于 1992 年在电信终端设备、增值业务、移动通信等方面引入竞争，但是由于瑞士没有像其他国家有专门的管制机构，所以新进入者一开始就遇到租赁线路的高关税及滥用市场权利等问题，因而市场结构仍呈不对称状态。认识到这一点后，最近瑞士正在准备颁布一项新的法律，旨在成立新的独立的竞争管理机构，打破电信市场垄断结构，引入自由竞争。

与瑞士相反，巴西电信发展一开始就以自由竞争状态出现。20 世纪 60 年代以前，巴西电信由外国企业控制，多家外国企业在巴西电信市场上展开竞争。60 年代之后，巴西电信收归国有，进入公私合营、多头垄断经营（Embratel&CTBC）。90 年代初，巴西议会通过一项法律，停止执行"信息工业保护法"，取消电信管制，引入竞争，电信市场有了很大的增长，但由于巴西经济发展水平低，地区差距、城乡差距显著，因而电信呈不平衡发展的态势，广大农村电信普及率低，导致电信市场发展不良的后果。1998 年巴西电信收入达 150. 241 亿美元，人均不足 94 美元。

从上述分析中，我们看到，电信规制制度表现出强烈的区域性特点。从电信市场结构开放程度来看，东欧、亚洲、非洲国家或地区开放度较低，而西欧、北美等国或地区开放度较高，说明电信市场规制与所在国家或地区的社会制度关系密切，表明电信发展与区域社会经济发展有着深刻的内在联系。的确，制度是涉及社会、政治及经济行为的一种行为规则，它深深扎根于区域社会、经济、文化之中，反映到电信市场上必然带有相同的烙印。

第三节　发展中国家的电信市场

不同的国民经济，有不同的区域发展，与发达国家相比，发展中国家具有一系列的社会经济特征，因而具有自身一系列的制约因素和运行特点[1]：如发展中国家人均收入水平普遍低下，各部门之间存在极强的封闭性，人力资本极度稀缺，交通运输落后等。与其他国民经济部门一样，发展中国家或地区的电信市场有着自己特殊的运行规律。

一、电信发展的历史

发展中国家的电信发展可分为三个阶段[2]：

（1）第一阶段，电信公司为外国所拥有，由外国政府或跨国公司（如美国的电报电话公司）控制。一般来说，它们只向首都及少数大城市提供电信服务，渗透面很窄，客户局限于富人、大公司、政府部门及官员。这些跨国公司，即使是与殖民地国家签署了特许经营合同的私人垄断

[1]　杨开忠：《中国区域发展研究》，海洋出版社 1989 年版，第 14～16 页。
[2]　［美］罗杰·诺尔：《发展中国家的电信业改革》，载《经济社会体制比较》，1999 年第 3 期，第 26～34 页。

公司，也几乎不受当地政府的管制。在部分国家中，虽然也出现了几家公司同时经营电信业务，在大城市中展开了竞争的局面，但是，在第一阶段后期，兼并收购导致一些公司退出，竞争逐步削弱。

（2）第二阶段，发展中国家政府对在国内经营电信业务的外国公司实行收购，进行国有化。最早如 20 世纪 30 年代的墨西哥、40 年代的阿根廷。由于国有化工业往往由民族独立运动促成，因此，许多早先取得独立的国家在 60 年代才开始实行电信业国有化，70 年代初期，国有化运动在这些国家正式完成。

（3）第三阶段，80 年代中后期，发展中国家进入改革阶段。基于电信技术在全球范围内的渗透扩散和发达国家电信业的制度创新，发展中国家纷纷将国家垄断的电信业进行私有化改造或至少实现部分电信市场的竞争运行，并通过阶段性的特许经营许可或英美式的持续规制以放松政府管制、增强市场竞争，因此，有人将这一阶段称为发展中国家的新自由化改革（Neoliberal Reform）阶段。

下面我们着重讨论第三阶段电信改革的一些基本特征，以期对我国电信改革提供一些启示。

二、新自由化改革的基本特点

（1）发展中国家改革受技术、资本和政治三方面的影响，其中政治影响更为重要。电信改革前，几乎所有发展中国家的电信部门均为国有，并且是政府的一个重要部门，电信业中高级管理人员的任命均出自政治安排，甚至日常决策如价格、投资、工资等也直接由总理、内阁部长或由立法部门决定。因此，发展中国家在设计改革计划内容时，一开始就面临着两个问题，一是如何设计最佳且可行的所有权结构，并采取有效的规制措施；二是怎样根据电信业的市场结构制定新的政策。要解决这些问题，必须考虑该国内特殊的政治地缘关系及政治运行体制。所以，鉴于电信业本身在国民经济中的重要性，改革后的电信公司可能继续受到公众的监督及政府干预双重作用。与发达国家相比，电信企业改革的结构有以下几个方面的不同。第一，公司部分股权卖给外国投资人，为保证国内控股权，该出让比率一般低于 50%。第二，将股权赠与或低价出售给那些反对私有制的国内政治力量，如原电信企业的工会，其他的还包括国内银行及电信设备供应商。第三，将部分股权分成小份额，出售给国内的小投资者，售价一般低于卖给控股财团的价格。

（2）发展中国家电信市场管制环境和方式较为特殊。第一，从经营环境分析，由于政府初期对电信公司已进行大量的初始投资，因而私有化改组后的公司，政府仍会在相当长的时间内继续享有垄断权。与发达国家相比所不同的是，改革后投资者面临的金融风险主要是，政府是否会允许电信公司自行确定服务收费标准，电信业的价格管制预期有多大实现的可能性，换言之，政府的承诺有多少可以兑现。

第二，因为电信部门特殊的产业组织结构，使得政府监管成本提高。如价格管制上，一般使用服务成本管制法，即监管当局定期（通常为一年）对管制对象的财务情况进行审计，从而估算出这一期间电信公司的经营成本，并以此为依据对电信服务进行定价，使电信公司总收入等于总成本。但是实际上，发展中国家存在的种种不确定因素如设备更新、公司负债率、公司最佳要素投入组合以及个人的寻租行为等，都将破坏估算的准确性。为此，将从以下三个方面增加管制成本：一是管制工作需要雇佣许多专业技术人员，以保证服务成本估算的准确性，及正确评估电信公司的运作效率。但这对于一个发展中小国来说，成本无疑是巨大的；二是由于信息不对称而导致的管制成本。由于信息不对称，监管部门稍微高估电信企业资本成本，价格就会随之调高。相反，如果低估资本成本，投资的动力会全部丧失；三是低效率运行而带来的成本增加。

（3）发展中国家特殊的社会经济发展历史决定了监管部门的不可或缺。由于电信技术的快速发展，不管公司同政府签订的合同有多么详细，总会有一些不确定的因素存在，因而处于中介的管制机构存在是必要的。在发展中国家中，由于经常出现垄断性企业"交叉补贴"，导致市场竞争不公平性。所以在发展中国家，实现电信业市场进入比对垄断者实施有效监管的难度更大。为此，必须有一个中介的监管部门采取措施，以保护竞争。其次，由于发展中国家电信基础网络的垄断性（所谓国家安全的考虑），使得在电信业改革中，出现网络垄断者同租用网络者之间的出入端口问题，即互联互通。网络连接的最根本问题是垄断者有足够的理由不向新加入者提供网络接口。所以，必须成立一个与原垄断者毫无关系的监管者，来解决此类争端，使双方竞争者之间互惠的联网协议。

发展中国家的电信改革的特点，告诉我们：

第一，为了建立有效的市场竞争机制，政策制定者必须首先建立一套完善的市场中买卖双方均会产生适宜的激励机制的规章。

第二，由于电信行业的技术特点及发展中国家的历史结构，会使该项工作变得更加困难。电信网络的技术特征，使得电信垄断行为难以根本消除。发展中国家电信业发展历史形成的国有化经营遗传下来的高度政治性及效率低下，既产生了坏的一面，也产生了好的一面。坏的一面是指一些有权势的政治力量同电信业低效运行产生的私利有着利害关系；好的一面是一旦引入竞争机制就会产生明显进步。

第三，政府在对电信业进行改革时，由于政府能从出售电信公司中获取最大收益，而这对于发展中国家是一个很大的财政补贴，因而政府能否下决心抛开短期利益，从长远考虑引进竞争机制。

第四，发展中国家电信改革一般采取渐进的改革办法，避免发生大规模裁员，以造成社会动荡。

第五，发展中国家电信改革必须提高"承诺"的可信性。因为发展中国家特殊的发展背景，政治动荡及社会不确定性使投资者投资预期降低，而电信业发展初始固定投资很大，对于缺乏发展资金的发展中国家，可靠的"承诺"就意味着充足的资金来源。当然，发展中国家电信的改革也面临着"路径依赖"作用和意识形态改变（Ideological Shift）等问题。

三、中国电信发展的制度创新

我国是一个发展中国家，中国电信事业经过几十年的发展，取得了长足的发展。但同时，由于长期"行政垄断"的存在，电信发展受到一定的影响，从上面市场开放度分析中，我们看到，我国电信开放度约为22%，与发达国家相比有很大的差距，电信收入不足意大利的1/3，按人均水平，不足中等发达国家的10%，电信市场属于发育不成熟的结构类型。

综观新中国成立以来中国电信发展的制度史，从1950年成立邮电部起，即实行"邮电合一"的体制，电信业实现高度集中的国家垄断。电信业的生产和经营一直处于政府主管部门电子部和邮电部的严格控制之下，这一管理模式持续了约40多年。为此有的学者将这种计划经济的管理体制称为电信产业的"行政垄断"，以区别于严格意义上的"自然垄断"。

20世纪90年代以来世界电信市场自由化浪潮波及我国，中国电信市场向何处去？有的学者认为，电信业从产业特性上是自然垄断行业，因而主张一网垄断比多网竞争更有好处。而另外一些学者却认为，在电信技术落后、电信容量小、电信市场狭小的时代，电信业可能是自然垄断行业。但是随着技术发展，电信服务的多样化需求出现，电信业的自然垄断的理论依据已不存在，因而应该引入竞争。也有一部分学者认为，尽管电信技术发生很大变化，但对于电信的固定物理网络而言，电信网络的规模经济性仍然存在，因而自然垄断特征是存在的，不存在自然垄断特征的提供电信网络运营服务的运营商，因而强调网络基础网与服务业务分开；也有的人认为，并不是所有的业务都是具有自然垄断性质的，暗含的假设就是有一部分电信服务业务仍然是自然垄断，因而要对其进行管制，否则就会造成低水平的过度竞争局面，例证是 90 年代中期我国寻呼业的发展。如何看待我国改革开放以来的电信市场变化，笔者将结合电信市场演变特点，对我们改革开放以来所作的三次所谓的"制度创新"① 尝试进行评述。

1. 第一次"制度创新"

第一次制度创新发生在改革开放之初，即 20 世纪 80 年代初期。基于新中国成立以来近 30 年通信发展低投入低增长、低效益低水平的电信格局，以及通信发展水平严重滞后于改革开放要求的形势，邓小平等高层决策者认识到发展电信的重要性，随即出台了一系列政策支持通信业优先发展，并对通信建设的思路作出了重大调整，中国电信业有了一次长足的进步。

从电信产业结构演进的视角评价 80 年代初期的电信改革，有以下几个特点。

（1）80 年代初期的电信改革是一次"自上而下"的改革，是基于电信发展满足不了国民经济各部门发展的需要而作出的战略思路调整，可以说是"外生"的一次改革，这显然不同与西方国家 80 年代初为破除"行业垄断"而进行的"由下而上"电信改革，故非市场选择。

（2）从电信技术角度看，我国发挥"后发优势"，面对西方两种代表不同时期的电信技术（美国模拟技术和欧洲的 GMS），我国作出了明智的选择：选择了一个先进的全数字化网络，实现了技术上高起点、跨越式的发展目标。这为电信市场尽早发育赢得了时间。

（3）从电信市场定价出发，由于电信业初始固定投资大、成本弱增性特点，在网络建设初期，需要巨额资金的投入。为了解决这一问题，我

① 信息产业部电信管理局：《我国电信事业发展中的三次制度创新》，载《电信科学》，2000 年第 1 期，第 29~31 页。

国选择了收取"初装费"、三个"倒一九"等政策,从短期内解决了长期困扰电信业的资金不足问题,并在很短时间内建成了覆盖全国的光缆骨干网。但从产业组织演进的角度,中国也因此失去了吸引民间资本进入电信领域的制度创新机遇,"路径选择"原理告诉我们,市场开放程度似乎向后倒退了一大步,同时强化了电信部门的垄断地位。

(4)从电信市场运作角度,中国原邮电部对全国电信网实行统一规划、建设、运营和管理,实行行业内部监管,因而电信运营者既提供服务者,又是规制者。因而可以认为,80年代初的电信改革在产业组织结构上没有进步。

2. 第二次"制度创新"

经过20世纪80年代的高投入,90年代中国电信业发生了两个重要的转变,一是我国电信业长期以来存在的供不应求局面宣告结束,标志我国电信市场已经由买方市场向卖方市场转变;二是发展的重点应逐步转变为更加侧重于服务质量、经济效益和业务多样化上来。在这种背景下,1993年国务院发布55号文件,将9种电信业务(包括无线电寻呼、计算机信息服务、国内VSAT)等9种业务向社会开放。1994年7月,中国电力部和铁道部联合成立中国联合通信有限公司(中国联通),进入基本电信市场,标志着国家第二电信公用网的正式运转,从而结束了中国电信业由邮电部统一组网、独家经营的局面,此为我国电信发展的第二次"制度创新"。分析这次制度,有几个特点。

(1)第二次"制度创新"是一次具有历史意义的创新,是一次产业组织结构的革命性进步,它标志着中国电信业结束垄断经营、引入竞争机制的开始,因而中国电信市场开放度有了零的突破。

(2)中国电信改革采用一种"渐进演进"的发展道路,与西方大多国家相同的是,都是从增值服务业开始开放,所不同的是,中国电信对基本电信亦实现开放,似乎步伐更快一些。

(3)第三次电信改革中,国务院是扮演着一个"仲裁者"的角色,分析联通的股份结构,可以看出,第二次电信制度创新实际上中国国家部门利益的重新划分,从而规定了中国电信市场独特的组织结构,即我国是世界让唯一由政府建立两个大型国有企业进行竞争的国家,从电信业入手,拉开了我国部门之间纷争的序幕。随着中国电信总局从邮电部内独立出来并成为企业,我们很容易想象出这样一幅早就由斯蒂格勒描绘了的画面：电信总局和联通公司携手并主动要求电信业的主管部门信息产业部对电信业施行"必要"的管制，以求阻止其他潜在竞争者进入。

（4）这次电信改革仍未触动基础网络和核心基本业务，如市话、长话等，因而出现"原有的垄断者为了其自身的利益必定要设置障碍以阻挡他人的进入"的现象（如网络接入），究其原因，"既不是由于电信业存在卖方垄断和外部性，亦非源于自然垄断和高昂的信息成本，而更多的是出于电信业资产之所有权及计划经济之性质，其中还受到意识形态的某些影响。一个有趣的现象是，在市场经济国家中政府实施管制的起点（如卖方垄断），在从计划经济向市场经济过渡的国家内，政府往往是放松管制的源头"[1]。

从市场运行来看，二次"制度创新"之后，中国电信市场仍呈非对称的双寡头垄断局面（表7-6）。中国电信长期的垄断局面带来的负效应是显见的，一是低效率，社会资本的巨大浪费；二是电信服务供给不足，质量低劣，价格高居；三是阻碍相关产业的发展和自身产业的发展；四是引发不正当的竞争和社会不公[2]。

表7-6　　　　中国电信与中国联通各项电信业务之比（1999年）

项　目	实际值之比	比　值
总业务量（亿元）	845.4∶27.5	30.7∶1
业务收入（亿元）	672.4∶11.1	60.6∶1
新增移动电话量（万户）	465.7∶57.1	8∶1
长途光缆长度（万公里）	20.3∶4.5	4.5∶1
移动交换机（万户）	5116.5∶542.3	9.4∶1

3. 第三次"制度创新"

第三次"制度创新"是指1999年中国电信实施重组战略，原中国电信被重组为固定网络（中国电信）、移动通信（中国移动通信）、无线寻呼（国讯）和卫星通信四个公司，加上中国联通公司及其他经营增值业务的公司（近期内又有第七家铁通加入电信市场竞争行列），形成中国电

---

① 张宇燕：《国家放松管制的博弈——以中国联通通信有限公司的创建为例》，来自中评网：http：//www.china-review.com/。
② 吴开超：《中国电信改革的基本原因和路径选择》，载《财经科学》，1999年第1期，第37～40页。

信业平等①、有效竞争的格局。

本次电信改革的首要目标在于建立电信业的"有效竞争"机制。所谓"有效竞争",就是将规模经济和竞争活力有效地协调,从而形成一种有利于长期均衡的竞争格局。建立有效竞争机制将改变电信业的增长方式,引导电信业由主要依靠政府扶持、依靠大量投入的外延式增长,转变为以依靠竞争机制为主、产业政策扶持为辅的内涵式增长——走降低成本、技术创新、提高效率、改善服务的新路。

具体地说,营造新的电信管制环境应包括以下几个方面:(1)制定并实施公平、合理、高效的市场准入规则。(2)严格制定技术标准,完善设备认证制度,保证网络运行和消费者的安全。(3)制定并实施公平、合理、简便的网络互通规则。(4)加强服务质量监管,切实保护广大电信消费者的权益。运营者和消费者之间的信息极不对称,因而,政府必须注意保护消费者。(5)紧密跟踪技术进步潮流,加强基础设施建设和业务发展的宏观研究及规划。(6)积极有效地管理电信资源。(7)兴利避害,切实保障信息安全。分析这次正在进行的电信改革,我们认为:

第一,这次创新受电信技术快速发展及世界电信自由化浪潮的影响极大。一方面,随着我国电信技术研制水平的不断提高,与发达国家差距逐渐缩小,因而我国引进先进电信技术的"后发优势"丧失殆尽;另一方面,中国电信市场面临中国加入 WTO 的冲击,根据 1997 年 2 月 WTO 通过的《基础电信协议》,协议签字国必须对本国电信市场开放业务、时间进度作出承诺。从我国作出的承诺来看,我国电信市场是逐渐开放的,外资进入要受开放时间、地域的安排,外资必须找到中方合作伙伴,合资比例受到限制,这意味着中国电信市场实现完全开放可能是长期的。

第二,仍未开放基础网络服务领域,在各个电信业务领域内,基本电信领域如市话仍未开放。从运行的结果看,在已开放的市场中,移动通信市场呈不对称的双寡头垄断结构,为改变这种现状,政府又采取了非对称的管制措施,即扶持联通公司,打压中国电信、中国移动,以期形成双头或多头垄断。从这个意义上讲,这次电信改革对电信市场结构演进影响不大。

第三,"肢解"并非有效,开放基本网络、相互渗透才是根本性的市

---

① 笔者注:当然,这种平等是相对的。实际上,中国电信政策走到了另一个极端,目前采取了一种非对称业管制的手段。为了使联通有一个较快的发展,国家允许联通可以经营除固定电话之外几乎所有的电信业务,而被分割后的四大电信公司被限制在本业务范围内经营。

场演进。中国电信被"肢解"，颇类似西方的"AT&T"案例，下一章我们将说明，随着电信技术的发展，这种"肢解"已失去理论基础。笔者认为，彻底开放电信网络，实现横向的产业结构演进，而非目前之纵向的分解，是中国电信的根本出路。同时，尽快成立一个中立的新电信管制部门，唯有这样，才能真正建立并保护有效竞争机制，营造完善的电信管制环境。

第四，中国各个地区电信发展水平不一，这次电信改革对不同省区的电信发展影响极其深远。因为本次电信开放引进外资受到地域的限制，所以，各省区都在积极探索引进外资的方式。同时由于电信部门的纵向拆解，使得原垄断企业在各个地方性市场"自下而上"展开争夺。因此，我们有必要关注地方性电信市场结构的发展。

综上所述，我们可以看到，中国电信在经历了多年的"行政垄断"之后，终于打破了电信"自然垄断"的迷信，走上了渐次开放电信市场的道路。笔者认为，"自然垄断"不仅受到市场需求的约束以及规模经济边界的约束，而且还受到技术创新的约束。尽管中国这种以国家强制力实行的"行政垄断"不同于欧美等国家在市场经济条件下形成的垄断形态，但是，电信技术创新及其扩散（业务增长）更多地受到了技术进步、区域条件、社会人文环境的影响。随着新技术的不断涌现，技术垄断的格局仍会存在，自由竞争与垄断可能并存[1]。实际上，允许竞争恰恰是为了建立自然垄断的界线[2]。

总之，电信发展是技术、制度与区域条件（政治、社会、经济、文化）三者相互作用的函数。没有电信技术的快速发展及推动，就没有电信市场的高度繁荣和快速增长；同样，如果电信市场规制制度不能根据市场发展需要，适时调整，就会制约电信市场的发展；不同国家或地区的区域发展水平不同，政治文化背景不同，受政治文化、经济发展水平的影响，电信产业组织结构的基础不同，因而技术与规制制度影响力不同，最终导致电信市场的地区差异。

---

① 第一个例证是美国第二代手机的落后，第二个例证是西欧许多国家对手机市场的管制，并不妨碍其电信业的快速发展，我们将在下一章予以说明。

② 利特尔·蔡尔德：《电信经济学原理》，人民邮电出版社 1983 年版，第 238 页。

第八章　中国 3G 市场需求估计及其带动作用

第一节　中国电信业发展及其特证

一、中国电信业增长的历程

改革开放以来，中国电信业迅速发展，特别是 20 世纪 90 年代以来，电信规模迅速增长。从电信业各项统计指标来看，90 年代以后的电信业的业务量和收入、服务项目和普及率、网络规模和技术水平等都比 80 年代翻了 10 多倍（表 8 - 1）。如每百人拥有电话机数，1981 年、1985 年、1990 年、1995 年、2000 年 2 月分别为 0.45、0.60、1.1、6.33、50.1 部，同时，电信业务收入由 1985 年的 20 多亿元，上升到 1998 年的 2431 多亿元。

我国电信业发展，大致可分为三个阶段：

第一阶段为 1978～1990 年，这一时期，我国经济快速启动，遇到能源、交通及原材料等瓶颈行业的约束，国家对这些基础产业加大投入力度，其中，电信业是重点投资的行业之一。另一方面，在政策上允许邮电部门开辟多种渠道进行融资（包括国内贷款、利用外资、征收初装费等），1981～1990 年十年间，共完成投资 239 亿元，是 1949～1980 年 30 多年的 4 倍之多。投资驱动了电信业的快速增长，1990 年底，我国电信通信能力有了一定的提高和加强，但从根本上讲，电信业仍处于十分短缺的状态。

第二阶段为 1991～1999 年，20 世纪 90 年代以来，邮电部进一步加强电信投资力度，电信业进入高速增长时期，到 1999 年底，全国已形成比较完善的长途干线网和本地电话网，移动通信网和数据通信网也有了长足的增长，构成了我国现代通信网络的基本骨架。进入到 21 世纪初，电信发展进入了第三阶段，即全业务竞争与专业化竞争的阶段。

　　20世纪90年代电信业的高速增长，究其原因，有以下几个方面：90年代国民经济稳定持续发展，居民收入大幅度增长；通信服务的商品化和价费政策调整使通信业从长期亏损变为高收益行业，刺激和支持了电信业的发展；技术进步使通信服务更快的发展；国家制定各种政策支持电信业的发展；电信业引入竞争是近年来电信业迅速发展的重要原因。

表 8 - 1　　　　　　　　1990～2002 年中国电信发展数据

项　　目	1990 年	1995 年	2000 年 2 月	2001 年	2002 年
电信业务总量（亿元）	109.5	873.3	—	4098	5201
长途电话（亿次）	10.6	97			
本地电话户数（万户）	685.0	4069	11443.5	32400	
其中：市话户数（万户）	538.4	3263.6	7775.6		
住宅电话（万户）	152.7	2900	3667.9	—	17373
移动电话（万户）	1.8	363	4771.8	14522	20601
无线寻呼（万户）	43.7	1743	4730.1		
分组交换（万户）	—	2.8			
电子信箱（万户）	—	5093			
数字数据用户（DDN）（万户）	—	1.7		60	
互联网用户（万户）	—	0.7		3656	5254
城乡交换机总容量（万户）	2025.9	8510	—	22000	285000
其中：程控交换机（万户）		7998			
长途光缆总长度（万波长/公里）	0.33	10			48.8
全国城乡电话总数（含移动电话）	1275.3	5662			
电话普及率（部/百人）	1.1	4.66	13.0	29	30
城市电话普及率（部/百人）	6.4	17.0	28.4	—	

　　注：1. 1990 年、1995 年数据来源：邮电部，《中国邮电通信事业》，邮电部出版社 1997 年版。
　　　　2. 2000 年、2001 年、2002 年数据来源：信息产业部综合规划司，《通信统计资料》，
　　　　　　2002 年 12 月。

　　进一步分析电信业构成，传统电信业包括的电报、固定电话（长话、市话和农话）、移动电话发展呈现不同的增长规律。

　　（1）电报业：作为一项传统的电信业务，电报业务在 20 世纪 90 年代初达到高峰后，其使用频率急骤减少（图 8－1），与电话特别是传真相比，电报业务明显落后，一方面，由于电报业的不方便与技术落后性，另一方面，电报作为一种传递信息的工具已被多种新的产品和技术所替代，也许不远的将来，"电报"一词将从人类语言中消失。

　　（2）长话：长话业务呈指数增长，20 世纪 80 年代初，全国长话业务为 2.14 亿次，1990 年达到 10.6 亿次，比 1980 年增长了 3.95 倍，到 1998 年底，长话业务量达到 182.59 亿次，比 1990 年增长了近 17.2 倍（图 8－2）。

万份

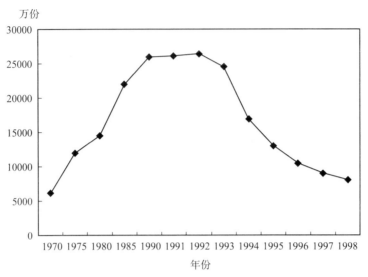

图 8 – 1　中国电报业发展

亿次

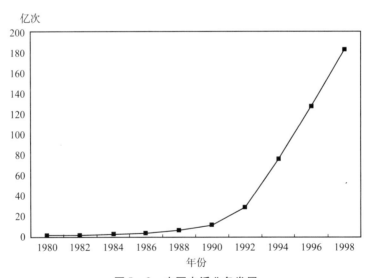

图 8 – 2　中国电话业务发展

（3）市内电话业务：城市是人口聚居集中的地方，因而其通话需求比例高于平均水平，市话业务增长趋势基本与长话相似（图 8 – 3）。1980年市话总数达 134.2 万户，1990 年达 538.4 万户，2000 年达到 7775.6 万户，分别是 1980 年和 1990 年的 57.9 倍和 14.4 倍，但从增长的速度来看，市话业务趋于缓和。

（4）移动电话：我国移动电话起步较晚，1981 年开始采用原始的 8 路、150MHz 系统试用。正式开办业务于 1984 年由上海开始，1987 年全国大规模开办，1990 年广东深圳与广州实现中国第一个省内自动漫游，1993 年全国 26 个省内实现漫游联网，1995 年数字 GSM 网络出现，进一步促进了移动手机用户的增长。1987 年全国用户达 700 户，1990 年达 1.8 万户，1995 年达 363 万户，2000 年初达 4771.8 万户（图 8-4）。

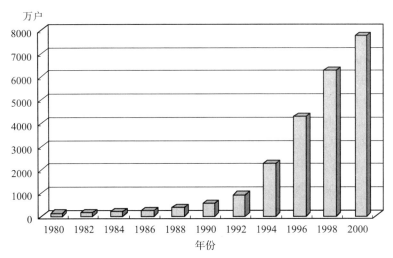

图 8-3　中国市内电话发展

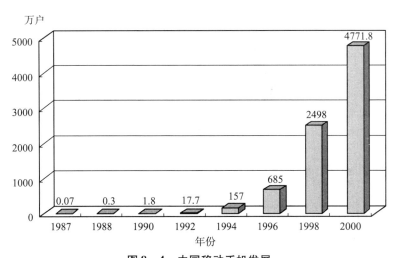

图 8-4　中国移动手机发展

二、电信业业务结构变化

由于电信业不同业务发展趋势不同，导致电信业业务结构发生变化，20世纪80年代初期，邮电业务中仍以邮政、长话（包括农话）、电报等业务为主。80年代中期以后，由于国家投资政策导向和电信技术的飞速发展，电信业务特别是市内电话已成为国家邮电部主要收益业务，电信业务所占邮电业务总量的73.58%。

20世纪90年代初，居民住宅电话、寻呼业务出现，并呈高速增长势头，逐渐成为电信业务中两道亮丽的风景线，占据电信业务的头两把交椅，至1995年住宅电话总装机部数已超过市内公话，达到2358万户，寻呼用户达1743万户。90年代后期，邮电部门出现了几次大的分割，住宅用户、寻呼业务增长趋缓，移动电信业务凸显而出，至2000年2月份已达4771.8万户，并超过住宅用户和寻呼业务，直逼电话用户的龙头老大地位（图8-5）。正是由于移动通信的地位的这种变化，我们将以移动通信为例研究其成长的区域成长。

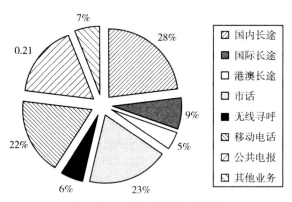

图8-5 中国电信业务结构图

三、电信发展的地区差异

正如本书一直强调的，电信业在全国并不是均质发展。由于全国各省、市、自治区的经济发展水平、技术吸纳程度、社会文化等差异，电信业的地区差异亦十分显著，并在扩大的趋势。以百人拥有电话数指标分析[①]，1978 年，东部最高的北京、天津、上海等为 1.5～2.0 部，西部省会城市一般在 1～1.2 部的水平，1985 年，北京、上海、广州等大城市增长到 3～4 部水平，东部一些大城市亦在 2～3 部左右，西部地区省会城市亦在 2～3 部的水平。1998 年，东部地区大中城市达 25～30 部左右，而西部地区除个别省会城市达到 20 部，大多徘徊在 10～15 部左右，从上述数据分析，尽管人均占有量差别不大，但是如果考虑人口总量基数，东西部差距在不断扩大。在电信新增业务上，东部已是如火如荼地发展网络电话、电子邮件等时，而在西部连上网的地方都很难找到，所谓的"数字分化"现象在我国已出现苗头，这一点已引起许多学者的高度注意。

从国际发展状况来看，中国电信业虽然取得了长足的进步，但与世界发达国家相比，还有很大的差距，主要表现在人均占有量上。从表 8-2 中可以看出，中国人均电信各项指标均低于发达国家，电话主线百人拥有量约为美国的 10%，移动电话百人拥有量仅为 1.9 部，电信投入—产出比中国约 1.14，而发达国家均高于 5，美国达到 10.17。

表 8-2　　　　中国与世界其他国家地区电信业比较（1998 年）

国家或地区	人均GDP（美元）	固定电话		移动电话			电信投资		电信收入		
		电话主线（千）	百人拥有	用户数（千）	百人拥有	数字化（%）	总额（百万美元）	人均	总额（百万美元）	人均（美元）	占GDP（%）
美国	30173	178800.0	66.13	69209.3	25.6	28.9	24218.1	89.6	246392	911.3	2.9
英国	21878	32800.0	55.64	14874.0	25.2	91.9	7453.7	126.6	36990.9	627.5	2.5
德国	25625	46500.0	56.68	13925.0	17.0	97.3	8808.3	107.4	50008.5	609.6	2.2
澳大利亚	21245	9580.0	51.21	5392.0	28.8	66.7	2844.5	152.0	12941.1	691.7	3.4
日本	33231	63580.0	50.26	47285	37.4	99.2	35402.9	280.6	84027.2	664.3	2.1
瑞典	26721	5965.0	67.37	4108.0	46.4	87.8	758.5	85.7	4845.0	547.6	2.0
中国	734	87420.9	6.96	23863.0	1.9	72.3	18127.1	14.4	20533.8	16.4	1.9

注：人均 GDP 为 1997 年数字。
资料来源：国际电信联盟，世界发展报告，1999 年。

① 资料来源：国家统计局城市社会经济调查总队编，《新中国城市成立 50 年》，1999 年 12 月，新华出版社。

第二节　第三代移动通信（3G）市场需求分析[1]

一、我国发展 3G 的宏观环境

2000 年以来，全球经济增长放缓，电信业首当其冲，出现了持续的衰退。特别是近几年欧洲 3G 牌照的"天价"拍卖，更是为全球电信业的发展注入了一个极大的泡沫。与欧美等国家不同，中国发展 3G 的宏观环境相当喜人。

在宏观经济层面，由于我国近几年来实施积极的财政政策和稳健的货币政策，努力扩大内需，国民经济保持了稳步健康发展。从 1995 年到 2001 年，我国国内生产总值（GDP）平均增长率保持在年均 9.07%，2002 年上半年 GDP 仍保持 7.8% 的增长速度，人均可支配收入和居民的最终消费需求也稳步增长。根据我国"十五"计划，其间 GDP 年均增长速度预期目标为 7%，2005 年全国 GDP 将达到 12.5 万亿元。

国民经济的稳步健康发展、社会消费需求的进一步扩大，为我国通信行业营造了很好的宏观发展环境，使我国通信行业保持了快速发展的良好势头。2002 年上半年，全国通信业务收入完成 2189.4 亿元，比上年同期增长 15.6%，增幅是同期 GDP 增幅的两倍。其中，移动通信业务收入达到 921 亿元，占整个电信业务收入的 50% 以上，同比增长 24%；截止到 2002 年 9 月底，移动电话用户达 1.85 亿户，接近固定电话的 2.03 亿户，移动电话普及率约为 14%。移动通信已成为电信业的第一大业务，成为电信业新的经济增长点和拉动电信业快速增长的首要力量。

与此同时，IP 电话、互联网及数据通信等新兴业务也快速增长，进一步刺激了信息通信的消费和收入的增长。到 2002 年 7 月底，中国移动的 GPRS 用户数已经发展到 130 多万户，短消息业务量已经达到每月 85

---

[1]　本节和下面的二节分别节选自作者本人在中国移动集团公司工作期间参与并主笔的《中国发展第三代移动通信系统的策略》研究项目第 2、4 子项的部分内容，文中观点仅代表作者本人的观点。

亿条；中国联通CDMA2000 1X也主要以移动数据业务来吸引高端用户，并取得了一定的成功。

二、移动通信市场总量预测

移动通信是20世纪90年代通信行业中最为活跃、增长最快、商业前景最好的领域。根据国际电信联盟（ITU）报告，90年代初全球蜂窝移动用户才1100万户，至1995年达7807.5万户，1998年达3.189亿户，至2001年达9.34亿户，用户数大约每20个月翻一番。中国移动通信发展始于80年代末，相对较晚，但增长较快（图8-6），并于2001年超过美国，成为全球移动电话用户规模最大的国家，约占世界总量的18%。与其他发达国家和地区相比，中国的移动通信发展表现有几个特点。一是普及率还很低，有巨大的发展空间；二是人均移动通信消费（APRU）水平较低；三是APRU走势趋于下滑，需新的业务增长点来支撑和提升（图8-7）。

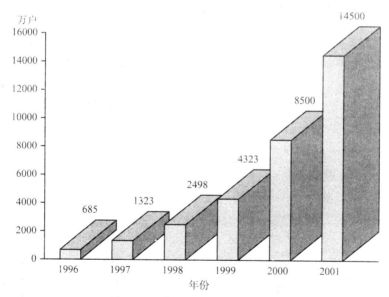

图8-6 我国移动通信用户发展

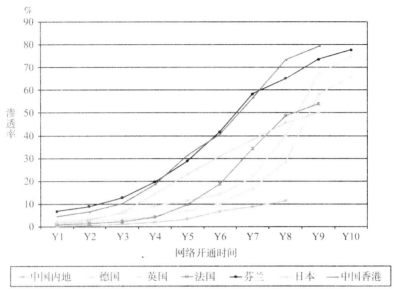

图 8 - 7　我国与国外人均通信消费水平的比较

1. 全球蜂窝移动市场规模预测

中国移动市场发展与全球移动通信市场的发展密不可分。有许多权威机构都对全球未来几年的移动通信市场发展规模进行了预测。总的来说，这些权威机构对全球蜂窝移动用户和收入的预测方法、考虑因素差别不大，结果也大致接近。如国际数据公司（IDC）预测 2005 年全球蜂窝移动用户可达 15. 11 亿户，收入达 4930 亿美元（表 8 - 3）。

表 8 - 3　　　　　　　　IDC 对全球蜂窝移动用户的预测

年　份	2001	2002	2003	2004	2005	2006
用户（百万）	934	1101	1250	1391	1511	1599
收入（亿美元）	3090	3570	3990	4460	4930	5370

U MTS Forum 预测，2005 年，全球移动用户达 14 亿户；阿尔卡特公司预测，2005 年全球移动用户数将达 16 亿户；中国国际工程咨询公司（CIECC）预测 2005 年全球移动收入可达 4500 亿美元左右（图 8 - 8）。

综上所述，我们可以认为，2005 年全球蜂窝移动用户大致在 15 亿户左右，收入大约在 4500 亿 ~ 5000 亿美元之间。按全球 70 亿人口计算，届时移动用户普及率将超过 20%。

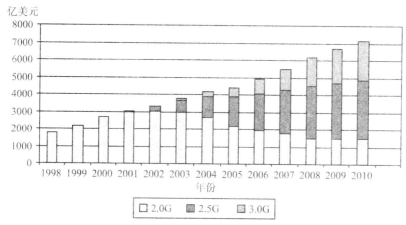

图 8-8 全球移动收入预测（来自 CIECC）

2. 我国移动通信市场规模预测

我国作为全球移动用户规模最大的国家，其未来发展当然备受关注，同时也被给予更大的期盼。表 8-4 列举了一些机构的预测结果。从表 8-4 中我们可以看出，国内外有关权威机构对我国的蜂窝移动通信市场的预测可以说大致相同。

表 8-4　　　　　　　　　中国移动电话用户增长与预测　　　　　　　　单位：万户

预测机构	2001 年	2002 年	2003 年	2004 年	2005 年
赛迪顾问	14480	20500	27000	32000	38000
SINO	14480	19900	25200	30700	36200
JP-MOGEN	14480	20090	25880	33610	—
IDC	14480	19985	24782	28994	32474
东信公司	14480	21400	27820	34775	41730
中国信产部电信规划院	14480	20000	26000	30000	35000

综合考虑因素：
1. 中国的手机市场在较长的一段时期内仍会保持较高速发展的势头。预计 2002 年增长率 40%，2003 年 30%，2004 年 25%，2005 年 20%，2005 年后每年稳定增长 2500 万左右。
2. 考虑无线市话（PHS）用户会成为未来的移动用户。
3. 非移动的无线高速数据接入用户。
4. 车载无线接入用户。
5. 年轻的拇指族群体成长起来。

上述预测可分为两类：一是乐观的预测，如东信公司、赛迪顾问等认为，2005 年我国蜂窝移动用户可达 3.8 亿~4.2 亿户。二是谨慎的预测，如 IDC 认为，2005 年我国蜂窝移动用户规模大约为 3.2 亿户。在此基础上，推算出移动业务收入可达 400 亿美元。

综合考虑国际电信业发展态势、欧洲 3G 受挫及移动互联应用的影响，我们估计，2005 年我国蜂窝移动用户将达到 3.5 亿户左右，业务收入可达 400 亿美元左右。

三、中国 3G 市场前景分析

中国未来 3G 市场前景，既受全球蜂窝移动通信发展的影响，又受我国乃至全球蜂窝移动通信市场发展的重要生长点。业内人士对 3G 未来前景也持有不同的观点。

有关机构研究认为，移动通信业经过前几年的调整，未来几年全球 3G 用户会加速发展，年均增长率达 70%，而且无论是泛指的移动通信还是即将发展的 3G 领域，亚洲和西欧将后来居上超越当今蜂窝市场的排头兵美国，尤其是中国将位居世界第一位，列前几位国家的 3G 用户数如表 8 - 5 所示。

表 8 - 5　　　　2.5G、3G 用户数前几位的国家（2006 年）　　　　单位：百万

国　　家	2.5G 用户	3G 用户
中国	48.9	66.3
日本	14.4	21.5
德国	16	8.6
英国	14.7	7.9
法国	12.3	6.6
意大利	10.5	5.7
美国	11.1	2.8
西班牙	7.6	4.1
韩国	5.3	5.3

资料来源：环宇永翔咨询

从表 8 - 5 可见，2006 年我国 3G 用户数将有 6630 万户，显然这是一个乐观的估计。为稳妥起见，我们采用 IDC 谨慎的预测结果来分析我国 3G 的市场前景。

根据 IDC 的分析，未来 5 年内，我国蜂窝移动用户将由 GSM、CDMA

和 UMTS 三部分用户组成（图 8-9）。至 2006 年，GSM 用户达 2.78 亿户，CDMA1X 用户达 2510 万户，GPRS 用户为 1680 万户，3G 用户为 2246 万户。相应地，在 2006 年移动业务收入中，语音业务收入为 390.3 亿美元，占 96%，而短消息业务收入仅占 3.3%，其他数据业务收入占 0.7%（表 8-6）。

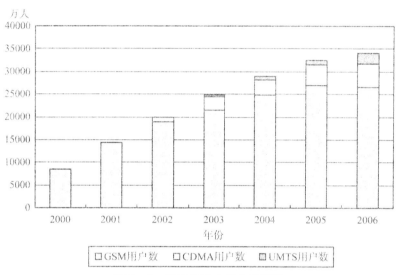

图 8-9 我国移动市场分类预测

资料来源：IDC，2002 年。

表 8-6　　　　　　　　中国移动业务收入预测　　　　　　　单位：百万美元

业务类型	2002 年	2003 年	2004 年	2005 年	2006 年
话音业务收入	28772.6	34648	36821.2	38088.55	39027.94
短消息业务收入	489	768	984	1198	1337
其他数据业务收入	38.4	84	154.80	183.45	289.16

资料来源：IDC，2002 年。

综上所述，我国发展 3G 的市场需求在不断扩大，在初期以话音业务占主导地位，未来 3~5 年内移动数据业务仍处于市场培育期，到 2006 年，3G 用户（包括 CDMA1X 用户）将达到 4500 万~5000 万户左右。之后，经过 5~10 年的成长，移动数据业务才有可能赶上话音业务，并成为移动消费的主导内容。当然，移动数据消费市场的启动取决于移动终端的商用时间和价格，移动数据消费市场的扩大取决于资费政策的合理性。

第三节　3G 的频率需求分析

发展 3G 必须有足够的需求规模和业务能力来支撑。我们的分析表明，移动通信市场需求总量受区域经济发展水平、消费偏好、通信技术发展和应用、频率资源等方面的影响和制约。其中，具有稀缺性的频率资源是重要的影响因素。

一、我国移动通信的频率需求分析

随着我国蜂窝移动用户规模的增加，特别是市场对移动数据业务需求的不断增长，对于使用无线电频率资源的移动通信来讲，需要更多的频率资源和更能有效利用频率的新技术。

第一，我国人均蜂窝移动频率资源占有率低，需要积极引入发展 3G。根据目前电波传播特性的研究和国际电联相关报告，蜂窝移动通信系统使用的最经济合理的频段为 1GHz ~ 3GHz。由于我国人口基数大，相应人均蜂窝移动频率资源占有率是远远低于全世界平均水平的。因此，我国特别需要积极引入和发展具有较高频率利用率的蜂窝移动通信系统。

第二，随着 3G 市场需求的不断增长，特别是热点地区（大城市、市区、商务区等）的移动用户密度将进一步提高，需要更多的无线频率资源来保证速度和质量。国际电联曾根据各国提供的数据，预测了 2010 年全球三区的频谱需求（表 8 - 7）：

表 8 - 7　全球移动地面频谱需求（包括 IMT - 2000 的地面部分的需求）

区域	全部地面移动频率需求预测数（201G）（MHz）	已认可使用的地面移动频率（包括 WARC - 92 IMT - 2000 频谱）（MHz）	需增加的地面移动频率需求预测数（2010）（MHz）
1 区	555	395	160
2 区	390	230	160
3 区	480	320	160

我国信息产业部电信规划研究院依据 ITU 的对第三代移动通信系统频谱的算法对中国的第三代移动通信的频谱需求进行了预测。预测结果如表

8 - 8 所示。

表 8 - 8 中国第三代频率预测结果

年 份	陆地移动部分 (MHz)		卫星移动部分 (MHz)	
	总需求	第三代需求	总需求	第三代需求
2005	360	10	22.1×2	5.1×2
2010	510	160	43.1×2	21.1×2
2015	630	280		

第三，由于第三代移动通信系统采用了码分多址、软容量、软切换等新技术，比第二代移动通信系统 GSM 频率利用率至少提高两倍以上。因此，需要尽快启动第三代移动通信系统。

二、3G 的频段分配分析

频率的分配和有效利用是发放 3G 许可证中一个非常关键的问题，它影响到许可证的数量、技术的选择等问题，3G 频率的分配和牌照的发放主要取决于 3G 频段的限制。

1. 中国 3G 频谱规划

中国 3G 频谱规划和全球 3G 频谱规划紧密相关。在世界无线电行政大会——WRC92 大会上，国际电联已经对全球在 2GHz 频带内确定了总共 230MHz 的频谱。其中，分为 170MHz 的陆地业务应用频段和 60MHz 的卫星业务应用。其中，1885MHz ~ 2025MHz 为上行频段，2110MHz ~ 2200MHz 为下行频段，共 230MHz；1980MHz ~ 2010MHz 和 2170MHz ~ 2200MHz 为卫星移动业务频段，共占 60MHz（2×30MHz）。即陆地移动业务频段是 170MHz，其中，对称频段是 2 × 60MHz，不对称的频段是 50MHz。

根据国际电联有关第三代公众移动通信系统（IMT - 2000）频率划分和技术标准，按照我国无线电频率划分的规定，结合我国无线电频谱使用的实际情况，信息产业部对我国第三代公众移动通信系统频率进行了规划。

①第三代公众移动通信系统的工作频段规划如表 8 - 9 所示。

表 8-9　　　　　　　　我国第三代公众移动通信系统的频段划分

主要工作频段	
频分双工（FDD）	1920MHz～1980MHz/2110MHz～2170MHz
时分双工（TDD）	1880MHz～1920MHz/2010MHz～2025MHz
补充工作频段	
频分双工（FDD）	1755MHz～1785MHz/1850MHz～1880MHz
时分双工（TDD）	2300MHz～2400MHz，与无线电定位业务共用，均为主要业务，共用标准另行制定

②目前已规划给公众移动通信系统的 825MHz～835MHz/870MHz～880MHz、885MHz～915MHz/930MHz～960MHz 和 1710MHz～1755MHz/1805MHz～1850MHz 频段，同时规划为第三代公众移动通信系统 FDD 方式的扩展频段，上、下行频率使用方式不变。已分配给中国移动通信集团公司、中国联合通信有限公司的频段可按照批准文件继续用于 GSM 或 CDMA 公众移动通信系统，若要改变为第三代公众移动通信系统体制，须另行报批。

2. 运营商所需最小频谱分析

对 FDD 的 WCDMA 技术来讲，其基本带宽为 5MHz，如果运营者建设多层网，即用宏蜂窝完成大面积覆盖，用微蜂窝覆盖热点地区，用微蜂窝提供高速接入，则至少需要 3 个频点，即 15MHz 的频率。考虑到在使用过程中的一定灵活性，某些国家也考虑使用 20MHz 频率。对 FDD 的 cdma2000 技术来讲，1X 的基本带宽为 1.25MHz，3X 的基本带宽为 5MHz，若考虑该技术的将来发展，最小的频带分配也应以 5MHz 为一个基准，如果运营者建设多层网，则也至少需要 3 个频点，即 15MHz 的频率。

所以，对于 FDD 而言，无论 WCDMA 或者 cdma2000，每个运营商至少需要 15MHz 带宽，而目前我国未分配的 3G 核心频段是 60MHz，从频率使用上讲，最多有 4 个全国的 3G FDD 移动网络运营商。

对 TDD 技术来讲，建议我国只考虑 TD-SCDMA 技术，该技术的基本带宽为 1.6MHz，在考虑三级网络结构时，分配 5MHz 则足够了。50MHz 的频段可以满足多个 TD-SCDMA 运营商。

所以，当高速移动数据业务广泛开展时，移动频率资源会出现紧张和匮乏，这就决定了我国不可能在 2G 频段引入新的运营商。3G 的技术优势可以有效地解决移动频率紧张与不断扩大的移动数据业务需要的矛盾，同时有利于新的运营商进入。从频率利用率上讲，最多能有 4 个全国的 3G FDD 移动网络运营商。

第四节　发展 3G 对国民经济的带动作用

移动通信作为我国信息产业中发展最为迅猛的领域，成为推动社会经济发展的强劲动力。根据我国国民经济 "十五" 规划，我国政府已确立了 "提高国民经济信息化水平，以信息化促进工业化，信息化和工业化并进" 的发展战略，由于 3G 技术是移动技术和互联网技术的结合，因而处于信息化、网络化的前沿，并将极大地推进我国信息化进程，带动国民经济快速发展。

一、3G 对中国电信运营业发展的影响

当前，我国移动通信运营业已经从独家垄断的局面进入到双寡头竞争时代，并将走向多寡头垄断的局面。面对国内同行业者在 GSM 网络上的激烈竞争、建设新一代移动通信系统的巨大市场压力，以及加入 WTO 后即将面临的强大国际竞争对手，能否及时在网络能力、业务种类等方面引入具有明显优势的 3G，必将成为每个运营者竞争的焦点。

第一，从现有电信运营商的运营情况来看，随着移动电话普及率的提高，低端用户占总用户的比重逐渐增大，从而使得人均消费值（ARPU）逐年下降。如从 1998 至 2001 年底，中国移动公司的 ARPU 值从 318 元降到 158 元，大约下降了 50%；至 2002 年 6 月底，进一步降到 ARPU 为 109 元。中国联通的 ARPU 也从 2000 年的 124 元降到 2001 的 92 元。因此，我国电信运营业急需要有新的业务增长点来刺激用户的通信消费。

第二，3G 将成为新的业务增长点。3G 技术的一个很大优点就是把移动业务和高速数据业务结合在了一起，而在市场竞争中，数据业务比话音业务更能体现运营商的竞争优势和服务差异性，从而赢得和保持高附加值的用户。因此，数据业务可有效促进数据和话音话务量的增长，从而提高 ARPU 值。此外，移动数据业务可开拓新的收入来源，如移动电子商务 m-commerce、个性化的广告、定位业务等，进一步提高 ARPU 值和整体收入来源。

　　第三，对于正处于起步阶段的 3G 而言，现有的 2G 运营商与新进入者处在一个较为接近的起跑线上，尚难确定谁已占据了优势地位。因此，以 3G 为引入更多竞争的起点，可以适当减少主导运营商与新进入者的差距。也就是说，在 3G 引入新进入者，将会降低进入成本。

　　第四，3G 对频率的高效利用，也将使国家获得可观的利税。以目前美国移动行业的简单分析作一类比：总体上，1999 年美国无线运营商在现行频谱分配下每 1MHz 可收入 23800 万美元。按同样的价格水平，根据所提供的服务，3G 额外增加 150MHz 的频谱，可以每年增加 357 亿美元的收入。

　　综上可知，3G 市场必将对中国电信事业的发展产生巨大的促进作用。

二、发展 3G 对国民经济的贡献

　　3G 业务运营与 2G 有很大的不同，发展 3G 最终将形成带动性强、关联度高的产业群体（图 8 - 10）：除运营业外，其他关联产业有元器件制造、芯片设计与制造、电信软件设计开发、网络设备开发制造、终端产品设计制造、应用软件业、网络优化服务、运营支持服务等产业，以及第三方业务和内容提供、金融服务、电子商务、娱乐业、广告业等服务业。

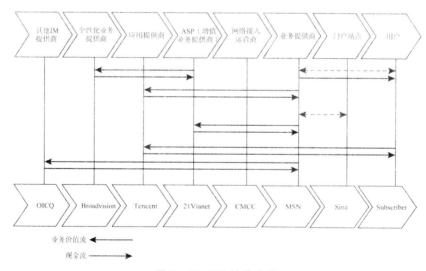

图 8 - 10　3G 的价值链

　　第一，作为国民经济的一部分，特别是信息产业的一部分，3G 将成为一个新的增长点，直接推动国民经济的发展。第二，移动通信现已成为现代社会中政治参与、经济建设、科技创造、文化发展的一种基础设施，3G 的发展将极大地加速国民经济信息化，成为推动我国经济建设和社会进步的巨大动力。第三，3G 作为移动通信和信息技术的一个应用领域，3G 的发展将进一步扩大信息技术和其他技术的市场空间，并通过产业推动和带动对整个国民经济产业巨大影响。

发展 3G 对国民经济的贡献可以从两个方面进行定量估算。一是利用"消费者剩余"指标；二是通过国民经济投入产出表来计算。前者表示发展 3G 对消费者的"福利水平"的影响，后者表明了 3G 作为重要的通信部门，其对国民经济各部门的影响水平。

1. 3G 的"消费者剩余"估算

所谓"消费者剩余（Consumer Surplus）"是指：为某种商品或服务，消费者实际支付的价格和消费者愿意支付的价格之间的差额，一般被用来衡量某种市场对消费者而言所创造的净收益。由于在我国尚未开展 3G 直接计算"消费者剩余"缺乏有效数据，因此，采用类比外推的办法。

据美国总统经济顾问委员会 2000 年的一份研究报告，第三代无线通信技术（3G），将把移动技术和互联网技术这两种强有力的技术结合起来，对消费者产生巨大的潜在利益。该报告利用 1989~1993 年间的价格和移动电话市场前 30 位的用户数量等数据估计，在美国由第一代移动（1G）技术引进而带来的"消费者剩余"每年在 310 亿~500 亿美元之间（以 1994 年美元不变价计算）。同样的方法，在引入数字移动技术（2G）之后，估计 1999 年 1G 和 2G 的消费者剩余总和大约是 530 亿~1110 亿美元之间。扣除 1G 的消费者剩余和交叉影响，估计引入 2G 所带来的消费者剩余值在 300 亿~600 亿美元之间。也就是说，2G 所带来的消费者剩余要比 1G 所带来的消费者剩余大。究其原因，与 2G 的技术进步不无关系：2G 可以比 1G 更高效地利用频谱，消费者支付意愿提高，总需求增加；同时 2G 可使运营商以低成本提供相同的服务，他们通过降低价格把部分收益转移给消费者，使消费者由此获益。

按此推理，3G 技术对消费者利益影响的最后结果也必是惊人的。仍以美国为例，从 1994 年美国数字服务进行新的频谱分配开始，整个无线应用领域增长迅速，价格猛跌，用户数也获得了较大的提高。此外，数字无线技术可以提供新的服务，例如，语音信息、文字信息、呼叫者识别

（ID）等服务都可以集成到移动电话服务上。仅在基本电话服务中引进语音信息服务一项，就创造了约 13 亿美元的消费者剩余（以 1994 年美元不变价计算）。由此可见，发展 3G 带来的消费者剩余至少不比 2G 的少。

综上所述，3G 技术是将互联网宽带接入的快捷性与移动电话所给予的灵活性结合起来，提供给用户，它将给国民经济带来更大的价值。我国作为移动通信市场第一大国，发展 3G 每年将给我国消费市场带来（消费者剩余）数百亿美元以上的收益。

2. 国民经济投入产出分析

通信产业作为国民经济大系统的一员，其产出的变化势必引起国民经济整体系统的变化，包括产出总量的变化和系统内部各产业之间的结构转变。3G 的发展会促进通信产业的发展，从而对国民经济的整体产生影响。

利用我国最新的投入产出表（1997 年）所反映的 124 个产业部门的关联关系，我们来评价与移动通信业关系密切的产业部门在国民经济中的重要地位，并借以分析移动通信新一代网络建设、运营的实施对国民经济的影响。

第一，我们考察与移动通信业关系密切的几个产业之间的直接和间接的消耗关系。电信运营业、电子元器件制造业、其他电子及通信设备制造业、商业是移动通信新一代网络（3G）所涉及的产业链上的重要部门。表 8 - 10 和表 8 - 11 列出了四部门的直接消耗系数和完全消耗系数。在直接消耗系数表中，每一行的数据表示该（行）部门总产出中直接用于了某（列）部门生产的部分占此（列）部门总产出的比例有多大；每一列的数据描述了该（列）部门的总产出中有多大的比例是在生产过程中直接利用了其他（行）部门的投入。

表 8 - 10　　　　　　　　　　四部门直接消耗系数表

行　业	电信运营业	电子元器件制造业	其他电子及通信设备制造业	商业
电信（运营）业	0	0.0035873	0.0035173	0.0063112
电子元器件制造业	0	0.1987750	0.2071054	0.0004322
其他电子及通信设备制造业	0.249162	0.0132907	0.2193562	0.0012523
商业	0.0125455	0.0460116	0.0433332	0.0820290

注：1. 电子元器件包括电子器件制造业和电子元件制造业；

2. 其他电子及通信设备制造业主要包括通信设备制造业、雷达制造业、广播电视制造业和其他电子设备制造业；

3. 电信运营业指包括经营电话、电报、移动通信、无线电信寻呼等电信业务和电信传输业务。

表 8 – 11 说明，电信运营业的总产出中没有直接被本产业消耗的投入，对电子元器件制造业作为中间直接消耗的投入占电子元器件制造业总产出的 0.35873%；但是在电信（运营）业的运营过程中它本身和电子元器件制造业都没有对其直接投入，而电信（运营）业总产出中有 24.9186% 的价值直接来自其他电子及通信设备制造业，有 1.25455% 来自商业的直接贡献。电子元器件制造业自我直接利用占其总产出的 19.8775%，对其他电子及通信设备制造业的直接投入又占其他电子及通信设备制造业总产出的 20.71%；而其他电子及通信设备制造业自身直接消耗占其总产出的 21.93562%，直接来自电子元器件制造业的中间投入占 20.71%，在其他电子及通信设备制造业的总产出中，自身及来自电子元器件制造业、商业的直接投入就占了 46.9794%。这种产业间的直接关联关系与现实是相符的。

表 8 – 11   四部门完全消耗系数表

行　业	电信（运营）业	电子元器件制造业	其他电子及通信设备制造业	商业
电信（运营）业	0.0086953	0.0163862	0.0166738	0.0141244
电子元器件制造业	0.0261904	0.2714364	0.3542399	0.0222755
其他电子及通信设备制造业	0.364838	0.0253757	0.2912451	0.0059341
商业	0.0566893	0.1283455	0.1317498	0.13135012

注：同表 8 – 10。

完全消耗系数描述部门最终产出对其他部门完全消耗程度。表 8 – 11 的数据说明，电信运营业每增加 100 元的最终产出需要完全消耗其他电子及通信设备制造业 36.4838 元的投入，商业 5.66893 元的完全投入。这是电信运营业对其他电子及通信设备制造业和商业的"带动"成果。突出的数据是其他电子及通信设备制造业每增加 100 元的最终产出可以带动他自身 29.1245 元的产出，带动电子元器件制造业 35.424 元的产出，商业 13.175 元的产出。在直接消耗关系中，商业是服务于生产部门的，则在完全消耗关系中生产部门的最终产出之增加，对商业部门有很大的带动作用。

第二，从考察部门最终产出的变化对国民经济各部门的影响的角度分析各部门的地位和作用。所用指标是产业推动系数（又称感应力系数）和产业拉动系数（影响力系数）。产业推动系数反映当国民经济各部门均增加一个单位最终使用时，该产业部门所进行的完全投入是否高于所有产业完全投入的平均值，推动系数大于 1 的产业对国民经济发展的推动作用较大。产业拉动系数反映该部门增加一单位最终使用时，它所诱发的国民经济其他产业的完全投入是否高于所有产业完全投入的平均值，拉动系数大于 1 的产业对国民经济的发展有重要的拉动作用。

电子元器件制造业的产业推动系数高达 1.894，远远高于各部门的平均推动水平，表明了它对国民经济发展的重要推动作用；电子计算机制造业的产业拉动系数为 1.26，其他电子及通信设备制造业的产业拉动系数为 1.214，显示了这两个产业部门最终产出的增加对国民经济发展的波及效应很强。

我们根据 1997 年中国 124 个部门的投入产出表的完全消耗系数，计算得出：（1）如果电信运营业增加 100 元的最终产出，可以拉动国民经济最终产出增长 120.56443 元；（2）电子元器件制造业增加 100 元的最终产出，可以拉动国民经济最终产出增长 203.08202 元；（3）其他电子及通信设备制造业每增加 100 元的最终产出，可以拉动国民经济最终产出增长 223.82366 元。

第三，利用上述分析结果计算，3G 发展对我国国民经济的影响水平。假设：（1）我国在 2003 年启动 3G，至 2005 年 3G 网络容量达 4500 万户；（2）未来 3~5 年的国民经济结构与 1997 年的国民经济结构变化不大，即使有变化也是朝好的方向变化；（3）由于 3G 提供的是移动多媒体业务，因而 3G 的带动作用要好于 2G 的带动作用，也好于其他电信业务的带动作用。

那么，根据分析，2005 年 3G 基础设施投资约为 900 亿元，其中，系统设备投资约 450 亿元；对 3G 配件产业的辐射总额为 330 亿元；如果按每位用户 3G 的消费水平为 900 元/年，则 3G 运营市场收入为 405 亿元左右，加上增值服务可望达到 450 亿元。

引入投入产出分析结果，3G 网络建设将拉动国民经济增长 1007 亿元，3G 运营将拉动国民经济增长 540 亿元，3G 配套产业以芯片、元器件为主，其对国民经济的拉动系数以 2.03 计，则可拉动国民经济增长 670 亿元，扣除 3G 网络建设与运营收入缺口 450 亿元，加总得出，2005 年 3G 运营将拉动国民经济增长 1700 亿~1800 亿元。根据我国国民经济"十五"计划，预计 2005 年我国 GDP 将为 12 万亿元，那么我们得出结论：如果 2003 年启动 3G 建设，则 3G 将拉动我国国民生产总值（GDP）增长 1.4%~1.5%。

3. 对中国软件业和 SP 产业的促进作用

与 2G "产业簇群" 相比，发展 3G 对软件业和内容（业务）提供商（SP 等）的带动更为显著。

软件产业是信息产业的核心和国民经济信息化的基础，已经成为我国政府优先支持发展的战略性产业。2000 年 6 月国务院颁布〔2000〕18 号文件，明确提出要在投融资、税收、产业技术、出口等方面支持软件产业发展。近几年来，我国软件业保持了稳健、快速增长的发展态势。自1996 年来，我国软件业销售额年均增长 25.7%，2001 年软件销售总额达到 285 亿元，比上年同期增长 23.9%。在产品结构上，作为网络应用基础设施软件的中间软件市场份额不断上升，应用软件市场继续保持快速增长，2001 市场份额扩大 0.7%。值得一提是，受电信行业发展的影响，我国电信设备制造业的软件开发取得了突破性进展，软件市场面向未来市场呈多种多样态势，可以预见，3G 的启动，将更进一步诱发软件企业的发展。据赛迪顾问预测，2002 ~ 2006 年中国软件市场仍继续保持 25% 的增长速度，年均增长速度达到 27.6%。2002 年中国软件市场的销售额预计为 357 亿元，增长速度为 25.3%。

如图 8 - 10 所示，在 3G 价值链中，尽管与 2G 一样，3G 运营业仍将处于中心枢纽地位，但是，由于 3G 中数据业务特别是 Internet 业务将占据相当大的份额，更多的 ICP 和 ASP 所开发用户关心的内容将是充分发挥第三代移动通信网络效能、吸引客户的重要基础，所以，在 3G 的价值链中，内容提供商和业务开发商将有较高的回报。据权威机构分析：在3G 环境下，内容提供商占 38% 的利润，增值集成商占 12%，服务提供商占 25%，网络运营商仅占 25% 的利润。因此，IDC 预测，2006 年世界 SP市场规模将达 4600 亿美元，平均年增长 33%。根据表 8 - 6，中国 3G 业务应用市场估计到 2006 年达到 360 亿元，累计约 660 亿元。

总之，3G 可以从整体上推动移动产业链的发展壮大，占领 3G 先机，为我国通信技术从运营、科研、产业等方面领先国际水平提供了机会，将推动我国信息技术产业整体水平的提高。如果拖延引入 3G 技术，也许会使我国失去了一个创立具有国际竞争力的 3G 产品和服务的 "产业簇群" 的机会。

三、发展 3G 的社会效益分析

江泽民同志曾指出，"信息网络化的迅速发展，对政治、经济、军事、科技、文化、社会等领域产生了深刻影响。……我们要抓住信息网络化带来的机遇，加快发展我国的信息技术和网络技术，并在经济、社会、科技、国防、教育、文化、法律等方面加以运用"。可见，在我国发展 3G 有着巨大的社会效益。

第一，3G 代表了通信技术特别移动通信技术的最新发展趋势，是现代社会与经济发展的重要基础。当今人类已步入信息化时代，随着 3G 的普及，人类的信息交流手段又多了一种方式，广大的社会民众作为最终消费用户，可以更充分、有效地利用信息资源，可以更大程度地利用生产社会化、专业化的好处。也就是说，3G 提供移动宽带网络，使用户通过移动互联方式获取大量数据信息，从而为信息资源的开发和应用创造了良好的发展前景。

3G 发展将对电子商务的快速发展产生深远意义的影响。随着 3G 的诸多数据业务的广泛应用，传统的交易方式可能发生改变，从而使人类未来的商务活动更丰富多彩。电子商务起源于商务活动的电子数据交换（EDI），20 世纪 90 年代扩展成为网上商业活动，并且造成传统商品流通方式的转型，实现商业活动的网上采购和适时配送。有数据表明，全世界电子商务的交易额已经超过 1500 亿美元，而且利用电子商务的企业一般可节省 10% 的采购费用，增加 30% 的销售机会。

第二，3G 的推广应用十分有利于提高民众的信息消费水平，消除或弥补数字鸿沟，提升社会整体信息化水平，对国家和社会的发展具有战略意义。一方面，3G 网络是全新的，网络的建设和运营将构筑起由网络运营商、设备制造商、信息服务供应商和用户组成的新型价值链，其网络的发展有利于实现话音、数据和图像的三业融合；另一方面，3G 的技术应用有利于推动信息发布、电子商务、金融电子化及各类信息化工程的建设与发展。

根据相关统计，目前我国信息化水平仍不到 10%，因为 3G 具有宽带特性，所以 3G 用户均可列入到信息化指数之中。按 2010 年我国 3G 用户为 1 亿户计算，也就是说我国将增加 1 亿的网络用户，加上现有网络用户，我国信息水平将达 20%。也就是说，发展 3G 可望使我国社会信息化水平从目前的低于 10% 水平提高到 20% 水平。

第三，我国是一个发展中的人口大国，社会就业压力较大，发展 3G 可有效缓解社会就业压力。根据前面分析，3G 的发展将比 2G 带动更多、更广泛的相关产业发展。因而，3G 可以创造更多的就业机会，并进一步提高人们的收入水平。来自美国商业部的一份报告称，1995～1998 年，互联网及其产业对美国 GDP 增长的贡献达 1/3 以上，同时使通货膨胀率下降 0.7 个百分点，与此同时，在 20 世纪 90 年代末期 5 年内，与信息技术有关的新兴产业为美国创造了 1500 万个就业机会。

用我国 2001 年的统计数据做一个简单的测算。首先，在电信运营业，2001 年全国电信业务收入完成 3571.9 亿元，其中，中国移动完成电信业务收入 1616.7 亿元，全员劳动生产率达到 155.6 万元；中国联通完成电信业务收入 379.8 亿元，全员劳动生产率达 74.2 万元。若 3G 运营业以全员劳动生产率 100 万元/人年的平均水平计算，则移动运营业 450 亿元运营收入需要增加就业机会约 5 万个/年。其次，来自华为等电信产业界的报告，如果 2003 年启动 3G，则从 2002～2005 年，3G 基础设施投资累计达 2800 亿元，平均每年投资 700 亿元；带动芯片、射频部件等配套产品市场规模累计达 900 亿元，平均每年 225 亿元。根据我国 2001 年国民经济统计年鉴，2001 年按行业分，我国全部国有及销售额在 500 万元以上的非国有企业的全员劳动生产率约为 5.2 万元/人年，其中，电子及通信设备制造业的全员劳动生产率为 9.9 万元/人年，考虑到 3G 产业的技术资金密集型特点，我们以 3G 产业的劳动生产率为 10 万元/人年来估算。则 3G 基础设施建设可望增加就业机会约 70 万个/年，相关配套产业可望增加就业机会约 25 万个/年。加上移动运营业增加就业机会 5 万个/年，可以得出，发展 3G 能够为社会提供新增就业机会约为 100 万个/年。

第四，3G 基于宽带和互联网的特性，将提供更多的信息资源和服务能力，将大大增加人们选择信息、产品和服务的机会，使广大居民的生活质量进一步得以提高。另外，通过 3G 可以开展许多目前不存在的业务，拓展人们的生活空间，并促进人们生活的个性化。

例如，韩·日是 3G 发展的领头羊，它们提供了丰富多彩的 3G 业务。NTT DoCoMo 可以为用户提供多家合作伙伴的信息，内容包括电影简介、电视新闻、可视电话、天气、航班、金融服务等，甚至可订制迪斯尼、联邦快递、百代唱片等许多公司的信息。DoCoMo 还向用户提供显示自己目前的位置和所需要到目的地的路程指引。手机早已经不仅仅局限于通话的功能，可以用手机在自动柜员机上买东西，可以进行 POS 机支付，可以在卡拉 OK 点歌，还可以随时拍下你喜欢的图像发给朋友共享。3G 还可以提供许多新的业务，如实时股票信息、实时在线游戏、实时在线聊天、游戏下载等。这些业务具有很强的竞争力，而且随着 3G 普及，固定时间、固定地点式的电子商务活动将转移到基于移动平台的移动商务活动。这些都将大大提高了人们的生活水平，使生活变得更加便捷、舒适。

四、3G 技术经济比较（代理工程静态模型法）

1. 3G 网络综合费用与收益比较

表 8 – 12 表示，在我国目前的技术水平下，重新建设 1000 万用户的网络综合费用和利益比较。

表 8 – 12 不同蜂窝移动技术下的成本—效益比较

系 统	GSM	IS95CDMA	3G
综合造价	200 亿元	150 亿元	200 亿元
年折旧费	40 亿元	30 亿元	40 亿元
年运营费	48 亿元	36 亿元	48 亿元
成本	88 亿元	66 亿元	88 亿元
年收入	70 亿元	70 亿元	90 亿元

注：1. 根据项目组调研及访谈，重置 1000 万用户容量的全国网络综合造价，GSM 和 3G 网络以平均每户 2000 元计算，IS95cdma 以平均每户 1500 元计算；这里的网络综合造价已经按照网络实装率为 70% ~80% 的冗余度进行了考虑，已将冗余部分网络造价分摊到了实装用户身上。

2. 成本 = 折旧 + 运营费；其中，年折旧费用应用直线折旧法，按照 5 年的折旧期限进行提取。年运营费用是从目前网络运营和投资的情况，在分析运营费同网络投资间关系的基础上，按照目前的运营与投资比例关系，推算未来网络的运营费用。

3. 预期收入 GSM、IS95cdma 以每户 700 元估算，考虑 3G 的业务带动作用，以每户 900 元估算。

2. 终端价格/性能比较

假设 2G 手机平均价格 1200 元，其性能指数为 100，3G 手机估计价格 3000 ~4000 元，性能指数 505（30% 用户经常使用宽带业务）。

按技术进步的性能/价格转换模型分析：用户升级的效用指数为：

$$U = [\ln (505/100) \times 1200]/[3000 - 1200] = 1943/1800 = 1.07$$

这就是说，3G 系统性能指数是 2G 的 5.05 倍情况下，终端价格在 3000 元以下时，才能启动一般消费者的购买意愿。

因此，按代理工程静态模型法测算，近期独立建设 1000 万用户的移动通信网络，在效用/费用综合比较基础上可见，采用第 IS95 – CDMA 技术优于 GSM 技术；采用第 3 代移动通信技术与 IS95CDMA 技术相当。

从上述分析，我们可以发现：

（1）3G 价值链与 2G 有很大的不同，围绕 3G 核心，将形成一个产业链条很长、产业关联度很高的产业"簇群"。发展 3G，将对我国国民经济各个部门产生直接或间接的重大影响。根据测算，如果 2003 年启动 3G 建设，2005 年 3G 将拉动我国国民经济增长为 1700 亿~1800 亿元，并拉动国民生产总值（GDP）增长的 1.4%~1.5%，并将带动一大批新的产业特别是软件产业和内容提供商的成长、发展壮大。

（2）发展 3G，在我国有着巨大的社会效益。3G 可望使我国社会信息化从目前的低于 10% 水平提高到 20% 水平，能够提供新增就业机会约为 100 万个/年，并使人们的生活质量进一步得到提高。

（3）从企业运营及技术经济等分析，3G 运营要比 2G 及 2.5G 更为经济合理。当终端价格在 3000 元以下时，3G 市场才能规模扩张，成为大众消费品（服务）。

第九章 提升区域竞争力的电信发展战略

一个多世纪以来,以电话服务为主的电信走了一条成功之路,取得了极大的发展,进入 20 世纪 90 年代以来,电信业仍保持着不衰势头,无论从总产值还是从增长率来看,电信业都是世界上发展最快的产业之一,电信业的快速发展有力地促进了区域竞争力的提升。与此同时,90 年代以来的信息革命浪潮、信息和知识爆炸式发展,特别是互联网商用化后的迅猛发展,也给电信带来新的挑战和冲击。未来消费者对"信息消费"的需求日益多元化,从而决定了未来电信向多媒体化、普及化、多样化、全球化和个性化发展的趋势。电信和信息技术的快速发展要求有决定性的战略管理回应,下面我们从区域经济发展和战略管理的角度,探讨未来电信发展的基本战略。

第一节 发动(技术)标准战争

从战略管理的角度,任何一个企业要想在市场竞争中保持不败,必须具有卓越的核心能力。所谓核心能力是企业内部一系列互补技能和知识的结合,它具有使一项或多项业务达到世界一流水平的能力①。技术领先是电信企业核心竞争力的主要要素。

与技术领先与区域需求的多样性有关,表 9－1 给出了某项技术领先的概率。从表 9－1 中可以看出,在农业时期,规模经济较低,需求比较单一,技术领先概率极低;在工业化时期,是高规模经济和低多样化需求的组合,技术领先的可能性较大;在所谓的后工业化时代,需求呈多样化趋势,规模报酬递减的规模经济作用日益减弱,技术领先的可能性又变低。

---

① 李顺才、周智皎等:《企业核心能力:特征、构成及其发展策略》,载《科技进步与对策》1999 年第 5 期,第 22 页。

表9-1 市场出现单个技术领先的可能性

	低规模经济	高规模经济
低多样性需求	极低	高
高多样性需求	低	不一定

与技术领先相关的一个概念是标准战争。所谓标准战争，是指两种新的不相容技术相互斗争，都想成为事实上的标准。标准战争是具有强大正反馈的网络市场中独有的现象。在移动通信技术中，各国都在加快技术创新的研究速度，以能在市场广阔的第三代移动通信市场中占得一席之地。我们这里列出世界各国采用的移动手机的标准及其市场份额（表9-2），世界电信技术发展趋势表明，第三代移动通信技术将是相互兼容的，这是标准战争的结果，同时也表明"技术领先"策略由区域性走向全球化。

表9-2 世界移动手机标准及市场份额

	GSM			CDMA IS-95			DAMPS/TDMA		
	市场规模（百万）	市场份额（%）		市场规模（百万）	市场份额（%）		市场规模（百万）	市场份额（%）	
	1998	按地区分[1]	按技术分[2]	1998	按地区分[1]	按技术分[2]	1998	按地区分[1]	按技术分[2]
非洲	2.9	88	2	*	*	*	0	0	0
亚太	38.1	35	28	14.9	14	65	3.3	3	10
欧洲	93.8	89	68	0.1	0	0	0.2	0	1
拉美	0.2	1	0	1.1	5	5	8.4	39	26
北美	3.0	4	2	6.8	9	30	20.4	27	63
总计	137.9	44	100	22.9	7	100	32.3	10	100

注：（1）该地区所示的技术的市场份额在蜂窝移动市场中的百分比（数字与模拟两种）；
（2）所示技术市场份额在全球市场中的百分比。
* 包括在欧洲之内。
资料来源：国际电信联盟（ITU），世界电信发展报告（1999）——蜂窝移动通信，第19页。

根据技术的兼容性，可以将标准战争分为四类，如表9-3所示。其中，竞争渐进（Rival Evolutions）是指竞争者双方的技术和老一代技术兼容，但是相互之间不兼容。如果竞争者一方的技术向后兼容，而另一方却不提供，对向后兼容的一方叫渐进对革命（Evolution vers us Revolution），对另一方叫革命对渐进。显然这是一种产品性能与系列产品兼容性之间的竞争。如果竞争者双方的技术都不向后兼容，这叫做竞争革命（Rival Revolution）。在信息社会发展过程中，这四种类型的标准战争都时有发生，在通信市场中亦如此。如 60 年代的调频立体声标准之争，移动通信技术系统标准之争等。

表 9 - 3 网络经济的标准战争类型

		竞争对手的技术	
		兼容	不兼容
自己的技术	兼容	竞争渐进	渐进对革命
	不兼容	革命对渐进	竞争革命

进一步，根据技术领先及其标准，我们还可以归纳出两种制约市场扩张的力量：第一是反映在革命和渐进两种选择之间的性能和兼容性的权衡关系；第二是反映技术领先程度的开放与控制之间的权衡关系。据此可以划分四种市场策略（表 9 - 4）。

表 9 - 4 网络经济的基本市场策略

	控制	开放
兼容性	控制转移	开放转移
性能	性能表演	中断

控制转移是指消费者被提供一种新的改进的技术，这种技术由独家提供，具有显著的寡头垄断市场。性能表演（performance play）就是在引入一种新的、不兼容的技术的同时保持很强的独家控制，当然这是具有高风险和高回报率的一种策略。开放转移是一种温和的市场策略，对消费者而言，转移成本低，技术标准前后统一兼容，当然采取这种策略是基于强大的制造优势，竞争对手需投入很高的固定资本才能超越。中断（dis continuity）是指新的信息产品和技术与现有技术不兼容，同时市场上有多个供应商，具有自由竞争的市场特征，因而消费者能够获得高品质的服务，市场效率可能不断提高。在信息经济中，尽管市场竞争环境和竞争对手不断改变，但是，这四种基本的市场策略不会改变，各种策略时有发生，伴随着这四种策略的交互演变，电信市场"非线性"动态向前发展。

第二节　逐步开放电信市场与规范竞争环境

我国已加入 WTO，提高电信国际竞争力是电信企业必须认真考虑的问题。从我国电信业的现状看，要快速、健康发展，迅速提高国际竞争能力，必须对电信市场引入竞争机制，对电信业进行彻底改造，同时加大基础设施建设力度。

一、电信规制是电信市场良性发育的重要手段

电信规制有两个目的：一是发展有效竞争；二是保证电信经济效率。因此，在电信规制的政策中，必须定义电信服务市场和基础设施两方面的进入条件。从世界各国电信市场开放的历程中看出，电信网络基础设施是引入竞争的最后堡垒，为了方便新进入者公平地进入市场，必须放开网络系统和基本设施市场。否则新进入者难免会受到网络垄断运营商的"揉搓"。

同时，电信市场的发展必须有一个中介仲裁机构来规范市场行为，既能避免过度的价格恶性竞争，也可规避不正当竞争。当一个国家或地区没有作好充分的准备，就完全放开市场，对电信市场的可持续发展无益处。但是，规制的实施最终要靠电信市场上有效竞争的建立，在自由化和规制改革的进程中，避免规制部门的"政府捕获"效应，建立一个有序、公平、透明的市场竞争规则非常重要。与此同时，适时放宽电信准入标准，增加电信运营企业。让更多的企业参加电信，尤其是基础电信业务经营，至少有以下几点好处：第一，有利于电信业竞争的开展；第二，有利于增加电信建设资金来源和投资渠道；第三，有利于在不同地方有不同消费需求的消费群体提供相应的服务。

二、"纵向肢解"与"横向竞争"并存

一般人们在谈到破除垄断、引入竞争机制时，往往会逻辑般地想到"肢解"原有电信垄断部门（企业），即所谓"纵向肢解"，似乎只有这样才能提高电信服务水平，降低价格。但是世界上许多国家或地区的作法证明了这种作法并非有效。

以美国为例，美国司法部曾于 1982 年对电信巨头"AT&T 进行著名的肢解手术"，随后委托马萨诸塞工业大学教授胡博（Peter W. Huber）对这次肢解进行评估。1987 年，胡博教授发表了题为"短程网路"的评估报告，在该报告中，胡博认为由于电信技术的快速发展，使得通信网相互

连通变得容易，过去通信网的锥形网正向圆顶短程网过渡，该报告预言了移动通信网将成为代替固定电信网的发展趋势。在美国 Maker 财团的支持下，1993 年胡博教授与凯洛格和汤姆（Michael K. Kellogg and John Thome）完成了第二份评估"短程网路Ⅱ——美国第 2 次发表电话产业竞争的 1993 年报告书"，该报告书认为，AT&T 的肢解是基于"市场电话自然垄断，长途通信则是竞争"这一假设实施的，但电信技术发展表明，这种肢解的理论根据是完全错误的，结果是导致电信市场的"虚假竞争"。事实发展证明了上述论断的正确性，随后电信技术中无线通信网中光纤传输替代微波和铁塔，说明美国管制政策在前十年是错误的。因而美国于 1996 年调整了电信政策，不再以"肢解"作为打破垄断的唯一手段，而是允许更多的企业进入电信市场，即"横向竞争"，对电信市场全面开放，实现全现的自由竞争。

在我国，增加电信企业不仅要增加起决定作用的大企业，更要增加有地方和专业服务特色的中小企业数目。不仅扩展在传统话音服务领域的企业数量，而且要扩展在互联网等电信新业务领域的企业规模和数量。可以考虑两种办法：一是把现有特大电信企业解体，分成几个大公司，每个大公司都可以经营全国范围的所有电信业务。这种"横向肢解"做法好处是简便易行，缺点是容易将过去的体制带到将来，还容易引起混乱；二是增发可以在全国范围内经营所有电信业务的新经营许可证。从现在的情况看，这种办法更为合适。新经营许可证可以发给新成立的电信公司，也可以发给一些有相当规模基础设施的原电信专网，如铁路通信以外的石油通信网、林业网等，但拥有基础设施权力的全国性大电信服务企业的数量不宜太多。

三、充分利用 WTO 有关条款空隙，拓宽电信服务业融、投资渠道

在我国目前体制下，电信投资主要来自电信经营企业的自我积累，这就给电信业的快速发展带来了困难。目前我国电信业的融、投资体制已不适应快速发展的现实需要，必须拓宽企业的融资渠道。从目前的情况看，应考虑让一些新获得电信经营许可证的经营企业用发行股票的办法筹集资金。更重要的是，要允许民间资本进入电信领域。

首先，政府可以考虑向民间开放电信企业的股权。事实上，中国电信

前几年在香港上市，已经是向国际资本市场的私人和机构投资者，开放电信股权了。因为"股份"是不可退的制度安排，所以"还股于民"和开放民间投资都不会减少中国电信公司的股本金，而只会增加电信公司的民营因素，增强对国有电信企业加入市场竞争后的行为约束。在英国，撒切尔政府首次决定向英国公众出售英国电信（BT）的51%股权时，也认为这已经是开放到头了，因而不会再有BT的股权出售了。几年以后，BT的股权开放到了98%，BT不但还是BT，而且变得更富有竞争力。

其次，加大电信业准许民营公司进入独立经营的领域和范围。各国经验表明，电信产业是可以形成企业生态群的大产业。基础电信网络方面开放数网竞争，目前可以看到的前景，还是首先形成部分股权对民间开放的国有控股大电信公司之间的竞争框架。但是各种电信增值服务，却有中小民营企业广阔的活动舞台，并能够给电信业带来经久不衰的活力。应当鼓励中小民营公司进入更多的电信服务领域，增加社会总就业。

四、适应时代发展要求，积极准备，实现"三网"融合

所谓"三网"，是指国家邮电部门的公共电信网、广电系统的有线电视网和互联网。除此之外，与电信有关的还有电力、铁道和军队等十几个部门的专线通信网，中国联通建设的专用网等。从技术的角度，"三网"融合是发展趋势。因此，在电信发展战略上，不能仅停留在是要"数网并存"与"数网竞争"的无效争论上，而要顺利技术发展潮流，积极探索，实现"三网融合"。

从区域的角度，"三网"融合为全业务提供者创造了最好的机遇。提供全业务地理上的网络扩展，市场上的全覆盖以及终端上的融合，这将导致不同行业公司间兼并和业务扩展，并由此实现区域产业结构的跃迁。近来在北美频频发生电信公司与有线电信公司或数据公司的兼并就是最好的例证。

从长远看，基于传统的地理和市场业务渠道的分类（长途、本地、有线电视、ISP等）将被传送网络提供者（含零售业务和批发业务提供者）和接入业务提供者的新分类所代替。行业和市场的融合也为传统电信、数据和娱乐等产品制造商提供了机遇与挑战，不仅导致各自产品结构的重要变化，而且也将导致市场的交叉和调整。适者生存，就是信息产业

结构变革中的生存法则。在这一大变革中，电信与信息制造产业将面临整体换代的问题。无论在传输还是交换上，无论在技术上还是设备上，PDH正逐步让位给SDH；铜缆接入正逐步让位给光缆和无线接入；电路交换正逐步让位给以IP为主的分组交换和IP over ATM \ IP over SDH及IP over WDM；常规光纤将在干线网上让位给新一代非零色光纤；模拟电视机将逐步让位给数字电视机；电视机正逐步计算机化等。

第三节 制定市场竞争战略与区域营销策略[①]

一、制定市场竞争战略

移动通信是开放度最大、竞争最激烈的行业之一。要想在激烈的竞争市场中建立持久的竞争优势，必须基于现状分析，瞄准未来发展；抓住有利时机，用好相应策略。下面我们以S省移动通信公司为例进行说明。

分析S省移动通信公司面临的竞争者、优劣势及市场环境，是构建S移动通信公司的市场经营策略的首要步骤。图9-1归纳了S省移动通信市场环境、竞争现状及未来发展趋势。从图9-1中我们可以看出，未来S省移动通信公司将面对省联通、省网通、省电信等多家竞争对手，市场结构由双寡头垄断向多寡头垄断转变。基于这种分析，我们构建S省移动通信公司应对市场竞争的整体战略。

（1）立足S省本地市场，巩固和扩大市场占有率，并在本地通信市场占据绝对主导地位。

（2）强化公司的品牌形象，创建移动通信的强健品牌。

（3）以移动互联网建设为契机，全力拓展新业务领域。

（4）突出重点业务，保障公司主体业务——移动通信和互联网业务的高速发展。

（5）整合有限资源—资金、技术、人才、号码、频率、轨道和域名等，让资源产生杠杆作用。

（6）以合作求竞争，重视与其他运营商、制造商及各种投资伙伴发

---

① 参见北京大学中国区域经济研究中心、S省移动通信公司，《S省移动通信市场竞争战略研究》专题报告，2000年10月。

展合作关系。

（7）要重视各种流程：网络建设流程、财务流程、新产品和新业务开发流程、人力资源开发和管理流程、市场营销流程、公司战略管理等流程的改善或再造。

（8）好的战略组合是建立持久竞争优势的关键。S省移动公司市场经营战略的组合要件包括：服务、细分、差异化。这三种要素极其组合方式是S移动公司获得核心竞争优势的最终来源，自觉地不断地重组这三个要素—服务、细分、差异化—既可以降低竞争风险，又能为公司赢得持久的竞争优势。

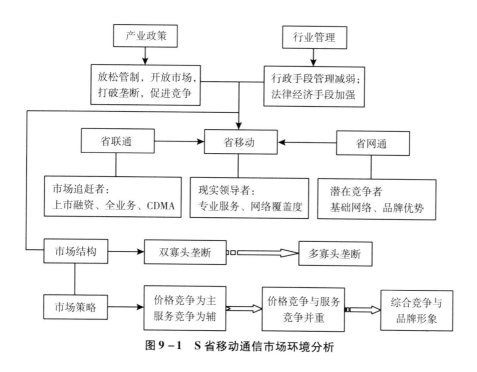

图9-1 S省移动通信市场环境分析

在服务、细分、差异化三种竞争优势源泉中，服务品质是根本；细分市场是关键，差异化可以创造竞争优势。这里主要强调差异化，所谓差异化是指S省移动通信公司以不同的方式向顾客提供与竞争者相似的服务或产品，或者说，以不同的方式从事与竞争对手相似的经营活动。差异化具有积累价值，通过数年的积累，S省移动公司要把自己塑造成一个在形象和品牌上与主要竞争对手不同的通信运营公司。

各种差异化活动必须对客户具有价值；顾客认可的差异化才有价值；从 S 省移动公司特有的价值链中寻找各种可能的差异化环节；这些环节可能是公司最赚钱的利润区域；差异化表现在以下几个方面。

（1）公司层面的战略构想与竞争对手不同；

（2）资费结构方案的设计和推出方式的标新立异；

（3）服务分类和服务方式的与众不同；

（4）业务组合和业务流程独特；

（5）用户培训方面的独特性；

（6）在运营成本结构方面别具一格；

（7）营销渠道的独特性；

（8）品牌形象的独特性；

（9）广告宣传的独特性；

（10）市场细分方面的独特性；

（11）开发和推出新业务；

（12）独特的公司文化。

二、细分区域市场，实施区域营销策略

市场细分包括多种，从区域的角度，主要指细分电信区域市场。S 省移动公司必须充分发挥各地市分公司的协同作用，实现资源共享。一方面，分公司的发展必须遵循总公司的统一战略安排，防止出现与总公司战略不一致的行动；另一方面，注意发挥总体优势，充分利用总公司在营销、财务等方面的总体优势，实现资源的共享，防止不必要的重复投入。尤其是在新业务的开发、市场研究、竞争战略的制定等方面，各地市分公司要根据所处地区的市场潜力特征和发育状况，在总公司统一战略的基础上，有计划的推出针对不同竞争对手、不同市场区的营销手段。根据第四章的实证研究结果，我们将 S 省 11 个地区分为四种不同的移动通信市场区类型，针对不同的市场区，进行不同的区域营销策略。

对于稳态型地区而言，应实施全面拓展与深度开发相结合的战略。如 A 市要注意由市区向市域特别是 QX 县、GJ 市的拓展，由城镇市场向农村市场的拓展两个方面；深度开发主要指以 A 市为先导，在移动通信经营领域、服务项目、应用方向上加大开发力度，拓展服务、经营内容、深化服务、经营层次，提高移动通信业务效益，并为相关服务与开发项目在全

省推广创造条件。C 市今后移动通信市场开拓力度应进一步加大，在拓展市区市场同时，加强 PD 县、YX 县城镇市场及重点企业市场的开发。

针对扩张型区域，要在服务品质作文章。一般来说，扩张型区域有着强烈的区域需求，良好的服务品质是防此客户离网，增加转移成本的有效办法，也是战胜竞争对手的关键因素。公司的服务质量包括以下内容：（1）服务的可靠性：包括在规定的时间内完成所承诺的服务事项，账单正确，记录无误等；（2）服务的可信性：公司在所有的经营活动中诚实可信，时时处处为顾客的利益着想，具有良好的公共交往形象；（3）服务的便捷性：服务地点交通便利；服务及时，反馈及时，工作迅速；服务的可交流性：即用顾客能够听懂的语言传递服务信息，如说明服务内容、说明服务资费及其合理性、为顾客排忧解难；（4）服务的安全性：为顾客保密；（5）服务能力：员工具有熟练的服务技能和必要的服务知识，了解顾客的特殊需求，提供个人服务，最大程度地满足顾客的要求，公司具有服务研究能力；如 E 市与 K 地区移动通信市场开拓应充分发挥区域财政实力雄厚和非国有经济发展迅猛的优势，进一步开拓城市市场、重点企业市场，加强重点乡镇的移动通信网络建设，发展农村市场。

针对市场锁定型区域，要分析清楚锁定的类型，针对不同的类型进行不同的应对策略。一般而言，良好的营销手段是解除锁定的最好办法。所以，D 市、G 地区从公司组织结构入手，着力于精干高效的营销队伍的培养。对于营销管理人员来说，着重提高其营销规划能力和营销决策能力强；对于一般营销人员，着重提升其营销执行能力和用户服务水平。具体地域上，以 D 市市区、G 地区、YC 市等平川地区经济发展条件优越的县市为重点，采取有效措施加强促销，使市区和少数重点县市发展成为移动通信市场的增长极，以此带动整个区域的移动通信市场发育。

对亚稳态型区域，因为价格因素对用户规模和用户使用量的影响力颇大。由于受价格管理体制的限制，目前 S 省移动通信公司及其分公司在业务/服务定价方面的权限较小。但移动通信的价格逐步开放已成定局，随着 S 省移动通信市场开放和竞争的加剧，S 省移动必须针对这些地区不断地推出有吸引力的"资费套餐"。具体如下：

（1）资费套餐：它将是主要的价格策略。

（2）主叫付费方案：它将是重要的价格策略。

（3）新业务的优惠、组合、打包方案。

（4）SIM. LOCK 手机捆绑销售，可能是今后的重要策略。以价格较低的 SIMLOCK 手机吸引用户入网，用户需保留在网一段时间，以保证收回投资的促销成本。

（5）推出针对不同消费群体，推出特种预付费卡如：亲情卡、敬老卡、父亲卡（母亲卡）。

（6）加强新业务推广，特别是全球通 IP 电话业务。

三、关注农村市场

一般以为，农村市场由于收入水平低，常常不被视为移动市场的重点区，实际上，农村地区或农业人口地区内部并非均衡一致，而是随所处环境、从事产业、居民传统、视野范围……的不同而存在差异，甚至形成一些各具特色、不同规模的文化经济区域。从 S 省移动通信市场分析中，我们得到结论，"为了迎接来自内部的竞争挑战，现实运营商对城市市场的领导地位不能放弃，同时鉴于 S 省移动市场具有收敛的趋势，且与产业结构水平相关性不显著，因而，广大农村市场是未来一个重点开拓的地区。通过占领广大农村市场，可以进一步强化市场的领导地位，或者说，谁占领了农村市场，谁将在未来竞争中获得领先地位。从国际现有的经验模式和理论分析来看，提高农村网络服务等级（包括扩大网络覆盖度），是占领农村市场的一个有效的手段"。从电信市场区域发展角度，下列类型区域可列为在农村开拓移动通信市场的首选地区：

（1）市辖郊县、自然人文风景区（NW、JX、YJ、LS……）；

（2）果农区（LY、RC……）；

（3）乡镇企业相对集中地区（ZZ、GP、PS、ZY……）；

（4）文化教育相对发达地区（南部农村）、高速公司干线铁路沿线地区；

（5）率先进入小康人家集中的新农村等。

上述农村地区由于人们的视野开阔、消费观念较新，生活水平较高，流动交往频繁，对于信息的需求，自然比一般相对闭塞后进的农村地区为强，因而应区别对待，作为优先开发消费市场的重点地区。在此基础上，随着农村社会经济的全面发展，农民文化素质的逐步提高和观念的不断更新，拥有 2/3 人口的农村地区移动通信市场的潜力是巨大的，有待经营者去精心规划、辛勤开拓。

第四节　改善电信与区域部门的关系

电信企业能否赢得持久的竞争优势，一方面，取决于公司自身的因素；另一方面，还将取决于公司的外部环境因素。建立良好的电信与区域部门的公共关系，将电信纳入区域发展的条件，是改善公司外部生存环境最重要的举措。

一、延伸业务价值链，延展营销服务系统

S省移动与各种业务合作伙伴的关系是影响公司市场竞争能力的重要因素。与设备制造商、终端设备生产商之间的合作，对于增强公司营销服务质量和竞争力具有重要作用。移动运营商向用户提供的，实质上是一种便利的沟通服务，而这种服务的质量，既受S省移动的制约，也受到设备制造商和通信终端设备供应商的制约。因此，要提高营销的质量，还必须加强与各种业务伙伴的合作。

S省移动在营销策划及方案执行等方面，可考虑与各种可能的合作者建立伙伴关系，以达到自己的经营目标，如在促销活动中与手机供应商合作，在有奖销售中与其他行业企业进行捆绑式销售等。

二、竞争与合作并存，拓展客户资源

恶性竞争通常是以扼杀竞争对手而采取的一系列不正当竞争手段，如以低于成本的价格销售，以各种违反商业道德的手段诋毁竞争对手声誉等。恶性竞争的最终结果往往是两败俱伤。避免恶性竞争需要树立一种新的竞争观念，如与竞争者建立既竞争又合作的关系。

与竞争者合作，一起把移动市场做大是竞争策略中的上策。共同把蛋糕做大，而不是只将眼光盯在如何争夺目前的小蛋糕上。例如，以价格资费作为促销手段不如在新业务、服务、广告宣传上加大力度，共同培养人们对移动通信的需求来得重要。

与竞争者合作是有风险的，解决的办法主要是凭借协议、公开承诺、外部社会力量来约束竞争者的违规行为，只要违规的成本大于违规的收

益，竞争者就不大可能违规。

三、加强与区域管理部门合作，建设有利的政策环境

政策环境对企业发展具有极大的影响。行业主管部门、工商税务部门、当地政府、消费者协会等都能够对企业发展产生极大影响。S省移动应建立一套定期与各有关部门进行交流的制度，以取得重要的政策信息情报，并争取这些部门的理解和支持。

从目前情况来看，联通公司在国家高层公关方面已显现出明显优势，但是在S省本地，联通相对移动并不占什么优势。增强公共关系的处理能力是S省移动以后必须注意的重要的经营策略。

四、加强电信基础设施建设，消除电信区域差异（数字分化）

充分发挥电信在区域发展中的积极作用，营建城市区域创新网络，是实现中国在全球硅网（Silicon-Network）中等级地位的整体提升的重要战略步骤。为此，必须加强电信基础设施建设，以此为龙头带动城市内部产业结构调整，建立吸引人才的良性机制，改善投资环境，扩大对外交流，积极参与全球水平分工。

与此同时，在电信发展过程中，运用电信区域成长的正反馈规律，对落后地区加强基于电信的"信息港"建设，使区域内、外各经济主体之间建立起方便、快捷的联系，实现区域结网，促进信息和知识流动，进而提升区域竞争力，带动区域经济发展，实现区域整体动态非均衡增长。

参 考 文 献

1. 利特尔·蔡尔德：《电信经济学原理》（中译本），人民邮电出版社 1983 年版，第 2~4 页。

2. 杨开忠：《迈向空间一体化——中国市场经济与区域发展战略》，四川人民出版社 1993 年版。

3. 杨开忠：《中国区域发展研究》，海洋出版社 1989 年版。

4. 杨开忠等：《中国宏观经济格局的变动》，载《中国软科学》1999 年第 4 期，第 36~43 页。

5. 王可：《电子展望与决策》，1997 年第 4 期，第 13 页。

6. 刘树成、李实：《对美国"新经济"的考察》，载《经济研究》，2000 年第 8 期，第 3~11 页。

7. 经济合作与发展组织（OECD）编，杨宏进等译：《以知识为基础的经济（修订版）》，机械工业出版社 1997 年版，第 1~5 页。

8. 美国商务部经济分析局，《世界经济》1999 年第 8 期，第 79 页。

9. ［英］经济学情报社、安达信咨询公司等：《全球信息战略》（中译本），新华出版社 2000 年版，第 106 页。

10. 中国社会科学院经济文化研究中心主编：《三网合———中国电讯产业发展战略研究》，中国审计出版社 2000 年版。

11. 王小强：《中国电讯产业的发展战略》，载《产业论坛》，1998 年第 3 期。

12. 方宏一：《再论中国信息产业的发展战略》，载《产业论坛》，1998 年第 6 期。

13. 日本科学技术与经济协会编：《信息产业的前景》（中译本），上海人民出版社 1988 年版。

14. 张维迎、盛洪：《从电信业看中国的反垄断》，载《改革》，1998 年第 2 期。

15. 余晓芒等：《融合，电信产业的大趋势》，载《电信科学》，1999

年第 3 期。

16. 陈小洪：《中国电信业，政策、产业组织的变化及若干建议》，载《管理世界》，1999 年第 1 期，第 126～138 页。

17. 张培刚：《微观经济学的产生和发展》，湖南人民出版社 1997 年版，第 454 页。

18. G. J. 施蒂格勒：《产业组织与政府管制》（中译本），上海人民出版社、上海三联书店 1996 年版。

19. 肖立武：《电信产业并非"自然垄断"——对美国电信业发展的历史考察及与中国的现实比照》，载《中国工业经济》1999 年第 5 期，第 36～39 页。

20. 柯特勒：《市场营销管理》（亚洲版），中国人民大学出版社 1997 年版。

21. J. 斯蒂格利茨：《经济学》，中国人民大学出版社 2000 年版，第 327 页。

22. 汪向东：《深化电信改革必须彻底破除"自然垄断教条"》，载《数量经济技术经济研究》1999 年第 7 期，第 17～20 页。

23. 肖立武：《电信产业并非"自然垄断"——对美国电信业发展的历史考察及与中国的现实比照》，载《中国工业经济》1999 年第 5 期，第 36～39 页。

24. 杨开忠等：《首都信息化"十五"规划研究报告（北京市科委委托项目）》，2000 年 9 月，第 25 页。

25. 安纳利·萨克森宁：《地区优势——硅谷和 128 公路地区的文化与竞争》（中译本），上海远东出版社 1999 年版，第 8 页、第 181 页。

26. 熊彼特：《经济发展理论》（中译本），商务印书馆 1983 年版，第 35～43 页。

27. 迈克尔·波特：《国家竞争优势》（中译本），台湾天下文化出版公司 1996 年版，第 54 页。

28. 窦文章等：《中国城市竞争格局变动的进一步研究》，载《世界地理研究》，1999 年第 4 期，第 103～110 页。

29. 夏皮尔（C. Shapiro）和范里安（H. Varian）：《信息规则——网络经济的策略指导》（中译本），中国人民大学出版社 2000 年版。

30. 刘易斯：《经济增长理论》（中译本），上海三联书店 1990 年版，第 65 页。

31. 北京大学中国区域经济研究中心、山西移动通信公司，山西移动通信市场与区域经济关系研究报告，2000 年 10 月。

32. 李东进等：《中国消费者生活方式构成及区域差异的实证研究》，载《营销科学学报》2007 第 3 卷，第四辑，第 1～15 页。

33. 陈凯：《从电话需求变化看通信发展与经济发展的关系》，载《世界电信》1996 年第 5 期，第 12 页。

34. 舒元、谢识予等：《现代经济增长模型》，复旦大学出版社 1998 年版，第 46 页。

35. 姚愉芳、贺菊煌等：《中国经济增长与可持续发展》，社会科学文献出版社 1998 年版，第 36 页。

36. H. 巴凯斯、路紫：《从地理空间到地理网络空间的变化趋势——兼论西方学者关于电信对地区影响的研究》，载《地理学报》2000 年 Vol. 55，No. 1，第 104～111 页。

37. 陆大道：《区域发展与空间结构》，科学出版社 1995 年版，第 196 页。

38. 戴维斯、希尔森、鲁吉（Davies D.，Hilsum C.，Rudge A.）：《21 世纪通信》（中译本），北京邮电大学出版社 1995 年版，第 64 页。

39. 张文尝等：《空间运输联系——理论研究、实证分析、预测方法》，中国铁道出版社 1992 年版，第 6～18 页。

40. 吴垠：《关于我国消费者分群范式（China-Vals）的研究》，载《南开管理评论》2005 年第 8 卷第 2 期，第 9～15 页。

41. 《财经时报》记者虎韬：《李泽楷再造悬念——小超人面临着迄今为止事业上最大的危机》，载《南方周末》（财经版），2000 年 11 月 2 日。

42. 李丘：《信息经济》，人民出版社 1994 年版，第 90 页。

43. 左美云、谢康：《知识经济的测度理论与方法》，中国人民大学出版社 1998 年版，第 6～9 页。

44. 杨小凯、黄有光：《专业化与经济组织——一个新兴古典微观经济学框架》，经济科学出版社 2000 年版，第 23～34 页。

45. 杨小凯：《经济学原理》，中国社会科学出版社 1998 年版，第 327～332 页。

46. 彼得·诺兰、王小强合著：《战略重组——全球产业强强联手宏观透视》，文汇出版社 1999 年版。

47. 费方域：《兼并、企业边界和产权》，载《财经研究》，1996 年第 6 期，第 43 页。

48. 威斯通等:《兼并、重组与公司控制》(中译本),经济科学出版社 1998 年版,第 178 ~ 220 页。

49. 殷醒民:《企业购并的金融经济学解释》,上海财经大学出版社 1996 年版。

50. 威廉·谢佩德:《市场势力与福利导论》,商务印书馆 1990 年中译本。

51. [美]罗杰·诺尔:《发展中国家的电信业改革》,载《经济社会体制比较》,1999 年 3 月,第 26 ~ 34 页。

52. 信息产业部电信管理局:《我国电信事业发展中的三次制度创新》,载《电信科学》,2000 年第 1 期,第 29 ~ 31 页。

53. 张宇燕:《国家放松管制的博弈——以中国联通通信有限公司的创建为例》,来自中评网:http://www.china-review.com。

54. 吴开超:《中国电信改革的基本原因和路径选择》,载《财经科学》,1999 年第 1 期,第 37 ~ 40 页。

55. 李顺才、周智皎等:《企业核心能力、特征、构成及其发展策略》,载《科技进步与对策》,1999 年第 5 期,第 22 页。

56. 李晓东:《方案与抉择》,中国友谊出版社 2000 年 5 月。

57. 吉母·查尔斯:《电信》(中译本),外文出版社上海远东出版社 1997 年版。

58. 尼尔·瑞克曼等:《合作竞争大未来》(中译本),经济管理出版社 1998 年版。

59. 李晓东:《信息化与经济发展》,中国发展出版社 2000 年版。

60. 曾菊新:《空间经济:系统与结构》,武汉出版社 1996 年版。

61. 罗伯特·D·巴泽尔、布拉德利·T·盖尔:《战略与绩效》(中译本),华夏出版社 2000 年版。

62. 迈克尔·波特:《竞争战略》(中译本),华夏出版社 1997 年版。

63. 彭绍仲:《企业竞争论——竞争规则》,企业管理出版社 1998 年版。

64. 萨尔坦·科马里:《信息时代的经济学》,江苏人民出版社 2000 年版。

65. 梁策、苏幸、文慧编:《经济大师解释世纪性经济难题》,中央民族大学出版社 1998 年版。

66. 巴吉拉斯·拉尔·达斯:《世界贸易组织协议概要》(中译本),法律出版社 2000 年版。

67. 沈体雁:《基于知识的区域发展》, 载《北京大学博士论文》, 2000 年 6 月。

68. 狄帕克·库玛尔·拉尔:《信息革命、交易成本、文明和经济运行》, 载《北京大学中国经济研究中心编〈变化世界中的中国经济〉》, 北京大学出版社 2000 年版。

69. Littlechild S. C. : Elements of Telecommunications economics, Peter Peregrinus Lth. 11 , 1979.

70. Gracia D. L. : Telecommunications, 1996, No. 9, pp. 43.

71. Richard Schroth and ChunRa Mui: Telecommunications, 1996, No. 10, pp. 33

72. Lee: Economics of telegraphs and telephones, Pitman, London, 1913.

73. Syski, R. : Introduction to congestion theory in telephone systems, Oliver & boyd, Edinburgh and London, 1960, pp. 649.

74. Grant E. L. : Principles of engineering economics, Ronald Press, New York, 3 rd, 1950.

75. Morgan T. J. : Telecommunication economics, Macdonald, 1 st, edn, 1958; Technicopy Lth. , Stonehouse, Glos, 2nd edn. 1976.

76. Roberts, J. H. and Ward, G. B. : A comparative study of short term forecasting techniques used in planning a telephone network, Paper presented to the international conference on telecommu-nications Economics, University of Aston, Birmingham, May, 1974.

77. Morgan, T. J. : Telecommunications Economics MacDonald 1st edn. , No. 1 , 1958. pp. 183.

78. Lonnstrom, S. , Marklund, F. , and Moor, I. : A telephone development project (telefonaktue-bolaget, Stockholm, L. M. 3rd edn, june 1967) .

79. Hayek, F. A. : The couner-revolution of Science, The free press of Glencoe, New York, 1952.

80. Mantell and Leroy H. : A econometric study of returns of scale and specialization in communications, in TREBING, H. m, (Ed), New dimensions in public utility pricing, Michigan State University Public Utilities Studies, East Lansing, 1976, PP. 324 – 388.

81. Dobell, A. R. , Taylor L. d. , Waverman L. , Liv, T. H. , and Copeland, M. D. G. : Telephone communications in Canada, demand, production and

investment decisions, Bell Journal of Economics and Management Science, 3, No. 1, Spring, 1972, pp. 175 – 219.

82. Davis, B. E. , Caccappolo, G. J. , and Chaudry M. A. : An econometric Planning model for American Telephone and Telephone Company, Bell Journal of Economics and Management Science, 4, No. 1, Spring, 1973, pp. 29 – 56.

83. Roos I. , Norrby D. , and Leijon I. : Telephone rates in various countries, Tele. 27, special issue, 1976.

84. Littlechild S. C. : Two-part tariffs and consumption externalities, Bell Journal of Economics 6, No. 2, Autumn 1975b, pp. 661 – 670.

85. Hazlewood A: Optimum pricing as applied to telephone service, review of Economics Studies, 18, 1950 – 51, pp. 67 – 68.

86. Littlechild S. C. : A note on telephone rentals, Applied Economics, 2 No. 2 May 1970, pp. 73 – 74.

87. Littlechild S. C. : two-part tariffs and consumption externalities, Bell Journal of economics 6, No. 2 Autumn 1975, pp. 661 – 670.

88. Gravelle H. S. E. : A note on telephone rentals: comment, Applied Economics, 4 No. 2, 1972, pp. 235 – 238.

89. Squire L. : Some aspects of optimal pricing for telecommunications, Bell Journal of economics and management science, 4, No. 2, Autumn 1973, pp. 515 – 525.

90. Turvey R. : Externality problems in telephone pricing, Paper presented at the international Conference in telecomunication Economics, University of Aston in Birmingham, May 1974.

91. Artle R, and Aarverous, C. : The telephone system as a publlic good: static and dynamic aspects, Bell Journal of economics and management science, 4, No. 1, spring 1974, pp. 89 – 100.

92. Rohlfs J. : A theory of interdependent demand for a communications service, Bell Journal of economics and management science, 5, No. 1, Spring 1974, pp. 16 – 37.

93. Gruber H. and Verboven F. : The diffusion of mobile telecommunications services in the european union, CEPR discussion paper, No. 2054, 1999, January.

94. Gruber H. and Verboven F. : The evolution of markets under entry and standard regulation-the case of global mobile telecommunications, CEPR discussion paper, No. 2440, 2000, April.

95. Barros P. P. and Cadimo N. : The impact of mobile phone diffusion on the fixed-link network. CEPR, discussion paper series, 2000, No. 2598, from http: //www. cepr. org.

96. OECD: Mobile and PSTN communication services: competition or complementarity, General distribution, OECD/GD (95) 96, pp. 8 – 9.

97. Ruiz L. K. : Pricing strategies and regulatory effects in the U. S. cellular telecommunications duopolies, in: Brock, G. W. (ED), Towards a Competitive Telecommunication Industry, Lawrence Erlbaum Associated, Mahwah, NJ. 1995.

98. Parker P. M. : Roller, L. H. , Collusive conduct in duopolies: multimarket contact and cross-ownership in the mobile telephone industry, RAND Journal of Economics 1997, 28 (2), pp. 304 – 322.

99. Valletti T. M. : A model of competition in mobile communications, Information Economics and Policy, 1999, No. 11, pp. 61 – 72.

100. Stigler, G. J. : The theory of economic regulation, Bell Journal of Economics and management science, 1971, Spring, pp. 89.

101. Pelzman S. : Towards a more general theory of regulation, Journal of law and Economics 1976, No. 8.

102. Boumol W. J. : Contestable Markets: an uprising in the theory of industrial structure, American economic rewieve, 1982, No. 72, pp. 1 – 15.

103. Panzar J. C. andWillig R. D. : Free entry and the sustainability of natural monopoly, Bell Journal of Economics and Management Science, 8. No, 1, Spring 1977, pp. 1 – 20.

104. Freeman C. : Technology Policy and Economic Performance: Lessons from Japan, London: Printer, 1987.

105. Nelson R. : National Innovation System, New York: Oxford university Press, 1993.

106. Lundavall A. : National System of Innovation, London: Printer, 1992.

107. Hyungtaik A. : and Myeong-Ho Lee, An econometric analysis of the demand for access to mobile telephone networks, information economics and policy, 1999, No. 11, pp. 297 – 305. (From: http: //www. elsevier. nl/locate/

econbase）．

108. Romer P. M. ： endogenous Technological change. Jounnral of Political Economy，1990，Vol. 98，No. 5，pp. 649．

109. Berleeur J. ； Clement A. ，Sizer R. ，and Whitehouse, D. （eds. ）： The information society： evolving landscapes, New York： Spring-Verlag, 1990，pp. 245．

110. Brotchie J. ，Hall P. and Newton P. ： The transition to an information society，in Brotchie J. ，Hall P. ，and Newton，P. ，（eds），The spatial impact of technological change，London，Croom Helm Press，1987．

111. Pache G. ： Corporate spatial organization ［J］．NETCOM，1990，4 ［STBZ］：174 – 187．

112. Goddard J B. ： The Geography of Information Economy ［J］．NETCOM, 1992，6：572 – 609．

113. Salomon I. and Razin E. ： Geographical variations in telecommunications systems： the Case of Israel' s Telephone System ［J］．Tijdschrift voor Economische en Sociale Geografie，1988，No. 79，pp. 122 – 134．

114. Verlaque C. ： New technologies of communication impacts on corporate spati al organization ［J］．NETCOM，1994，No. 8，pp. 321 – 334．

115. Pache G. ： Corporate spatial organization. Netcom，1990，No. 4, pp. 174 – 187．

116. Hardy A. ： The role of the telephone in Economics development, Telecommunication Policy，1980，No. 4，pp. 278 – 286．

117. Norton S. W. ： Transaction costs，telecommunication，and the microeconomics of macro-economic growth，Economic development and cultural change. 1992，No. 90 pp. 175 – 196．

118. Greenstein S. and Pablo T. S. ： Estimating the welfare effects of digital infrastruc-ture，NBER working paper 1996，No. 5770，September．

119. Roller L. H. ，and Waverman L. ： Telecommunications infrastructure and economic develop-ment： a simultaneous approach，CEPR，discussion paper，2000，No. 2399，March．

120. Morgan K. ： The learning region： institutions，innovation and regional renewal，Regional Studies；1997，July．

121. OECD：Competition in Telecommunications，Paris 1996，General

Distribution, No. 114.

122. Rosen and Sherwin: Learning by experience as joint production, Quaeterly Journal of Economics, Auguest, pp. 366 – 382.

123. Henry W. Chappell and David C. Cheng: Firms Acquisition Decisions and Tobin's q Ratio, Journal of Econom-ics and Business, 1984, 36, pp. 29 – 42.

124. Dou Wenzhang etc. : Urban competitive pattern and its changes in china. Chinese Geographical Science, 2000, Vol. 10, No. 2, pp. 105 – 112.

125. Adler A.. Understanding Human Nature. Garden City Publishing, 1927.

126. Lazer W.. Life Style Concepts and Marketing. Toward Scientific Marketing, 1963: 140 – 151.

127. Wells W. D. and D. J. Tigert. Activities, Interest and Opinions. Journal of Advertising Research, 1971, Vol. 11 (4): 27 – 35.

128. Hawkins D. J. , Best R. J. & Coney K. A.. Consumer Behavior: Building Marketing Strategy. New York: The McGraw-Hill Company, 1998.

129. Engel J. F. , D. T. Kollat & R. D. Blackwell. Consumer Behavior, 4th ed.. Chicago: Dryden, 1982.

130. Berman, Barry & Joel R. Evans. Marketing. NY: Macmrillian Publishing Co. , 1982

131. Engel J. F. , R. D. Blackwell & P. W. Miniard. Consumer Behavior 8th ed.. New York: The Fryden Press, 1997.

132. Hawkins D. J. , Best R. J. & Coney K. A.. Consumer Behavior: Building Marketing Strategy. New York: The McGraw-Hill Company, 1998.

133. Wells W. D. and D. J. Tigert. Activities, Interest and Opinions. Journal of Advertising Research, 1971, Vol. 11 (4): 27 – 35.

134. Mitchell, Arnold. The Nine American Lifestyles: Who We Are and Where We Are Going. New York: Macmillan Publishing Co. , Inc. , 1983.

135. Rokeach, M. , 1973, "The Nature of Human Values", New York: The Free Press.

136. Reynolds, T. J. & Gutman, J. , 1988, "Laddering Theory Method, Analysis and Interpretation", Journal of Advertising Research, 28: pp. 11 – 31.

137. Kahle, L. R. , 1980, "Stimulus Condition Self-Selection by Males

in the Interaction of Locus of Control and Skill-Chance Situations", Journal of Personality and Social Psychology, 38: pp. 50 – 56.

138. Kristiaan Helson, Kamel Jedidi & Wayne S. DeSarbo. A New Approach to Country Segmentation Utilizing Multinational Diffusion Patterns. Journal of Marketing, Oct. , 1993, Vol. 57 (4): 60 – 71.

139. Huszagh Sandra M. , Fox Richard J. & Day Ellen. Global Marketing: An Empirical Investigation International Executive, Fall, 1986, Vol. 28 (3): 7 – 9.

140. Lynn R. Kahle. The Nine Nations of North America and the Value Basis of Geographic Segmentation. Journal of Marketing, Vol. 50.